MUGHAL EMPIRE

尚劝余 著

莫卧儿帝国

中世纪印度的最后辉煌

中国国际广播出版社

莫卧儿帝国开创者巴布尔

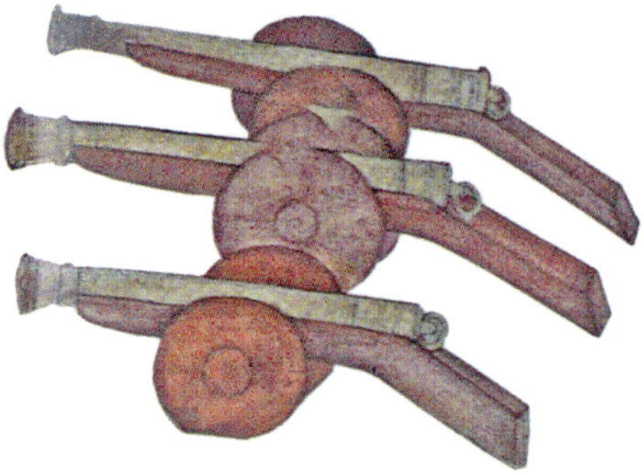

巴布尔军队使用的突厥大炮

大炮是巴布尔在第一次帕尼帕特战役中取胜的主要法宝，而第一次帕尼帕特战役的胜利标志着莫卧儿人在印度统治的开始

阿克巴大帝

阿克巴堪称莫卧儿帝国最伟大的皇帝，也是世界历史上不可多得的杰出政治家。他不仅统一了四分五裂的印度，而且以杰出的统治才能，给印度带来了稳定与繁荣，开创了一个空前辉煌的时代

工匠

选自《阿克巴本纪》，描述了工匠从事建筑工作的情景

阿格拉古堡

从第一任皇帝巴布尔定都阿格拉以来，他和他的继任者们便不断在这里创造新的建筑，使这里成为一座无比壮丽的皇家都城，也是名副其实的“建筑博物馆”。1983 年，阿格拉古堡被列入世界文化遗产名录

泰姬陵

这座被称为世界七大奇迹之一的白色唯美建筑与阿格拉古堡隔河相望，是莫卧儿帝国第五任皇帝沙・贾汗为其亡后泰姬・玛哈尔所建的陵园。泰姬陵是“印度的珍珠”，它与阿格拉古堡共同诉说着那段永垂不朽的爱情

德里红堡

莫卧儿帝国第五任国王沙·贾汗在爱妻玛哈尔去世后，为免触景生情，将都城从阿格拉迁到德里，并斥巨资修建了红堡。从此，德里便一直是莫卧儿帝国的统治中心，红堡也被称为印度的“紫禁城”

印度教湿婆神

湿婆神是印度教三大神之一，是毁灭之神、苦行之神和舞蹈之神，传说具有极大的降魔能力，额头上第三只眼的神火能烧毁一切

印度男子的礼服

从印度男子的礼服中，能清晰地看出莫卧儿帝国的影响。这种类似于中山服的服装正是 300 多年前莫卧儿帝国的礼服

英国东印度公司

前言

莫卧儿帝国（1526—1857），是中亚外族征服者在印度建立的庞大帝国。它开创了印度次大陆政治统一和封建社会经济文化发展的时代，是印度封建社会由发展中期向晚期转变的阶段，也是衔接中世纪印度与近代印度的重要历史时期。

莫卧儿帝国经历了17代君主的统治，共计331年的历史。莫卧儿帝国的历史可以划分为前、后两个时期，前期为创始与兴盛时期，后期为衰落与灭亡时期。

在前6位君主统治的181年间，莫卧儿帝国由创始进入极盛。享有“猛虎”之誉的巴布尔和有幸无运的胡马云·埃沙迪，为莫卧儿帝国的创业和建立开拓进取，戎马一生，辛劳一世。怀有帝王雄心的阿克巴大帝，文韬武略，四处征战，开疆拓土，励精图治，锐意革新，奠定了莫卧儿帝国繁荣强盛的基石。善变君主贾汉吉尔、多情君主沙·贾汗和懊悔君主奥朗则布统治时期，莫卧儿帝国达到了鼎盛的巅峰，疆土空前辽阔，强大繁荣。

在后11位君主统治的150年间，莫卧儿帝国由极盛转入衰落，最终走向灭亡。这一时期，朝臣专权，左右朝政，驾驭国君，任意废立，王室更迭频仍；外敌入侵延绵不绝，阿富汗人三番五次肆意蹂躏、掠夺印度；离心倾向滋生蔓延，省督纷纷脱离有名无实的德里皇帝，拥兵自立；各种印度教和半印度教势力，同室操戈、鹬蚌相争，以图在莫卧儿帝国的废墟上建立自己的霸权。

在这一派群龙无首、干戈不息的混战中，西方列强乘虚而入，展开角逐。英国殖民者利用莫卧儿帝国衰落时期的印度分裂状态，巧施政治手腕，收买内奸，挑拨离间，兼以武装干涉，联此伐彼，分化瓦解，各个击破，在不到100年的时间里，征服了整个印度，最终将名存实亡的莫卧儿帝国送进了历史的博物馆。

莫卧儿帝国虽然灰飞烟灭，然而它在政治、经济、社会、军事、法律、文化、教育、建筑、艺术等领域取得的辉煌成就在印度和南亚历史乃至世界历史上都留下了不朽的篇章和永恒的遗产。莫卧儿帝国创建的一些制度以及取得的成就被后来的英国殖民者所继承和借鉴，即使在当今的印度依然可以感受到莫卧儿帝国留下的深深烙印和影响，举世闻名的世界七大奇迹之一——泰姬陵，永不疲倦地向世人诉说着莫卧儿帝国的辉煌与凄美。

本书分上、中、下三篇，系统地展现了莫卧儿帝国的创始与兴盛、衰落与灭亡、成就与遗产，并对莫卧儿帝国史进行了评价与反思。本书在真实性与趣味性、学术性与可读性相结合方面，做了初步尝试，力图以流畅生动的笔触、严谨求实的态度，既形象生动地展示一幕幕有血有肉的历史话剧，又深入独到地评析重大的历史人物、事件和现象。本书在写作过程中，博采众长，广泛吸收国内外研究成果，参阅了六十余本专著和译著，书目附后，谨对各位作者和译者，深表谢忱。

目录

上篇

创始与兴盛

一、开国猛虎：有蒙古血统的征服者

巴布尔（一译“巴卑尔”或“巴贝尔”，1483—1530，1526—1530年在位），因其光彩夺目的武功而获“猛虎”绰号，是印度莫卧儿帝国的开国君主。

巴布尔是一个察合台突厥人，系世界上两个最著名的征服者的后代：父系为帖木儿（一译“铁木儿”）的子孙，母系为成吉思汗的后裔。

由于巴布尔具有蒙古血统，因此，他在印度开创的帝国便称为“莫卧儿帝国”。“莫卧儿”（Mughal）一词，原为波斯文，意为“蒙古”（Mongol），在英语中讹误为Mogul。

巴布尔的先祖成吉思汗和帖木儿都曾染指过印度。

成吉思汗建立蒙古汗国不久，便凭借其“来如天坠，去如电逝”的强大骑兵，征服四邻：1205—1209年三次进攻西夏，兵临西夏都城中兴府（今银川），西夏被迫求和；1211年亲征金国，前锋抵达金朝中都（今北京），金被迫迁都汴京（今开封）；1214年再次南下，大掠汴京近畿而还。

1219年，成吉思汗兵戈西向，掀起了蒙古铁骑第一次西征的狂飙，攻灭花剌子模，打败俄罗斯联军，把蒙古汗国的版图扩展到中亚地区和南俄。他把这些地区分给长子术赤、次子察合台和三子窝阔台，成为以后四大汗国的基础。

1226年，他率兵南下进攻西夏，并侵入印度西北部印度河畔的信德和西旁遮普，因为天气酷热，才撤军而去，未进入印度腹地。成吉思汗于1227年在西夏即将灭亡时病逝。

1398年，察合台的儿子亦即成吉思汗的孙子—— 一个突厥化了的蒙古贵族帖木儿侵入印度。

陈翰笙先生曾描述了帖木儿充满传奇色彩的早年生活：[①]

帖木儿的父亲是突厥望族，与蒙古察合台族有亲属关系，但以劫盗起家，后来才定居城市。

帖木儿少年时，同他的父亲一样，专以拦路抢劫为生。开始他部下不过数人，但每次劫来的牛羊携回大举飨客，凡有所得莫不与各伙伴分享，不久部下即增至五百多骑。

他曾率领部下越过撒马尔罕国境去抢劫西斯坦人的羊群和马匹，竟遭到西斯坦人的痛击。他部下死亡惨重，连他自己的坐骑也被击毙，右足受重伤，成为跛脚，右手两指亦被打断。

1370年的一天，他率部袭击正在外巡游的撒马尔罕王公忽辛。忽辛的随从人员都被击溃，他本人落荒而逃，后被帖木儿杀害。

帖木儿遂占领撒马尔罕，自称国王，并纳忽辛之女为后。伊斯兰教尚多妻，帖木儿70岁时，即他逝世前一年，曾有8位夫人。帖木儿帝国建立后，埃及和西班牙等国曾派专使来见帖木儿。

帖木儿身材高大，指粗腿长，眉清目秀，仪表非凡。他有一双明亮的眼睛，十分威严。他看人时，锐利的目光像X光一般，可以透过人体，把人的肺腑看透。但他是一个跛子，印度人都叫他“跛子帖木儿”。

① 陈翰笙．世界著名古国王朝（二）［M］．北京：商务印书馆，1991：78.

图为约创作于1630年的水彩画《帖木儿将皇冠授予巴布尔》，表现的是帖木儿和他的后裔：帖木儿端坐在中间，两旁分别是他的后裔巴布尔和巴布尔的儿子胡马云，帖木儿正在将印度王冠授予巴布尔

帖木儿的性格非常残暴，喜欢杀人，印度人说帖木儿的心是石头做的。在印度杀人最多的就数他了。帖木儿于1398年9月渡过印度河后，便大肆杀戮，到达古城塔拉姆巴，从伊斯兰教总督处获得大量的贡物，又掠夺了大小村庄。

帖木儿在进军德里的途中，碰到拉其普特人与伊斯兰军联合死守巴脱尼尔城，便发动猛攻。一场酣战，把城堡攻陷。他进城后，将城中男女老幼，一概杀死，不留一人。在他身后留下的只是一片荒凉景象。

帖木儿于12月到达德里附近。那时，他发现俘虏太多，有10万余人，对他的行军和战斗是一种累赘，而他又不肯放走他们，于是下令对军营中的所有印度教徒俘虏，进行了一场大屠杀，一天之内杀死了10万人。

帖木儿渡过朱木拿河，进击德里。苏丹那西尔-乌德-丁·马茂德的军队由1万名骑兵、4万名步兵和120头大象组成，迎击帖木儿，经过一场战斗，被帖木儿打败。帖木儿于12月18日占领德里，由于穆斯林神学家的调停，他同意赦免德里的市民。

但是，猎取财富的帖木儿士兵的暴行，引起印度教徒起而反抗，结果，印度教徒再次遭到侵略者的大肆屠杀。只有几天工夫，德里、西里、查汉巴那和旧德里四个城市，都成了废墟。帖木儿在德里停留15日后，便满载北上，引军返回突厥斯坦。

帖木儿北返以后，印度伊斯兰帝国即德里苏丹国，四分五裂，形成各地诸侯割据的局面。帖木儿的六世孙巴布尔接过先祖的遗训，乘印度分裂之机，南下入侵印度，并攻占德里，开创了长达331年的印度著名的莫卧儿帝国的历史。

巴布尔出生于中亚的大宛（今费尔干纳盆地），11岁继承父亲的王位，在中亚锡尔河上游称王，并成功地挫败了来自西方的吞并阴谋。

他的梦想是成为先祖帖木儿一般的征服者。然而，他在中亚的战绩不佳，被乌兹别克人打败，并被逐出中亚，成为无家可归的流浪者，四处漂泊。正如他本人在自传中所写的那样："国王像在棋盘上一样，在格子之间移来移去。"①

这种流浪生活使巴布尔少年时代就经常东奔西走，在战斗中长大。他晚上往往睡在露天地上，把身体锻炼得异常强壮，他能在50度以上的烈日下骑马奔驰终日，也能在雪山中驰过急湍的冰流。

巴布尔不得不在放弃重建帖木儿帝国的美梦后，将注意力从西北转向东南。

他乘阿富汗境内混乱之机，率领一批蒙古兵越过艰难险阻的兴都库什山，攻占阿富汗，以喀布尔为首都，建立了自己的国家。

他随后联合波斯人，重征中亚，企图恢复失去的故土，重振在中亚的雄风，但未能如愿，他对中亚的野心彻底破灭，遂再度退回喀布尔。

巴布尔艰难困苦的早年生活，表面看起来是祸事，实际上却是幸事，它使巴布尔的意志得到了充分磨炼，使他日后能与升沉不定的命运作顽强的抗争。

---

① 辛哈，班纳吉．印度通史［M］．张若达，冯金辛，王伟，译．北京：商务印书馆，1964：346.

在战争岁月，巴布尔总是身先士卒，与士兵们共同面对日常生活的严峻考验。这幅插图源于《巴布尔回忆录》一书，画的是巴布尔的部队跋山涉水、历经艰辛抵达印度的情景

流浪期间，巴布尔从他避难的一位乡村头人的母亲——一位111岁的老妇人那里，听到关于他的祖先帖木儿在印度叱咤风云的故事。他决定步他祖先的后尘，将目光转向印度。

印度的财富引发了巴布尔的冒险精神，激发了他的幻想，而德里苏丹国家瓦解后北印度出现的政治混乱局面，则为巴布尔征服印度提供了良机。

巴布尔开始整编军队，生产火器，改进战术。他三次亲赴旁遮普，视察印度的一切。

他看到印度人的强壮体力逐渐消失，丧失了前几代的那种雄志，全印度分崩离析，没有一个强大的中心势力。

他估计自己生长于寒冷山地的坚强军队，可以以少胜多，各个击破，于是便下定了入侵印度的决心。

1525年，巴布尔率领1.2万人的军队，从喀布尔出发，进入旁遮普，向德里推进，一路所向披靡。易卜拉欣·洛提国王率领数万大军、1000头大象北上迎战。

1526年，在帕尼帕特（一译“班尼帕特”），巴布尔军和德里军进行了决定印度命运的大决战，史称“第一次帕尼帕特战役”[①]。

帕尼帕特历来是决定印度命运的地方。从北面入侵的敌人如果不在开伯尔堵住的话，萨特里日河和朱木拿河之间的开阔平原（帕尼帕特所在地）就自然成为决战地点。一旦攻克此地，即可长驱直入德里。

虽然巴布尔在军队人数上处于绝对劣势，但他有着坚强的性格和沙场宿将的经验，而他的敌人则如巴布尔本人所说，他是一个没有经

① 培伦 . 印度通史［M］. 哈尔滨：黑龙江人民出版社，1990：208.

验的人，行动粗心大意，前进时没有秩序，驻军或撤退时没有规划，而在作战时又没有深谋远虑的布置。

易卜拉欣自恃拥有大军，以为只要让他的象队冲杀过去，便可踏平巴布尔这支小小的队伍。

而巴布尔的军队北据帕尼帕特城堡，南据掘好的一道道战壕，排放许多砍倒的树木，分兵防守，防备敌人的侧击。

城堡和战壕之间，向西布置好主力阵地，巴布尔派他的长子胡马云率领右翼，米尔柴率领左翼，他自己统率中军。

西面构筑一长条工事，排列着他唯一的利器大炮和他的弓箭手，准备在敌人的象队冲过来时，用炮火的力量予以摧毁。

那时用火药施放大炮的技术还没有传到印度，印度人还是用弓箭刀枪厮杀。帕尼帕特战役是印度史上的一次大战，也是印度战争史上第一次使用大炮的战争。

此外，巴布尔用一排战车加强了脆弱的前线，把敌人牵制在一道漫长的防线上，以便他向两翼进军。

易卜拉欣带领大军缓缓地向帕尼帕特前进，对巴布尔军中的大炮一无所知，他自己和他的将领们连大炮这个名字都未听说过。他到达帕尼帕特就驻扎休息了。

第二天早晨，太阳已从东方升起，易卜拉欣见巴布尔方面毫无动静，便用象队领先，后面跟着大军，向巴布尔阵地猛扑过来。

巴布尔的军队并不出来迎战，等到敌人的前锋到达射程之内，才命令炮手一齐开炮。

“轰！轰！”

一阵雷鸣般的炮声划过长空。

烟雾起处，只见易卜拉欣的象队纷纷倒下。

那些受伤、受惊的象队，回身便向自己人的方向奔逃，反而把自己的队伍冲散、踏伤。

易卜拉欣的军队顿时乱作一团。

于是，巴布尔命令左右翼向敌人后方包抄，自己则指挥中路踏过炮兵阵地，向前冲杀。

一场鏖战，到中午时分，已经分出胜负。

易卜拉欣的军队死伤过半，遍地的死尸中间也躺着易卜拉欣自己的尸体，其余部队不是被俘，便是逃散。

巴布尔采取骑兵协同炮队作战及两翼包抄敌后方的战术，全歼印度军，取得第一次帕尼帕特战役的胜利。巴布尔就此写道：

> 感谢真主的仁慈，我化险为夷了！半日之内这支强大的敌军就陈尸遍野。

第一次帕尼帕特战役为莫卧儿帝国的建立奠定了基础。

帕尼帕特战役一结束，巴布尔当天便派长子胡马云领兵进袭阿格拉，另派先锋部队进取德里城。

巴布尔自己在朱木拿河休息了一会儿后，一路上游览名胜古迹，然后走进德里城，登上他早已梦寐以求的皇帝宝座。

4月27日，在德里大清真寺的礼拜仪式上，巴布尔宣布为“印度斯坦皇帝”，结束了德里苏丹国在印度320年的统治。

巴布尔虽为征服者，但他和他的继承人，并不把自己当作外来的贵人，高居人民之上，而是把印度当作自己的祖国来治理。

1526年的第一次帕尼帕特战役标志着莫卧儿人在印度统治的开始。这幅插图节选自《巴布尔回忆录》，画的是巴布尔军队和苏丹易卜拉欣·洛提军队对峙激战的情景以及巴布尔军队所使用的突厥大炮

当巴布尔的军队进入德里城时，老百姓听说“跛子帖木儿”的子孙杀来，异常惊恐。但巴布尔的军队并没有杀人放火。

巴布尔进城后，仍叫德里苏丹国洛提王朝的臣子们帮他做事，还派人保护易卜拉欣的母亲，让她仍住在王宫里。

于是，全德里的人都安下心来，渐渐觉得巴布尔比洛提王朝的国君好得多，都心悦诚服地拥护他了。

印度没有中亚的良马、驯狗、花园、清泉、葡萄、甜瓜，而且天气酷热，部下都闹着要撤回凉爽的阿富汗。巴布尔给他们非常优厚的待遇，让他们同享荣华富贵，一定要回去的也不勉强，立即遣送回去。

巴布尔在他的《回忆录》中描写了当时印度的情形：“居民害怕莫卧儿军，纷纷逃避；同时乡间盗匪蜂起，加以热风为灾，死亡者很多。不但粮食奇缺，即使饲料亦难供应。

“此地既无良马又无驯狗，既无葡萄又无甜瓜，既无凉水又无好面包，既无蜡烛又无热水浴。住宅内不见花园和流水；房屋也欠整齐和美观。但印度斯坦毕竟是一个大国，有成堆的金银，有成千上万的石匠和其他手工艺者。我们雇用了1400名石匠正在阿格拉、西克里、瓜廖尔等处兴建大厦和花园。”

巴布尔召集全体将士，向他们说明无土地、无财富就不能称雄于世界的道理，并说既然已经牺牲了不少性命而冒险进据印度斯坦，就要继续扩大战果，出征北印度各地，没有必要效仿帖木儿，班师退回喀布尔。

他还派人到喀布尔，把自己的爱妻月光夫人和留在喀布尔的儿女们，都接到印度来。

这样很快稳定了军心，他的部下许多人都愿意留下来，而且他过去统治的地方不少人也投奔到他的麾下。

摧毁德里苏丹国后，巴布尔仍然面临着两个主要敌人，即拉其普特诸邦和前洛提王朝在各地的阿富汗军事首领。正如一位现代作家所评论的，我们说帕尼帕特战役其实只是巴布尔完成任务的开始，这就可以充分地意识到他的任务之艰巨。帕尼帕特战役使他走上了建立帝国的道路，而在这条道路上的第一大障碍是阿富汗各部落的反抗。

以梅瓦尔的拉那·桑伽为首的拉其普特军事领袖企图夺取德里和阿格拉，谋求在北印度建立霸权。他们积极联合另一个阿富汗军事首领马茂德·洛提共同反击莫卧儿人。拉那·桑伽率领120位拉其普特酋长、8万名骑兵和500头战象向莫卧儿军进攻，马茂德·洛提与他协同作战。

拉那·桑伽这位拉其普特民族复兴的英雄确实是一个比易卜拉欣更难对付的对手，因为拉其普特人勇武、侠义、好斗和嗜杀，而且被强烈的民族精神所激励，乐于同最勇猛的沙场老手进行面对面的厮杀，并随时准备为了荣誉而牺牲自己的生命。

巴布尔那支小小的军队被吓得惊慌失措，他本人也充分意识到他的任务之艰巨。可是，他具有一往无前的精神，丝毫没有气馁，尽力向他那些惊恐万状的战士们心里灌注新的勇气和热情。

他摔碎了酒杯，把随身所带的酒都倾倒在地上，发誓再也不饮烈酒，并且用振奋人心的话激励他的部下。这样做产生了预期的效果，他的全体士兵都将手搁在《古兰经》上发誓为他而战。

1527年3月16日，莫卧儿人与印度人在阿格拉以西的坎奴村（坎瓦）进行决战，拉其普特人作了拼死的英勇搏斗，但是，巴布尔采用与帕尼帕特战役相同的战术战胜了他们。拉其普特人完全失败了。拉那在他的一些追随者的帮助下逃脱，但在大约两年后因悲伤过度而去世。

坎奴战役无疑是印度历史上决定性的战役之一。从某种意义上说，其结果比第一次帕尼帕特战役更为重要。帕尼帕特战役标志着实际上已不再行使君主权的徒具虚名的德里苏丹的败北，而坎奴战役导致了强大的拉其普特同盟的失败。

因此，坎奴战役使拉其普特人丧失了政治上复兴的机会，他们曾经企图趁突厥-阿富汗苏丹国的衰落而实现这种复兴。当然，说拉其普特人此后再也不是印度斯坦政治中占支配地位的因素了，这也言过其实。

事实上，拉其普特人退出政治舞台只是暂时的。大约30年以后他们又再次复兴，并且对莫卧儿帝国的历史产生了深刻的影响，甚至连舍尔沙也不得不认真对付拉其普特人的敌对行动。

但是，坎奴战役之后，拉其普特人暂时的隐退却为巴布尔完成在印度的任务提供了方便，从而使一个新的外国统治有可能建立起来。如拉什布鲁克·威廉斯所说：

“在坎奴战役以前，占领印度斯坦可能被人们仅仅看作是巴布尔冒险生涯的一个插曲，但是，从此以后，这就成了巴布尔一生余下的岁月活动的主要动向了。他寻求出路的流浪时期现在已经结束；他已交上了好运，现在只消表明自己不会辜负这种好运了。此后他再也不必把王位和生命当作赌注，押在战场的胜败上了，这说明他的事业进入了新的阶段，这个阶段的标志便是坎奴战役。仗还在打，而且还有许多仗要打，然而却是为了扩大权力，铲平叛乱，整顿王国，而再也不是为了夺取王位而打仗了。从此以后，他的权力重心便从喀布尔转移到了印度斯坦，这也说明巴布尔是理解这一极其重要问题的。”[①]

以后的几年里，巴布尔轻而易举地征服了从旁遮普到比哈尔的北印度平原，成为西起阿姆河、东至格拉河、北起喜马拉雅山、南至瓜廖尔这一广大地区的统治者。

他的胜利为莫卧儿帝国的建立，奠定了第一块基石。

然而，烈酒、鸦片、长期的流亡征战和印度酷热的气候，损坏了他的身体，1530年，他47岁时死于阿格拉。临死时，他把王位传给长子胡马云。他对胡马云说：“我去了，孩子，我要你好好对待你的三个弟弟！”

穆斯林历史学家讲述了一件关于巴布尔逝世的荒诞逸事。据说他的儿子胡马云生病期间，巴布尔热切地向真主祈祷，要真主把他儿子的病转移到他自己的身上，因此在儿子开始好转期间，父亲的身体就渐渐垮了下来，到胡马云康复后两三个月，他就去世了。

一位现代作家争辩说，巴布尔去世是由于患了某种疾病，而没有理由相信阿布勒·法兹勒所讲的巴布尔的去世是由于他为儿子作牺牲的无稽之谈。

巴布尔的遗体起初安葬于阿格拉的阿兰巴格，后来被移到喀布尔，并安葬在他所喜爱的一个花园里。巴布尔自己告诉我们，他特别喜欢喀布尔。他这样写道：“这里气候十分宜人，在已知的世界里再也没有这样好的地方了。”

---

① MAJUMDAR R C，RAYCHAUDHURI H C，DATTA K. An Advanced History of India [M] . New Delhi：Macmillan India Limited，2004：422.

巴布尔在印度斯坦度过的4年期间，旁遮普和北比哈尔都被他征服了，拉其普特人的主要国家梅瓦尔也归顺了他。但是，他所实现的也仅仅是征服而已，如果不在征服的同时，或在征服之后立即进行行政上的巩固工作，是不足以使一个帝国稳定下来的。因此，正如一位现代著作家所评论的，他的未竟事业比他业已完成的事业更为重要。

虽然他在军事上的征服使他有了广阔的领土，但“这个辽阔帝国各地的政治状况缺少一致性。除了王公拥有无限权力这条以外，几乎没有一条法律可以认为是普遍可用的。每个王国、每个省、每个行政区，甚至可以说每个村庄在日常的事务上都是以其独特的惯例来管理”[①]。

事实上，巴布尔在征服以后简直没有时间制定新的法律，也无暇整顿行政，当时的行政制度仍保持着中世纪的封建性质，弊病百出。他无法建立健全的财政制度。他以大量的钱财馈赠他的部属，而且豁免了对穆斯林的一些捐税。他身后也未能留下任何值得注意的公共慈善机构去博得臣民的好感。

因此，我们从巴布尔施政中的这些缺点来看，完全可以这样说：他传给他儿子的是一个只有在继续战争的情况下才能维系的君主国，这个君主国在和平时期是脆弱的，结构松散而软弱无能。

即使如此，巴布尔仍然是亚洲历史上最富传奇性的、最令人感兴趣的人物之一。

他是一个具有大无畏精神和卓越军事才能的人，但他并不是喜好杀戮无辜、肆意破坏的残暴征服者。

---

① MAJUMDAR R C，RAYCHAUDHURI H C，DATTA K. An Advanced History of India［M］. New Delhi：Macmillan India Limited，2004：423.

巴布尔拜访印度教苦行僧。选自《巴布尔回忆录》的细密画，16世纪，现存于大不列颠图书馆东方手稿陈列室。近代人将巴布尔描述为善良宽厚的形象，他对印度教徒很友好，经常参观寺庙，有时候批评印度教寺庙缺乏对称感和装饰

他是慈爱的父亲、善良的主人、慷慨的朋友，他坚信真主，热爱大自然和真理，而且擅长音乐和绘画，富有文学才华，是诗人和作家。

他能用土耳其文和波斯文写漂亮的文章，最出色的是他的自传，用土耳其文写成，由他的儿子胡马云誊写，后来由他的孙子阿克巴译成波斯文。

他的自传记录了他的各种思想和感受，如伊尔费斯通所说：

"他的传记包含了一个伟大的鞑靼帝王一生的极其详尽的叙述，还自然地流露出他的见解和情感，他没有做作和保留，也没有极端坦白和直率的毛病。

"它的风格朴素、雄伟，而且生动有趣，表现了他的同胞和同时代人的面貌、风度、志向和行动，就像在一面镜子里那么清楚。

"在这一方面，它几乎是亚洲真实历史的唯一范本——它绘出了每个人物的形态、衣饰、爱好和习惯，还描述了好些地方、气候、风景、物产，以及艺术品和手工业品。

"但作品最动人的地方在于著者的性格。这是一件突出的事情，在冷酷无情的亚洲历史中，我们竟发现有一个皇帝能连日哭泣，并告诉我们，他是为了童年时代的伴侣而流泪的。"①

据说，巴布尔打起仗来像狮子一样勇猛，但内心深处又是一个慈悲为怀、和善可亲的人，尤其在家庭中是一个不可多得的慈父。

他对儿子爱护备至。他虽然让胡马云跟他一同出征打仗，要他增

① 辛哈，班纳吉 . 印度通史［M］. 张若达，冯金辛，王伟，译 . 北京：商务印书馆，1964：351.

加阅历，以便将来担当大任，但他总让他带领最精锐的部队，给他最好的助手。

每当胡马云远离巴布尔时，巴布尔总是天天挂念他，叫他时时写信告诉他一切情况。

如果胡马云因忙碌而忘记写信，巴布尔和月光夫人就会议论和推测儿子不写信的原因，便要写信去追问。

如果儿子的信写得太短或太草率，他便要写信说："接到你的信，虽然使我很高兴，但是你要认认真真地写，不可太草率。"

当他的家属从喀布尔到达阿格拉的时候，他骑马出城迎接。这时，他完全不像一个煊赫的皇帝，也不像是一个威武的大将，而是一个普普通通的慈爱的父亲。

当他望见家属的车马时，竟快活得从马上跳下来，跑步上前，像小孩子似的抱住他最心爱的小女儿，眼泪从眼眶里直流出来。

巴布尔把高于阿富汗人的文化和生活方式带到了印度，如伊朗人的有名的风雅，中亚的建筑、绘画艺术以及华丽、严肃的朝仪，都给了印度很大的影响。所以后来印度人称巴布尔是"一位典型的文艺复兴时期的君主"。

更重要的是，巴布尔是给印度莫卧儿帝国这座大厦奠基的第一个建筑师，他杰出的孙子阿克巴就是在这个基础上建立起它上面的建筑的。正如莱恩普尔所评论的那样：

"他是中亚细亚与印度之间、以掠夺为生的游牧民族与帝国政府之间，以及帖木儿与阿克巴之间的桥梁。

"亚洲两大灾星——成吉思汗和帖木儿的血液融合在他的血管里，他把波斯人的教养和温文尔雅与鞑靼游牧民族的勇敢和好动结合了起来。

“他以蒙古人的干劲、突厥人的勇武征服了懒散无力的印度教徒。

“他本人是一个幸运的战士，却不是帝国的缔造者，然而他却给他的孙子阿克巴所建成的辉煌建筑物奠定了第一块基石。

“他在历史上的不朽地位在于他征服了印度，从而为一个帝王世家开拓了道路。”①

二、有幸无运：名不副实的统治者

胡马云（亦译“胡马雍”，1508—1556，1530—1556年在位），是莫卧儿帝国的第二代君主。

“胡马云”这三个字的意思，本来是“幸运”。他有一个勇敢慈祥的父亲，又把王位传给他，是最幸运不过的了。

可是，他即位后的遭遇却很不幸，没有谁比他更倒霉。

胡马云13岁登基，但他从他父亲巴布尔那里继承的是一个问题成堆的帝国。

这个帝国结构松散，没有建立起完善的行政、司法和财政制度。

皇族内部很不团结，胡马云的三个异母兄弟都在觊觎王权，他们能向长辈巴布尔效忠顺服，但对平辈的胡马云却是嫉恨在心，正如厄斯金所评论的那样，武力就是权力的最高主宰，因此每个儿子都准备

① EDWARDES S M，GARRETT H L O. Mughal Rule in India［M］. Delhi：S.Chand & Co，1956：11-12.

同他的兄弟们比试一下运气。

宫廷中的贵族也在策划阴谋，企图谋取王位。

军队的成分十分复杂，有察合台人、乌兹别克人、波斯人、阿富汗人、印度人，是一个由互有利害冲突、民族各不相同的冒险家组成的混合体。

胡马云面对的敌人亦不可轻视。阿富汗人还没有被彻底粉碎，比哈尔的舍尔汗（后称舍尔沙）在东方崛起，成为随时准备反叛的阿富汗贵族的新的领袖，古吉拉特的巴哈都尔沙军力强盛，对胡马云来说也是严重威胁。舍尔汗和巴哈都尔沙，在东西两方面对胡马云形成夹攻之势。

当时的形势需要一个同时兼有军事才能、外交手腕和政治智慧的统治者。但是，所有这一切，胡马云都不具备。

事实上，他本人就是他自己的大敌。

他虽然知书识礼、喜爱文化、勇敢慈祥，可是缺乏他父亲所具有的智慧、谨慎以及坚韧不拔的精神。

正如莱恩·普尔所评论的那样：

“他不能坚持不懈地努力，取得瞬间的胜利，就隐居于后宫，在吸食鸦片的极乐之中，虚度宝贵的光阴，而他的敌人却正在紧叩大门。

“他生性仁慈，该惩罚的时候，他却给予宽恕；他无忧无虑，喜欢交际，该备鞍上马的时候，他却在席前畅饮。他有引人注意的性格，但决不以势压人。

“在私人生活中，他可能是使人喜欢的伴侣、忠实可靠的朋友。但是，作为国王他是不称职的。

“他的名字的意思是‘幸运’，然而从来没有一个倒霉的君主，比他更加名不相称了。”[①]

胡马云所犯的第一个错误就是对他的兄弟们表示了轻率的宽容，这也许是根据他父亲临终的嘱咐。但是他的兄弟们既然是他忌妒的竞争者，他就理应把他们置于有效的控制之下。

阿斯卡里被授予桑巴尔这块封地；欣达勒则得到了阿尔瓦尔；而三个兄弟中最年长的卡姆兰不仅获准占有喀布尔和坎大哈，而且在经过一次反对胡马云派驻拉合尔的将军米尔·尤努斯·阿利的军事示威以后，还攫取了旁遮普以及旁遮普以东的希萨尔·菲鲁扎地区。这样，胡马云就破坏了巴布尔帝国的完整。

此外，把印度河及其以外的地区转让给卡姆兰，使胡马云失去了他的军队补充兵员的最好基地，而实力雄厚的军队则是保障莫卧儿在印度新建立统治的安全所绝对需要的。占有希萨尔·菲鲁扎又使卡姆兰控制了旁遮普与德里之间的大路。

巴布尔去世后，胡马云想征服全印度，实现他父亲的遗愿。可是，原先被巴布尔打败的拉其普特诸侯，又重整旗鼓，向胡马云的国都阿格拉进攻。

胡马云亲自出战，把叛军击退。但是，胡马云的胜利是短暂的，他性格的弱点不久就在这里表现出来了。

在胜利的狂热中，他的兄弟阿斯卡里和他的大多数士兵都大吃大喝，狂欢作乐，结果自然造成他的军务变得杂乱无章，甚至连他的兵

① MAJUMDAR R C，RAYCHAUDHURI H C，DATTA K. An Advanced History of India［M］. New Delhi：Macmillan India Limited，2004：425-426.

营也呈现出一派吵吵闹闹、不听指挥的景象。古吉拉特的苏丹利用这个机会，从莫卧儿人手中收复了他失去的领土。

就在这时，阿富汗人舍尔汗又从后方向阿格拉进攻。胡马云只得赶快回军向东，去征讨舍尔汗。

舍尔汗战败逃跑，胡马云随后追赶，舍尔汗逃到山上碉堡避难。这时，胡马云放弃追赶，在高尔狂欢作乐，纵情享受，一晃就是9个月。

这时，印度的雨季到来，一连几天，大雨滂沱，河水陡涨，低洼地带被洪水淹没，变成一片汪洋泽国，胡马云的运粮道路被截断。

就在此时，舍尔汗的军队忽然从山上冲下，向胡马云的营地突袭，胡马云的军队乱作一团，狼狈不堪。

胡马云虽然想挣扎，可是士兵与马匹都受不了这里的湿热，一批又一批病倒了。胡马云只得与舍尔汗讲和，接受舍尔汗提出的条件，在孟加拉一带独立称王。

胡马云在讲和后，整顿军队，准备返回阿格拉。他的军队到达恒河边，因为人困马乏，便解甲休息，预备翌日渡河。

四更时分，胡马云的军队都在营帐中熟睡，打着鼾声，舍尔汗的军队突然偷袭。因为舍尔汗并不以和解为满足，他要把胡马云置于死地，以便进攻北印度，自己做印度皇帝。

胡马云的军队从睡梦中惊醒，猝不及防，被杀无数。

胡马云丢掉妻室，落荒而逃，在仓促中带了几个随从，骑上马背，把马赶下恒河，向恒河对岸逃去。

那时，恰逢恒河水涨，又阔又深，水势又急，马匹不易泅渡。胡马云的坐骑被水冲向下游，他从马背上跌入水中，几乎淹死。

这时，来了一个背着羊皮袋的灌水夫，把皮袋吹饱，叫胡马云伏在浮起的皮袋上，用劲划水，才从万分危急中捡了一条命。

这位莫卧儿皇帝答应灌水夫，等他回到阿格拉，将让灌水夫坐上他的王座，做三个钟头的皇帝。

当胡马云回到阿格拉，这位灌水夫骑着牛，带着他的灌水袋来了。

胡马云很守信用，果真让这位低贱的灌水夫坐上他的王座，做了三个钟头的皇帝。

灌水夫坐上王座，下令把他曾经救了胡马云生命的羊皮袋，割成一块一块的小圆块，打上印记，作为钱币使用，又下令赠送许多财物给他的亲戚朋友。

胡马云都照着灌水夫的命令，一一做了。

舍尔汗打得胡马云丢弃妻室、落荒而逃后，于1539年12月自立为王，称舍尔沙，并以他的名字铸造钱币。“沙”系波斯语，意为帝王。[①]

从此，胡马云避居德里，闭门不出。但是，舍尔沙仍不肯罢休，紧追不舍。

1540年5月17日的曲女城之役，胡马云再次败于舍尔沙之手，他的4万大军丧失殆尽。

胡马云逃到印度河下游的信德，后来因数次失利而转往腊其普德，这里的王公又拒绝他入境。

胡马云不得不流浪于沙漠地带，他所住的地方和他的数十名随从

① RICHARDS J F. The New Cambridge History of India，I · 5：The Mughal Empire［M］. London：Cambridge University Press，1993：10-11.

人员不断遭受袭击。在沙漠中流浪了一年之后，胡马云辗转到了信德的东南部。

胡马云向他的三弟乞求援助，可是，他三弟不但不理他，反而出兵攻击他。于是，他又退到信德。

在舍尔沙和他三弟的追击下，胡马云再也无法立足于印度这块土地，于是，他只得逃亡波斯，开始了他长达15年的流浪生活。

正如《印度通史》所写的那样：

“他从最近还由他统治的每一个地方被驱逐出去，深恐自己可能落到他弟弟的手里，他决定放弃他父亲的帝国，投奔到一个陌生人那里去，求助于人家那种可疑而未经尝试过的慷慨去了。”①

巴布尔奠定的莫卧儿帝国，在胡马云手里暂时丢失了。

舍尔沙占领德里和阿格拉后，建立了历时15年的苏尔王朝，并把势力扩大到拉贾斯坦、马尔瓦、旁遮普、木尔坦和信德。

为阻止胡马云卷土重来，舍尔沙采取高度集权的、开明的君主专制统治，实行了行政、经济、司法、军事、宗教等改革，使苏尔王朝成为一个幅员辽阔、国力强盛的帝国。

尽管舍尔沙是信奉伊斯兰教的阿富汗人，但他对异教徒毫不歧视，在军政两方面都重用信奉印度教的印度本地人，他自己直接指挥的各军区的将领中，也有不少信奉印度教的军人。

他建立了一套法律和司法制度，各省各县都有法庭，每个村庄也有人负责处理地方司法事件。每个县除法官外，还有军事长官和管理出纳的账房各一人，设会计两人，一人用印地文记账，一人用波斯文

① 辛哈，班纳吉．印度通史［M］．张若达，冯金辛，王伟，译．北京：商务印书馆，1964：357.

记账。村治很严格，地方上平静而无盗匪出现。

他还整顿税捐，不许中饱私囊。田地经过丈量，既可以货币纳赋也可以实物纳赋。田赋有定额，最高不超过农田收获的四分之一。

他还发展交通、运输和传递邮件的驿站。印度当时共有4条公路：第一条自东孟加拉直达西北边境，长约2000英里；第二条自阿格拉向南至印度中部的塔普提河北岸；第三条自阿格拉往西到腊其普德的奇托尔；第四条自拉合尔出发，西南至木尔坦。公路两旁树木参天，沿路有不少旅店供印度教和伊斯兰教行人住宿及休息。

舍尔沙所创建的这些制度和政策为阿克巴所继承和发展，有些被后来的英国统治者所采用。

然而，正当舍尔沙的霸业顺利进展的时候，1545年，他突然在一次火药爆炸事故中丧生。

在印度中世纪历史上，舍尔沙是一个出类拔萃的人物。

他是一个勇敢的战士和成功的征服者。他全凭自己的功绩和才能，从非常卑微的地位上升为阿富汗人复兴的领袖和印度最伟大的统治者之一。

他在军事上的性格特征是谨慎和胆略的罕见结合；他的政治行为是公开而仁慈的；他的宗教态度摆脱了中世纪的偏执；他为自己修建的宏伟陵墓，直至今日，仍充分证明了他对建筑的杰出鉴赏力。

《印度通史》写道：舍尔沙朝代在建筑上的精美风格体现在萨萨拉姆那里的他那高贵的陵墓上。它那金字塔形的圆顶屋，在夕阳西下时看起来使人难忘的屋顶的侧影，一种安排得很精美的庞然大物的感觉，它那逐渐缩小的台阶的均衡，从方形变为八角形和从八角形变为圆形的协调的变化，它各部分的淳朴、宽广和均匀，这一切结合起来产生了一种伟大的美的效果。印度以几处非常壮丽的陵墓而自夸，但在萨萨拉姆的舍尔沙的岛状陵墓，灰色而沉郁，可能是一切陵墓中最令人难忘的。

然而，舍尔沙在印度中世纪史上具有重要地位，不仅在于他成功地驱逐了莫卧儿入侵者，建立了强大的王朝，更主要的是他在行政方面作出了一系列对后世，特别是对阿克巴大帝发生过深远影响的改革和创新。

如《高级印度史》所评论的，舍尔沙作为统治者的才干比他在战场上所获得的胜利更加值得注意。他五年短暂的统治时期的特点是对一切行政部门进行了谨慎而有益的改革。其中有些改革所采取的方法是恢复和改革印度教徒以及穆斯林的各种旧的印度行政制度，而其他一些改革则完全是独创性的，确实构成了古代印度和现代印度之间的桥梁。

基恩先生如是说：没有任何一个政府——包括英国政府——曾显示出像这个帕坦人这么多的智慧，他以开明君主的精神试图把一个帝国建立在人民意志的宽广基础之上。

事实上，他的统治的真正意义在于，他从自己的身上体现了在印度建立一个民族国家所必须具备的那些品质，还在于他从多方面为光辉灿烂的阿克巴体制奠定了基础。

若非他只统治五年就意外地逝世，莫卧儿人绝不会那么快就卷土重来。史密斯评论说：“要是舍尔沙还活着，‘伟大的莫卧儿王朝’就不可能登上历史舞台。”[①]

---

① MAJUMDAR R C，RAYCHAUDHURI H C，DATTA K. An Advanced History of India［M］. New Delhi：Macmillan India Limited，2004：436.

1540年修建的舍尔沙陵墓。它建在一个人工湖的中央，预兆了莫卧儿建筑艺术的不朽

舍尔沙比胡马云更有资格登上印度的王位。胡马云继承了一个中亚细亚冒险家征服得来的地盘，这个冒险家除了武力之外不能为他的王朝统治印度提出任何有力的理由；而舍尔沙家族虽然来自边境地区，可是已在印度境内居住达三代之久。此外，舍尔沙作为帝王的禀赋特别高超，而且他所取得的成就比攻城略地要大得多。

舍尔沙所建立的阿富汗帝国，在他逝世后没有持续多久。这位坚强有力的人物的消失及其继承者的软弱，导致了阿富汗贵族的妒忌心理和不服管束的痼疾再度复发，使整个王国陷入无政府的混乱状态之中，从而为莫卧儿人卷土重来铺平了道路。

胡马云经过十多年的颠沛流离、含辛茹苦的流浪生活后，在波斯萨非王朝的帮助下，出师重征印度平原。

波斯人、阿富汗人和突厥人都是信奉伊斯兰教的。波斯人所信奉的是什叶派，统治印度北部和中部各地的阿富汗人有些信奉什叶派，有些信奉逊尼派。但来自撒马尔罕的突厥人，即莫卧儿王朝的王室则信奉逊尼派。

胡马云进入波斯境内的时候，波斯王塔玛斯普沙把他当作俘虏，迫使他皈依了什叶派。后来波斯王想乘机夺取坎大哈，便答应出兵协助胡马云打回印度。

胡马云在1544年率骑兵1.4万人，从阿斯卡里的手里夺取了坎大哈，将其交给波斯王。同时他的三位弟弟，阿斯卡里、欣达勒和卡姆兰，都依附了他。

后来，卡姆兰在信德发动叛乱，但被镇压下去。1533年，在一系列的纷扰中，卡姆兰被俘，并被挖掉双眼。这样，胡马云再度成为一家之长，选定喀布尔为他进攻印度的基地。

1555年，胡马云乘苏尔王朝发生内讧之机，从喀布尔出兵，直趋拉合尔。攻取拉合尔后，又东进大败苏尔王朝的军队，占领德里和阿格拉，恢复了莫卧儿王朝的统治。

胡马云抓住时机，收复了由于他自身的软弱和优柔寡断而丧失的领土的一部分，挽回了以往的失败，为日后莫卧儿王朝的牢固建立开拓了道路。①

胡马云为人很文雅，晚年却吸上了鸦片。虽然他懒惰而又吸食鸦片成瘾，但是很喜欢学问，他所爱好的科目是数学、地理、天文学、

① PRASAD I. The Life and Times of Humayun［M］. Bombay：Orient Longmans，1956：167-168.

哲学和神学。他对书本爱好到总是随身带着一批精选的藏书，即使在行军时期也是如此。他在德里建立了一所学院，并把舍尔沙在普拉纳城堡修建的一个欢乐厅改为一所图书馆。

胡马云像其他帖木儿后裔一样，也爱好艺术。他把流亡波斯的时间花在研究中国和波斯的音乐、诗歌和绘画上，并且与波斯艺术家来往。平日每个星期，他都会听两次音乐，他曾从俘虏中选拔音乐家而给以优待。

他从波斯聘请了两位美术家，到德里来教他自己和他儿子阿克巴绘画。这两位外国艺术家与其印度的助手一道工作，形成了“莫卧儿画派”的核心。胡马云把这一画派作为一份珍贵的礼物传给了阿克巴，而他的政治遗产则是朝不保夕的。

胡马云在德里统治仅7个月。1556年1月24日傍晚，他在宫内图书馆屋顶上同占卜星象的人谈话。当他听到晚上祈祷的警号，起身准备赴清真寺做祈祷时，不料，他所拄的拐杖没有扶好，失足从阶梯上跌下来，摔破了脑袋，两天后不治身亡。

阿克巴被指定为继承人。

部下为了避免引起骚乱，对胡马云的暴卒一直保密，直到阿克巴继位的准备工作就绪才宣布。

重振莫卧儿帝国的重任，就这样落在了阿克巴的肩上。

三、羽翼渐丰：崭露头角的阿克巴大帝

阿克巴（1542—1605，1556—1605年在位），是莫卧儿帝国的第

三代君主，也是莫卧儿王朝最伟大的皇帝。

不仅如此，阿克巴是印度历史上继孔雀王朝的阿育王之后，最卓越、最有作为的开明君主，也是世界历史上不可多得的、颇具远见卓识和文韬武略的杰出政治家。

阿克巴在位期间，不仅东征西讨、南伐北攻，统一了四分五裂的印度，建立了统一的庞大帝国，而且以杰出政治家的深谋远虑和开明精神，实行了一系列改革，给数百年来战火不熄的印度带来了稳定与繁荣，开创了一个空前昌盛的辉煌时代，史称“大治”，人们称誉他为“阿克巴大帝”。

阿克巴是在父亲的流亡生涯中出生的，历经艰辛。

胡马云当年在信德的不毛之地流浪期间，于1542年年初，和哈米达·巴努贝加姆结婚。哈米达·巴努贝加姆是谢赫·阿利·安巴尔·贾伊尼的女儿。谢赫·阿利·安巴尔·贾伊尼曾经当过胡马云的弟弟欣达勒的导师。

结婚不久，胡马云在信德待不下去了，又流浪到阿尔科特。

1542年11月23日（一说10月15日），阿克巴在阿尔科特呱呱坠地。

按照蒙古人的习惯，当第一个王子出生的时候，国王要把金银珠宝分送群臣，以示庆贺。

可是，这时的胡马云穷困潦倒，一无所有，他的口袋里只有少许香料。

他就把香料分给随从，于是，馥郁的香气立刻充溢在空气之中。

胡马云说道：

“我希望当我的儿子做皇帝时，和香料一样散播出香气来，使它充满天下。我给他起名叫阿克巴，意即‘伟大’，我希望我的儿子是一个伟大的皇帝。”

阿克巴的童年是在东奔西走、颠簸漂泊中度过的。

胡马云身遇不测去世时，阿克巴年仅13岁。

当时，阿克巴任旁遮普的省长，他父亲的老战友拜拉姆（一译“培拉姆”或“白拉姆”）为他的保护人。

当胡马云不测的死讯传给阿克巴和拜拉姆后，阿克巴便在旁遮普小城兰诺尔的一个花园内举行了登基典礼。

由于阿克巴年幼继位，由拜拉姆摄政。拜拉姆任宰相摄政大臣，掌握帝国的实权。

1556—1560年，是所谓的“摄政时期”。

初登王位的阿克巴面临着严峻的局势。

莫卧儿王朝的统治很不稳固。

胡马云去世时，莫卧儿王朝所掌握的领土，实际上只有德里和阿格拉地区，其余均在莫卧儿朝廷控制之外，大部分仍在阿富汗首领和苏尔王朝留下来的几个贵族手里，这些贵族还想重掌王权。

拉其普特人也在坚持斗争。西北边境的坎大哈时时受着波斯人的威胁。此外，经过连年战争，很多省份一片荒芜，北方已经两年连续饥荒，政府经济窘迫，帑藏虚竭。

比所有这些困难更直接的威胁，来自一个印度教首领喜穆（一译“黑姆”或“希穆”）。

喜穆出身于印度教第三种姓吠舍，是前苏尔王朝贵族阿边尔沙的将军，是一个精明干练、经验丰富的政治家。

这里有必要简要描述一下印度教种姓制的概貌。

种姓制度是印度社会的一个重要特征。在世界其他地区的古代历史上，也曾存在过种姓制度，但就种姓制度之森严、影响之深广、持续之久远，以印度为最。

印度教的种姓，把人分为四个不同等级，即婆罗门、刹帝利、吠舍和首陀罗，并编造神话，说这四个等级分别是由神的嘴、臂、腿和脚变来的。《梨俱吠陀》经中唱道：

> 当众神分割普鲁沙时，
> 他们把他分割成多少份呢？
> 他的嘴是什么？
> 他的胳臂是什么？
> 他的大腿和脚又叫什么呢？
> 婆罗门是他的嘴，
> 他的胳臂成了拉加尼亚，
> 他的大腿变成了吠舍，
> 他的脚则变成首陀罗。
> 月亮从他的心中升起，
> 从他的眼睛创造出太阳，
> 从他的嘴创造了雷神与火神，
> 从他的呼吸中产生了风。

由于出生的部位不同，所以四个种姓地位有别，尊卑悬殊。[①]

① 刘建，朱明忠，葛维均 . 印度文明［M］. 北京：中国社会科学出版社，2004：86-88.

第一等级是婆罗门，是祭司，主持宗教仪式，只有他们才懂宗教经典，这些经典靠口耳世代相传，用嘴这一人体器官来形容婆罗门，既表明了其社会职能，又体现了其社会地位。

第二等级是拉加尼亚，即通常所称的刹帝利，是武士，他们经常要手执武器同异族、异部落作战，因而对整个社会集团说来，他们像人体的左膀右臂一样重要。

第三等级是吠舍，从事商业，他们必须勤奋地迈动双腿，奔波劳苦，逐利远近。

第四等级是首陀罗，被称作“人中首陀罗，兽中马，都是运载的工具”，只不过是会说话的工具而已，他们从事繁重的生产劳动，处在社会底层，犹如人体最下部的双脚，支撑着整个社会的生存。

除以上四大种姓外，还有一种被排除在种姓之外的人，即所谓的“不可接触者”，又名“贱民”。他们的社会地位最低，最受歧视，被排除在社会之外，他们的工作是扫地、扫厕所、处理动物的尸体等。在农村只准他们居住村外，或某一指定区域，不能和其他种姓的人使用同一口井，无权进庙拜神等。

各种姓之间在饮食方面有种种限制。他们把食物分为三类，即水果、熟食和生食。水果类食物包括水果、牛奶、奶制品；熟食指用油或酥油炸的食物；生食指用开水煮熟的食物。

一般来说，印度教徒只能吃本种姓或同级种姓或高于自己种姓的人做的生食，也可以吃低于自己种姓的人做的熟食。高级种姓的人不能从低级种姓的人手里接受任何食物和饮料，但高级种姓的婆罗门做的生食或熟食其他种姓的人都可以吃，而首陀罗和贱民做的任何食物其他种姓的人都不能吃。

婚姻方面也有严格规定。只许在同种姓内部通婚；允许“顺婚”，禁止“逆婚”，即高级种姓的男子可以娶低级种姓的女子，但低级种姓的男子不能娶高级种姓的女子。否则，高级种姓的人会被开除出种姓。

不仅如此，种姓制度对不同种姓之间一般的社会交往也是严格禁止的，因而种姓身份不同，即使住在同一个村子，也是鸡犬之声相闻，老死不相往来。

各种姓有自己传统的固定职业，而且这种职业也有高低贵贱之分，并世代相传。凡是同宗教有关的职业，都认为是神圣而高贵的，由婆罗门担任；凡是同脏东西有关的工作都认为是下贱的，如扫地、洗衣、理发、屠宰、榨油、织布、染布、打鱼、接生、当皮匠、当护士、当吹鼓手等，都由低级种姓的人来做。

各种姓的职业一般固定不变。高级种姓的人限制和反对本种姓的人改行从事外种姓的职业。例如，孟加拉邦有位婆罗门种姓的学生，虽已毕业，但因找不着工作，只好开了个理发店，结果婆罗门种姓的人群起而攻之。

因此，在印度有一种怪现象：一个家境贫穷的婆罗门，即使被迫给别人当用人、看孩子、做饭，也绝不给人家打扫厕所，否则就认为降低了自己的身份，不少主人也知道这一点，因此对其不扫厕所也给予原谅。

种姓制度以纯洁污浊观念为其依据。高级种姓生来纯洁，低级种姓生来污浊；低级种姓的污浊可以通过食物和接触传染给高级种姓，使高级种姓受到污染也成为污浊之人。

在印度农村，生活在同一村子中的不同种姓的住处是分开的，各种姓有各自的居住区域，如婆罗门住在村头，贱民就要住在村尾，两者之间隔开一段距离，贱民不准进入婆罗门的住宅，婆罗门也不会经过贱民居住的地段。否则，可能遭到牛粪尿的袭击。

高级种姓如不慎吃了低级种姓的食物，接触了低级种姓的身体，都被认为受了污染，因而必须举行某种仪式来清除这种污染，通常以喝牛尿作为解除污染的方式。

印度佛教故事里曾谈道，一个婆罗门吃了贱民的食品，非常悔恨，认为这件事与自己的身份很不相称，悲痛至极，走入森林抑郁而死。

在印度一些地区，甚至连贱民的影子、足迹也可能给其他种姓造成污染，如印度西部的普纳城，贱民在上午9时以前、下午3时以后，不准进城，因为那时太阳投射在人身上的影子太长，容易触及婆罗门。

贱民见了婆罗门，必须老远地匍匐在路旁，让婆罗门先过，贱民还须随身携带瓦罐与扫帚，瓦罐吊在脖子上，用以吐痰；扫帚用来扫地，以免玷污自己走过的路面。

纯洁污浊的观念不仅存在于婆罗门和贱民之间，也存在于婆罗门和非婆罗门之间、非婆罗门与贱民之间，甚至贱民内部也存在这种观念，并以此作为划分等级高低的标准，各种姓都视比自己种姓身份低的人为污浊之人。[①]

以上是印度教种姓制度的基本特征，下面言归正传。

---

① 朱明忠，尚会鹏．印度教：宗教与社会［M］．北京：世界知识出版社，2003：35-37.

出身吠舍种姓的印度教首领喜穆，在胡马云去世后，起兵反叛，很快攻占了阿格拉和德里，控制了从瓜廖尔到萨特累季河的领土。

喜穆在德里建立王朝，号称“超日王”。

可见，阿克巴即位之初面临的局势，是非常严峻的。他的世袭遗产是朝不保夕的，他建立一个帝国的任务确实非常艰巨。

正如史密斯在《牛津印度史》书中写的那样：阿克巴必须证明他自己胜过各个图谋王位的竞争者，至少要夺回他父亲失去的领土，才能不仅在名义上而且在事实上成为帕德沙，即国王。

喜穆攻陷德里称王后，阿克巴的群臣建议阿克巴退守喀布尔，摄政王拜拉姆力主进军德里。阿克巴采纳了拜拉姆的主张。

1556年，两军在帕尼帕特决战，这就是印度历史上著名的“第二次帕尼帕特战役”。

喜穆依靠优势兵力取得了最初的胜利。

莫卧儿军用迂回战术攻敌军两翼，同时利用中锋向前推进，使敌阵混乱，并充分发挥炮火和弓箭手的威力，攻击敌军战象，获得重大战果，击毙喜穆军中两员大将。

喜穆为扭转不利战局而发动攻击，但眼睛中箭深入脑部，立即昏倒在地。敌军因失去主帅而惊慌溃逃，莫卧儿军发动总攻，取得了最后胜利。

当喜穆昏迷不醒的时候，被拜拉姆活捉。拜拉姆将喜穆带到阿克巴面前，请求年轻的国王对喜穆处以死刑。

阿克巴看着倒在地上昏迷不醒的囚犯，若有所思地说：“我怎能杀死已经受伤的俘虏？”

于是，拜拉姆拔出佩剑，剑光一闪，喜穆的脑袋与身体分了家。

阿克巴皱了皱眉头，两眼茫然。

拒绝杀害昏迷不醒的受伤俘虏，是阿克巴慈悲天性的写照。[①]

第二次帕尼帕特战役结束了莫卧儿人与阿富汗人之间的长期斗争，粉碎了阿富汗人再度复兴的希望，标志着莫卧儿帝国对印度的统治权的确立，并走上了领土扩张的道路。

阿克巴虽然取得了第二次帕尼帕特战役的胜利，真正开始了印度莫卧儿帝国的统治，但是帝国朝政仍旧为拜拉姆所控制，阿克巴还不能独立行事。

拜拉姆是土库曼人，他曾随同波斯军队援助巴布尔，征服撒马尔罕和布哈拉，后留在巴布尔和胡马云手下做官。

在胡马云远征孟加拉时，拜拉姆起过很重要的作用。有一次，他以勇猛和机智拯救了皇帝的前卫部队。

曲女城战役后，拜拉姆被舍尔沙俘获。舍尔沙想笼络这个有才气的年轻勇士为他服务，但得到的回答却是真正的忠诚是永远不能改变的。

拜拉姆后来逃走了，在信德加入了胡马云的部队，成为胡马云的总顾问和挚友。

胡马云在昆达哈尔和西尔兴德的胜利，大部分应归功于这个忠实随从的才干，因之，他被指定为阿克巴的保护人。

作为阿克巴的保护人，拜拉姆不得不面临困难的境遇。

为了让他所指挥的小部队保持纪律和朝气，他不得不采取严厉的

---

① 辛哈，班纳吉．印度通史［M］．张若达，冯金辛，王伟，译．北京：商务印书馆，1964：365.

措施，比如逮捕谋叛的贵族、处死打败仗的将领。

这些严厉措施的结果是，原来以为自己至少等于卡伊科巴德和卡伊考斯（古代波斯王）的察合台官员，发觉必须要听从拜拉姆的命令，并静静地屈服于他的权威之下。

拜拉姆拒绝了向喀布尔撤退的胆怯的劝告，而勇敢地前去迎击喜穆。

在第二次帕尼帕特战役前夕，他做了一次慷慨激昂的演讲，驱散了失败主义的阴云，从而在帕尼帕特取得了决定性的胜利。

拜拉姆为莫卧儿王朝作出了重大贡献，对阿克巴早期的成功和莫卧儿人在德里统治的稳固起了关键的作用。

拜拉姆的摄政期延续了近4年。

作为摄政大臣，他专横独断，结果树敌太多，开始失势。

阿布勒·法兹勒写道："人们对拜拉姆汗的所作所为终于容忍不下去了。"

阿克巴此时已经18岁，羽翼渐丰，不再愿意接受拜拉姆的严厉管束，他想做一个有名有实的国王。

拜拉姆的骄傲和专断也触怒了过多的宫廷大臣，他们对拜拉姆的暴虐独裁强烈不满。

拜拉姆是一个什叶派信徒，而皇族和多数大臣却是正统的逊尼派信徒，他的一些行为引起正统逊尼派的愤懑。

阿克巴的母后和乳母及其亲属，是扳倒拜拉姆的主要策划者，他们劝诱、怂恿阿克巴维护自己的权力，除掉摄政王。

1560年，阿克巴正式通知拜拉姆，他决定亲政，并免除他的职务。拜拉姆无可奈何地服从了阿克巴的决定，并同意前往麦加。

阿达姆汗被扔下宫殿平台。1561年，阿克巴任命阿特加汗为首要大臣。1562年，阿克巴的乳妈马哈姆·阿纳加的儿子阿达姆汗杀害了阿特加汗，变节谋反。阿克巴挫败了阿达姆汗的谋反，将他摔死在了宫殿平台下

阿克巴委派皮尔·穆罕默德护送拜拉姆出帝国国境，皮尔·穆罕默德是拜拉姆的旧部下，也是拜拉姆的私敌。

拜拉姆认为，阿克巴的这一做法，是对他的一种侮辱，于是反叛了。他在贾朗达尔附近战败被俘。

不过，阿克巴非常明智，考虑到拜拉姆过去的功绩而宽恕了他，仍允许他以合乎其身份的排场到麦加去。

拜拉姆在去麦加的途中，在古吉拉特被一个阿富汗人刺死，此人的父亲曾被拜拉姆指挥下的莫卧儿军队杀死。

这个阿富汗人把拜拉姆带的东西洗劫一空，但拜拉姆的家眷未遭凌辱，他的小儿子得到了阿克巴的保护，被带进宫廷，长大后受封为大汗。

拜拉姆的倒台，并没有使阿克巴能马上完全亲理朝政。

有两年时间（1560—1562），朝政大权落于后宫集团，即阿克巴的乳母马哈姆·阿纳加及其子阿达姆汗之手。有些史学家把这一时期称为“牝鸡司晨期”。

阿克巴不堪忍受后宫势力的掣肘，处死了阿达姆汗，40天后，阿达姆汗的母亲也悲伤而死。

这样，到1562年5月，阿克巴最终摆脱后宫的影响，真正掌握中央权力，莫卧儿王朝的中央政权开始稳定下来。

四、帝王雄心：统一的庞大帝国

阿克巴生性是个有着强烈帝王雄心的人，他的野心是做一个巨大帝国的统治者。

阿克巴曾被描写为“一个坚强而刚愎的并吞论者，在他的太阳面前，大贺胥爵士这颗和顺的星就显得黯然失色了”。

阿克巴热衷于征略兼并，是历史上最伟大的帝政主义者之一。他曾说：“既为帝王，就应该时刻不忘征略，否则他的敌人就会起兵打他。”①

这句话明白地道出了一般的帝王所怀有的雄心。

阿克巴一生是在马背和军营中度过的，他终其一生没有停止过扩大领土的战争。经过四十多年频繁的征略兼并，阿克巴实现了几乎整个北印度和中印度的政治统一。

由阿克巴设计的道路，为他的继承人忠实地追随着，直到莫卧儿帝国的领土在奥朗则布统治下，扩张到最大限度为止。

收复莫卧儿失地的工作，在“摄政时期”和“牝鸡司晨期”就已经开始了。

那时，瓜廖尔、阿其米尔和遮普尔，一个接着一个被征服，这对于德里和阿格拉周围的阿克巴领土的逐渐巩固，起了很大作用。

对马尔瓦的征服经历了一番曲折。

阿达姆汗和皮尔·穆罕默德使用种种手段，打败了巴哈都尔，在1561年实现了对马尔瓦的初步征服。

阿达姆汗被阿克巴召回之后，皮尔·穆罕默德被委任管辖这个还没有完全征服的省区。

---

① MAJUMDAR R C，RAYCHAUDHURI H C，DATTA K. An Advanced History of India［M］. New Delhi：Macmillan India Limited，2004：441.

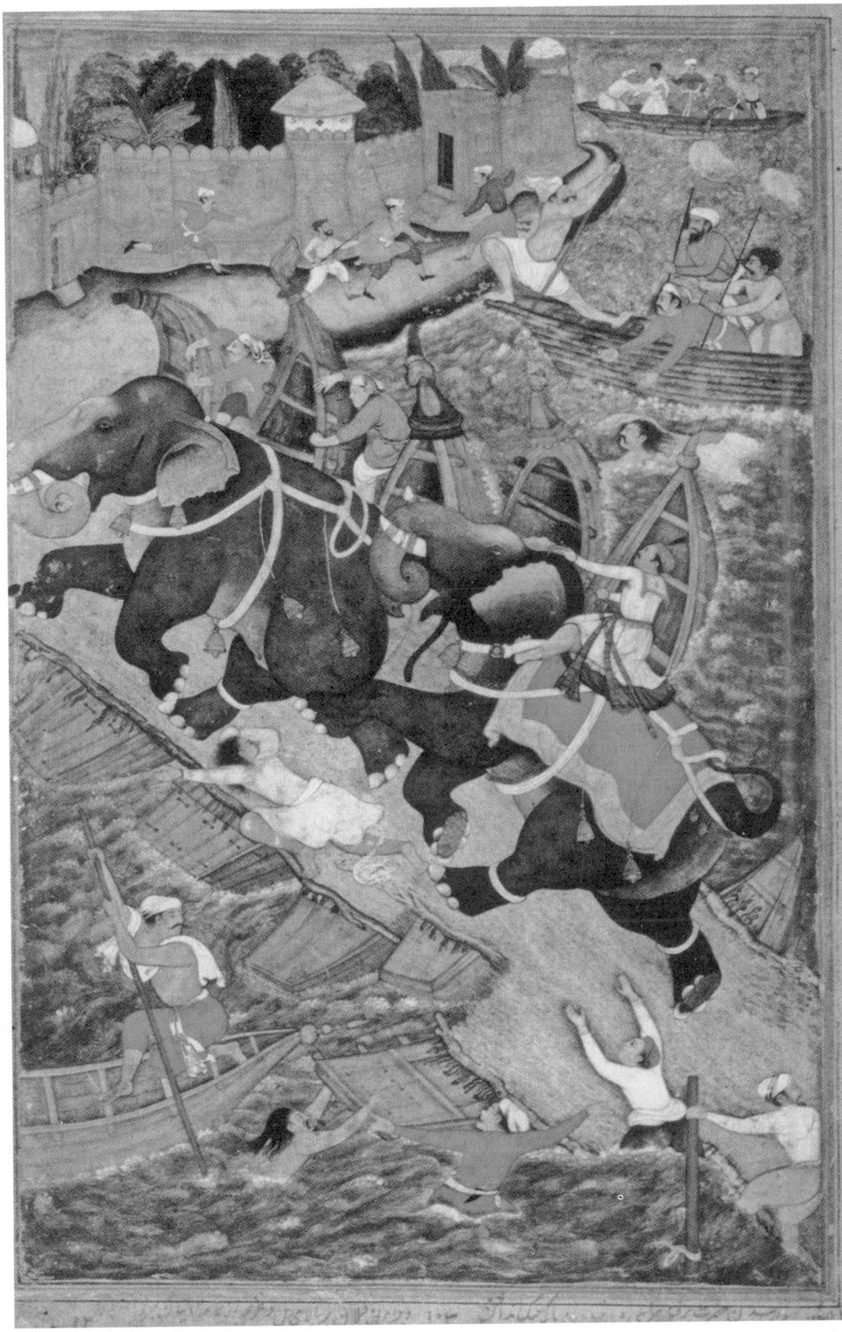

《阿克巴骑大象哈威冒险》。莫卧儿细密画，创作于1590—1597年

不幸的是，皮尔·穆罕默德在追击巴哈都尔时，被水淹死。不过他的继承者终于驱逐了巴哈都尔。

但不久，巴哈都尔又收复了马尔瓦，直到1571年，他才最终归顺了阿克巴。

在马尔瓦，广为流传着巴兹·巴哈都尔国王和王后鲁布摩蒂之间的爱情故事。

鲁布摩蒂有着一副闭月羞花之貌、沉鱼落雁之容，巴哈都尔被她的美丽和银铃般的歌声所迷醉。

在一次征战中，巴哈都尔阵亡沙场。鲁布摩蒂失去了丈夫，终日愁苦，最后自杀身亡。临终前，她写了一首诗，表达了她悲伤的心情：

为妻无你心肠断，
声声血泪把你唤。
鲁布摩蒂好悲苦，
不见巴慈在眼前。

阿克巴接着征服的地方是冈德瓦那（一译“冈达瓦那”或“贡达瓦纳”）。

冈德瓦那当时处于加拉·卡坦加王国的统治之下。王国的国王比尔·纳拉扬尚未成年，他的母亲——一个极其美貌、十分英勇、精明强干的拉其普特妇女杜尔加瓦，以摄政的身份统治着这个王国。

在她当政期间，她的王国有很大发展。阿克巴看到她的王国威望日益增长，深感不安，便派人送给她一架金纺车，意思是：作为一个妇女，应该坐在家里纺纱织布，管理国家不是妇女该做的事。

杜尔加瓦做了一把金弹花弓，回赠阿克巴，意思是：如果妇女的任务是纺纱织布，那么你阿克巴也应该从事弹棉花的工作。

阿克巴见了弹花弓之后，恼羞成怒，立刻向杜尔加瓦宣战。

1564年，阿克巴派遣阿萨夫，率领一支庞大的军队，征服冈德瓦那，直捣加拉·卡坦加王国的京都贾巴尔普尔。

杜尔加瓦虽系女流，但善使枪骑射与领兵打仗，她拥有2万军队和1000头大象，她毫不示弱，毅然迎战，进行了英勇顽强的抵抗。

但是，在加拉和曼达拉之间发生的一次战役中，杜尔加瓦受到了挫败。面对失败，她没有辱没她的拉其普特祖先，她以真正的拉其普特人的精神，宁死不屈，剖腹自杀。“她的死亡如她有益的一生一样高尚而忠诚”。

年轻的国王比尔·纳拉扬以勇武骑士的气概与征服者作战，直到阵亡。

妇女们都按照可怕的“兆哈尔”（一译“乔哈尔”）仪式，在熊熊燃烧的火葬堆上，集体自焚。[①]

阿克巴最著名的军事冒险，是对齐图（一译“奇托尔”）的围攻和占领（1567—1568）。

齐图是拉其普特土邦梅瓦尔的首府。

梅瓦尔是北印度到古吉拉特各商港的必经之路，在商业上具有重要的地位。

① RICHARDS J F. The New Cambridge History of India，I·5：The Mughal Empire［M］. London：Cambridge University Press，1993：17.

梅瓦尔土邦的统治者，属于拉贾斯坦的拉其普特人中最受尊敬的西苏迪耶家族，他拒不承认阿克巴的宗主权，并且庇护抵抗莫卧儿的阿富汗人和反叛的莫卧儿贵族。

因此，为了实现建立一个全印度的帝国的理想，也为了该帝国的经济利益，阿克巴必须控制梅瓦尔。

梅瓦尔的统治者拉那·辛格死后，王国内部倾轧之风盛行，新国王乌代·辛格懦弱无能，这一切有利于阿克巴实现他的野心勃勃的计划。

托德感慨地说，要是梅瓦尔的编年史在其君主的名册中从来也没有乌代·辛格这个名字，梅瓦尔就幸运了。

阿克巴围攻齐图长达4个月之久（1567年10月—1568年2月）。乌代·辛格怯懦地逃到阿拉瓦利山上的森林里，把保卫齐图的重任交给部下贾伊马尔和帕塔。

阿克巴在围攻齐图时，表现了相当的耐心和技巧，他使用了三种东西：一条深长的壕沟、保护工作人员的活动盾牌、一座监视全城的高层建筑物。

要不是阿克巴一枪击中了贾伊马尔，这次围攻可能还要拖得更久。帕塔后来也战死了。

防守将领的牺牲使被围困的守军失去了信心，于是他们手握战刀冲向敌人，勇敢搏斗到全部壮烈牺牲。

妇女们在最后被俘之前，相率以“兆哈尔”仪式，投火自焚。

阿克巴遂攻克了齐图堡垒。根据阿布勒·法兹勒的说法，有3万人被屠戮，这个数字似乎过于夸大。

《阿克巴和他的军队进攻兰桑波尔》。莫卧儿细密画，选自《阿克巴本纪》

《阿克巴和他的军队进攻兰桑波尔》。莫卧儿细密画，选自《阿克巴本纪》

阿克巴还迁怒于被托德称为“王国的象征”之物。他把庞大的铜鼓（其直径为8—10英尺，鸣鼓宣告君主进出齐图城门之声，周围数英里都能听到）拆下来，还把齐图伟大之母神宝座上的巨大烛台拆下来，一起运往阿格拉。

其他那些长期公然反抗阿克巴的拉其普特酋长，也为齐图的陷落而感到惊恐，纷纷归顺了阿克巴。

邦迪（一译“班提”）土邦的首府兰桑波尔，于1569年陷落，拉伊·苏尔贾纳·哈拉把要塞的钥匙交给了阿克巴，开始为帝国效劳。

同年，本德尔汗德的卡林贾尔酋长罗阇·拉姆金德，也跟着投降。对卡林贾尔的占领，大大地加强了阿克巴的军事地位，使其在莫卧儿帝国扩张的进程中迈出了重要的一步。

1570年，比卡内尔的统治者和贾萨梅尔的统治者，不仅归顺了莫卧儿皇帝，而且还把他们的女儿嫁给他。

拉其普特诸酋长就这样一个接一个承认了莫卧儿的权势，唯有梅瓦尔邦始终没有臣服，一直保持独立。

梅瓦尔虽然失去了首都，但它非但没有向阿克巴投降，反而进行了几十年的英勇抵抗。

拉其普特人素以勇敢彪悍、英勇善战著称于世。拉其普特人的这种精神，在梅瓦尔那里得到了最典型的表现。

1572年，乌代·辛格的儿子普拉塔普（一译“布罗德卜”或“普罗太普”）即位，他继续进行反抗莫卧儿帝国的顽强斗争。

普拉塔普是一个真正的爱国志士和领袖，他忠于他的国家的传统，对侵略者进行毫不妥协的抵抗。

普拉塔普没有首都，资力微薄，又要对抗一个当时“世界上无可估量的最富裕的君主”莫卧儿皇帝的有组织的力量。

而且，他的同辈的酋长、邻国，甚至他自己的兄弟，都缺乏拉其普特人的勇武和独立的崇高理想，而与莫卧儿人结了盟。

但对于这位拉其普特的民族英雄来说，不存在任何可以畏惧的障碍，他具有比他的同胞更为高尚的品质。正如《高级印度史》所评论的那样：危险虽大却增强了普拉塔普的毅力，用吟游诗人的话说，他发誓要“令母亲之乳汁闪耀光辉”，并充分履行了他的誓言。

1576年4月，阿克巴派遣曼·辛格和阿萨夫汗率军征服梅瓦尔。6月，在哈尔迪加特山的激烈战役中，普拉塔普遭到了毁灭性的失败。他坚固的阵地一个接着一个落到了莫卧儿人手里。

普拉塔普在一位酋长无私的舍身搭救之下，得以逃生。他骑上他心爱的战马退入山林，与野兽同宿，以野果充饥，坚持游击战长达二十余年。

用托德的无法模仿的话说：

> “他独力支持了25年，抵抗了帝国的联合力量，在某一个时候，他毁灭过平原，另一个时候，他又在山岩间奔波，用本地山上的野果来养活他的家族，养育他那个当时还是婴儿的英雄阿马尔，在野兽和几乎同样野蛮的人群中，阿马尔是他那种勇敢和复仇精神的合适的继承者。”[1]

---

① MAJUMDAR R C，RAYCHAUDHURI H C，DATTA K. An Advanced History of India［M］. New Delhi：Macmillan India Limited，2004：444.

在这次长期的战争期间，梅瓦尔的肥沃地区荒无人烟，不见一星灯火。普拉塔普终于在死前如愿收复了许多要塞。

这位拉其普特爱国志士，甚至在他一生的最后一刻，还在为他的祖国忧虑。他临终前强令他的酋长们起誓不背弃他的国家，以免其落入突厥人之手。

托德评论道：

> 这位拉其普特人的一生就这样结束了，可是直至今天所有的西苏迪耶人还把他当作偶像加以崇拜和怀念。要是梅瓦尔有他自己的修昔底德或色诺芬，那么无论是伯罗奔尼撒战争，还是“万人退却”给历史诗人所提供的精彩，都远不及这个梅瓦尔历尽沧桑的光辉王朝的业绩。无畏的英雄主义、百折不挠的刚毅、永受尊敬的真诚、坚韧不拔的精神，还有任何别的民族都没有这样可以自豪的忠诚，这些都是对抗高涨的野心、指挥的才能、无穷的资力和宗教的狂热的要素；所有这一切都不足以跟一颗不可征服的心相匹敌。

普拉塔普确实是印度历史上一个鼓舞人心的人物。拉其普特人产生过比普拉塔普更能干的将军，更精明的政治家，可是没有产生过比他更勇敢、更崇高的爱国领袖。

普拉塔普的儿子于1597年接替他，领导人民继续斗争。

梅瓦尔几代拉其普特人英勇的反侵略斗争，在印度中世纪史上写下了可歌可泣的感人篇章。

在1569年兼并兰桑波尔和卡林贾尔后，阿克巴觉得自己可以自由自在地专心于关注西方和东方了。他下一步征服的便是他父亲曾经征服而又失掉的重要地区古吉拉特。

古吉拉特位于印度西海岸，有漫长的海岸线和富庶繁荣的港口，具有引人注目的商业地位和重要的经济利益。

古吉拉特的格奇湾沿岸地区盛产珍禽异兽。柯尔格特野驴就是其中之一。这种野驴身高十二三英尺，善奔跑，是一种稀有动物，唯有此地出产。

另外，亨吉鸟（又名苏尔达布鸟）也是格奇湾沿岸的特产珍禽。这种鸟形似苍鹭，每到格奇湾水位下降的季节，它们便从他乡飞来，在沼泽地或沙滩上筑巢产卵孵雏，夏季来临之前又带幼鸟飞走。[①]

德里历代统治者，包括胡马云在内，都对古吉拉特垂涎三尺，想占为己有，不过胡马云对它的占领只是昙花一现。

此时的古吉拉特正陷于一片混乱状态。名义上的苏丹穆扎法尔沙三世，无力控制那些犯上作乱的酋长。这种形势为阿克巴的征服提供了良机。

1572年，阿克巴亲自出征古吉拉特，粉碎了一切抵抗力量，逼近艾哈迈达巴德，傀儡国王穆扎法尔沙三世投降，阿克巴发给他养老金，令其退位。

阿克巴接着向苏拉特进军，中途在沙纳尔的一次艰苦战斗中，他表现得非常勇敢。阿克巴围攻苏拉特一个半月后，攻克该城。

阿克巴在收复艾哈迈达巴德和苏拉特两城的时候，曾将两千多人的头盖骨筑成一座可怕的骨塔。

---

① 刘国楠，王树英 . 印度各邦历史文化［M］. 北京：中国社会科学出版社，1982：145.

葡萄牙人这时也与阿克巴接触，希望得到他的合作。阿克巴在坎拜和葡萄牙人签订了条约，这给麦加圣地的参谒者保证了安全的通行。

阿克巴布置了古吉拉特的行政事务后，回到新都法特普尔·西克里。

但是，阿克巴一到达首都，这个新征服的省份就爆发了叛乱。叛乱是由难以制伏的莫卧儿王公们领导的，阿克巴的几个堂兄弟也参与了叛乱。

阿克巴以惊人的速度装备了一支远征军，飞速前进，9天之内兼程600英里，抵达艾哈迈达巴德。

阿克巴没有等待援军，以仅有的3000人的军队，对2万名叛军发动了猛虎般的突击，一举粉碎了这次叛乱。

阿克巴对古吉拉特的远征，被称为印度战争史上前所未有的最快捷的战役。

古吉拉特就这样纳入了阿克巴的统治范围，从此成为他的帝国的一个组成部分。史密斯博士评论道："征服古吉拉特标志着阿克巴的历史进入了一个重要的时代。它不仅增加了莫卧儿帝国的资源，而且还为帝国获得了一条到达海边的自由通道，使它和欧洲商人（葡萄牙人）有了联系，这对印度历史产生了重大影响。"

但是莫卧儿人没有建立任何海上武装的尝试，由于他们这方面的目光短浅，便促进了欧洲殖民者的入侵。

阿克巴接下来征服的目标是孟加拉。

南比哈尔总督苏莱曼·卡拉拉尼是一个阿富汗酋长，他利用孟加拉在位的年轻国王被弑后的混乱局面，把他的势力扩大到孟加拉，于

1564年继承苏尔王室王位，成了孟加拉的统治者。

他曾率军包围罗塔斯，当阿克巴派军解救这个堡垒时，他主动撤回孟加拉，并以赠送贵重礼物的形式正式承认了阿克巴的霸权。

他在位期间，一直正式承认阿克巴的封建君主地位，并与之保持友好的关系。他把首都从高尔迁到坦达，并兼并了奥里萨这个信奉印度教的王国。

奥里萨被誉为纯粹的印度教之乡，素有印度教圣地之称，古籍中说它是“神圣之国”“可以赎罪的地方”。

奥里萨人的全部宗教生活同印度教三大主神之一的札格纳特神即毗湿奴神联系在一起，札格纳特不仅是天神，而且是奥里萨的民神。

关于札格纳特有许多传说，奥里萨的许多民间故事也都和札格纳特有关。有一个传说是这样的：

古代的时候，马尔华的国王下令叫大家找札格纳特，并且还亲自派婆罗门使者到东、西、南、北四个方向去查访。往东方去查访的婆罗门到了格岭伽国，同当地一个名叫瓦苏的夏瓦尔人的女儿结了婚，并在格岭伽定居下来。

瓦苏是札格纳特的信徒，他在女儿的劝说下同意带那位婆罗门去见札格纳特神，但是去的时候必须用布把眼睛蒙住，不能让他知道找札格纳特的道路，婆罗门接受了这个条件，于是被带到一个森林里见到了札格纳特。

等瓦苏到别处去采花的时候，婆罗门便开始敬神。突然有一只乌鸦从树上掉下来，落在札格纳特像前的地上，直接到札格纳特居住的天堂去了，婆罗门看到这情景自己也想学那只乌鸦。

这时，天空传来声音说："你要先回去告诉国王，说你找到毗湿奴了，你面前那块蓝色的石头就是毗湿奴神。"

过了一会儿，瓦苏采了一束鲜花回来了，他要用鲜花敬毗湿奴，但被毗湿奴拒绝了，据那位婆罗门说，毗湿奴神已经享用了他刚才献的米饭和甜食。从此以后，敬毗湿奴的人，不仅应该献鲜花，还应该献米饭和甜食。

毗湿奴本来叫尼尔马特瓦，这次事件以后，就改称札格纳特，因为原来只享用鲜花的当地神，现在已经变成既享用鲜花又享用米饭、甜食的众人之神了，所以改叫札格纳特，即"世界之主"。

毗湿奴还有一个名字叫婆苏提婆，意思是"住在当地的神"。这个当地的神既接受当地人献的花，又接受外来族（雅利安人婆罗门）献的米饭和甜食，这样，两种不同的敬神供物合二而一了，因此有人说从札格纳特庙里敬神的仪式上可以看到雅利安宗教文化和达罗毗荼宗教文化的绝妙结合。

还有一个传说，说国王因陀罗·突木那德得到黑天神像的一块残片，他想把它雕成毗湿奴像，命令雕神像的雕刻家维希瓦格尔马负责雕塑。维希瓦格尔马提出一个条件：如果在他工作期间国王不来看，他可以一天雕成。国王同意了。

但是，维希瓦格尔马正在雕塑的时候，国王急着进屋去看，维希瓦格尔马一生气不雕了。结果，札格纳特神只有头部和身躯，没有臂膀和腿脚。札格纳特的这种形象一直延续至今。[1]

---

① 刘国楠，王树英．印度各邦历史文化［M］．北京：中国社会科学出版社，1982：120-122.

苏莱曼·卡拉拉尼统治时期，势力强盛，他兼并奥里萨，并与阿克巴保持君臣关系。但是，他的儿子达乌德（一译“陶达”）继位后，“对政治艺术一窍不通”，不久就抛弃了他父亲的审慎措施。他不仅僭用皇室的一切标志，以他自己的名义诵读“呼图白”（宗教讲词），发行钱币，宣布独立，而且向前推进，占领了莫卧儿帝国东部边境的扎马尼亚这个前哨据点，从而触怒了当时正在古吉拉特的阿克巴。

1574年，阿克巴亲自率师讨伐这个放荡不羁、桀骜不驯的孟加拉总督。

阿克巴在印度最不利于兴兵打仗的阴雨绵绵的季节，率兵沿恒河顺流而下，一举将达乌德逐出巴特那和哈吉普尔。

阿克巴在雨季中对巴特那的占领，几乎是史无前例的壮举。阿克巴将战事交给他的将领穆尼姆汗，自己返回首都法特普尔·西克里。

穆尼姆汗乘胜追击，达乌德连连败北，撤退到奥里萨，后来战败身亡。孟加拉成为莫卧儿帝国的一部分。奥里萨于1592年也被并入帝国的版图。

阿克巴的异母兄弟哈基姆是喀布尔的亲王。虽然他名义上从属于莫卧儿帝国皇帝，但实际上是作为独立的统治者统治着喀布尔。

哈基姆是“一个懦夫、一个无用的酒徒”，但他野心勃勃，图谋不轨。他与东方诸省的一些贵族，以及帝国朝廷里心怀不满的官员，串通一气，结成了同盟，抱着为自己篡夺印度王位的野心，率领1.5万名骑兵进犯旁遮普。

“旁遮普”的意思是五条河流域地区。按照印地语的发音，“旁遮普”这个名字应该译为“班贾布”。“班吉”的意思是五，“阿布”的意思是河，“班吉”加“阿布”便念成“班贾布”，即“旁遮普”。

最早的时候，“班贾布”叫“班吉那德”，阿克巴大帝时，根据波斯语的习惯，把梵文词“那德”改成波斯词“阿布”，于是“班吉那德”就变成了“班贾布”，即“旁遮普”。

阿克巴认为，不应再无视哈基姆的阴谋和举动，决定予以反击。1581年，阿克巴带领5万名骑兵、500头战象和大量步兵，从首都出发，向阿富汗挺进。

哈基姆闻风丧胆，毫无抵抗力，从旁遮普逃到喀布尔。阿克巴又顺利进占喀布尔，哈基姆逃遁山区。哈基姆在发誓效忠皇帝之后，被恢复了在喀布尔的统治。

在喀布尔所取得的胜利使阿克巴大为宽慰。史密斯写道，这使他“可以在其余生中完全腾出手来，这个成就可以认为是阿克巴一生事业的顶点”[①]。

1585年7月，哈基姆饮酒过度而死，喀布尔正式并入莫卧儿帝国。

喀布尔并入莫卧儿帝国，使阿克巴不得不密切注视西北边境。

这个地带从克什米尔的西部伸展，环绕白沙瓦、科哈特和班努，然后向南延伸，沿印度河流域而下，直到信德海边，它的总长度，包括曲折在内，大约有1200英里。

这个地区在政治、军事和经济上都占有重要地位。这个地区有许多不易防御的重要山道，它们是印度的门户，来自波斯或中亚细亚的外来入侵者，通过这个门户，便可长驱直入，轻易地进入印度。

这个地区也是一个重要的贸易中心。来自亚洲各地的商人，聚集

---

① MAJUMDAR R C，RAYCHAUDHURI H C，DATTA K. An Advanced History of India［M］. New Delhi：Macmillan India Limited，2004：446.

在这里交换商品。由于葡萄牙人控制了红海，再加上他们与波斯的关系不友好，因此各种货物都比以前更频繁地通过这里，从印度运往亚洲其他国家。

此外，边境上好战的阿富汗部落，如乌兹别克人和尤苏夫扎伊人，“都相当民主并酷爱自由，他们在当地山区里是很危险的人。他们的国土提供了最好的天然屏障，他们就在这块国土的要塞之中作战，他们永远反抗任何想使他们屈从于毗邻君主的企图”。他们对莫卧儿帝国的态度远非友好，不时发动骚乱。

阿克巴充分认识到有效地巩固这一边境地区的重要性。

他派军队彻底击败了尤苏夫扎伊人，大量尤苏夫扎伊人被屠杀，许多人被卖到土兰和波斯。

接着，他又派兵5000人，征服克什米尔。

克什米尔多山、多谷、多湖，高山上白雪皑皑，终年不化，山谷地带碧绿如茵，河流纵横，湖泊密布，冬暖夏凉，春华秋实，素有“地上天堂”和“花雪丽国”之称。

关于克什米尔名字的来历，有一个动人的传说。

在古代，克什米尔地区是一个大湖，名叫萨蒂斯尔。湖里住了许多妖魔，魔王叫贾洛德帕瓦，他们都是些吃人的魔怪。

为了消灭这些魔怪，迦西耶布仙人修行了一千年。后来，雪山神女下凡来帮助他，拿起一块石头，向贾洛德帕瓦投去，打死了魔王。

投出的石头变成了一座山，就是现在斯利那加附近那座有名的哈里巴拉瓦德山。魔王死后，大小妖魔鬼怪都逃往他乡。

迦西耶布把湖水从巴拉木拉排出去，让人住进来，从此以后，这个地区便命名为迦西耶布·迈鲁，即迦西耶布山。

“迦西耶布·迈鲁”一词后来讹化为“迦西耶·米尔·迦西米尔”（一译“克什米尔”）。[①]

1586年，阿克巴打败克什米尔苏丹，将其并入莫卧儿帝国版图。

莫卧儿帝王对克什米尔的风光很感兴趣，阿克巴、贾汉吉尔、沙·贾汗都曾数次来过这里，他们称这里是“地上天堂”，大修公园，广建屋舍，以供其享受。

信德和俾路支分别于1591年和1595年被征服。

1595年，坎大哈的波斯省长未作抵抗，向阿克巴投降。阿克巴和平地占领了坎大哈。

这样，经过一系列征服兼并活动，莫卧儿帝国在西北边境的地位，得到了巩固，帝国的威望也随之大大提高。

除了印度河彼岸一个狭长的部落地区和其他几个地区之外，阿克巴使自己成了从喜马拉雅山到纳尔马达河、从兴都库什山到布拉马普特拉河这块土地的毫无争议的统治者。

阿克巴巩固了他对北印度和中印度的权力以后，就决定把他的统治扩大到南印度，专心从事对德干的征服。

阿克巴征服德干出于两个目的。首先，将德干5个苏丹国纳入他的统治范围，实现他建立全印度大帝国的理想。其次，作为一个精明

---

① 刘国楠，王树英. 印度各邦历史文化［M］. 北京：中国社会科学出版社，1982：149.

的政治家，他要利用他对德干的控制，把葡萄牙人赶回海里去。虽然阿克巴与葡萄牙人的关系表面上尚且友好，但是他认为听任葡萄牙人享受帝国的一部分经济资源并干预其政治不是明智之举。

因此，阿克巴着手征服德干的工作。

阿克巴首先于1591年派遣大使，分赴德干苏丹国各朝廷，要求他们接受德里的宗主权。但是，除了坎德什外，其他所有德干苏丹国对他的提议的答复，都是含糊其词、模棱两可。

外交使团的失败，导致阿克巴诉诸武力，大动干戈。

他派遣大军讨伐阿马德纳加尔，并于1595年包围了该国。阿马德纳加尔前国王的姐姐——俾查浦尔的皇太后昌德·比比，英勇顽强，率军坚决地保卫着这座城市。

莫卧儿军队久攻不克，遂于1596年与昌德·比比缔结和约，年幼的国王答应承认阿克巴的霸权，并割让见拉尔。

莫卧儿军队离开后，阿马德纳加尔的另一派系迫使昌德·比比放弃权力，驱逐了她，并违背她的意志和忠告，撕毁和约，与莫卧儿人重新开战。

昌德·比比在内部倾轧中被谋杀。阿克巴亲自出马，帝国军队轻而易举地于1600年8月攻克阿马德纳加尔。

这时，坎德什的新国王不堪忍受莫卧儿人的束缚，企图凭借易守难攻的阿西尔加尔堡垒对抗莫卧儿皇帝，拒不归顺帝国当局。

阿克巴于1599年7月率军南进，攻占了坎德什首府布尔汉普尔，并轻而易举地围困了阿西尔加尔这座强大的要塞。

虽然要塞内发生了可怕的瘟疫，致使许多人丧生，但被围困的守军仍然保卫着这座要塞达6个月之久。

由于他儿子萨利姆的反叛，阿克巴不愿意把围困拖延下去，遂以保证人身安全为条件，诱骗坎德什国王到兵营谈判。国王一到，即被扣压，并被迫写信给守军，下令交出要塞。然而，守军仍然坚持抵抗，拒不投降。

接着，阿克巴又在坎德什的官员中大量分发金钱，施以贿赂。就这样，阿西尔加尔的大门，最终“被金钥匙打开了”①。

这是阿克巴最后一次征服。

经过四十多年连绵不断的征略兼并，阿克巴将莫卧儿帝国的版图扩大到北起克什米尔，南至戈达瓦里河上游；西起喀布尔，东到布拉马普特拉河的广大地区。

五、励精图治：卓有成效的改革

阿克巴不仅是一位善用武功的征服者和军事家，而且是一位雄才大略的统治者和政治家。他不仅东征西讨，建立了统一的庞大帝国，而且励精图治，实行了一系列有效的政治、军事、经济、司法、社会、文化、教育改革。

阿克巴首先建立了强有力的中央集权制。

国王是中央政府首脑，掌握帝国军政、司法大权。在阿克巴的议事日程上，国王绝不是一个懒散的人，他必须过一种勤政的生活。

① EDWARDES S M，GARRETT H L O. Mughal Rule in India［M］. Delhi：S. Chand & Co，1956：48.

阿克巴每天通常有三次会议：第一次是公开上朝，第二次是处理日常事务，第三次是在夜里或下午，在这次会议上，不仅讨论宗教问题，而且还商议政府政策和公务。所有这些会议对一般的行政都有强烈的影响。还有一天专门处理司法案件。一切政务都必须由国王裁决。国王即使在出逃也必须遵守日常规定。

国王之下是四位大臣：宰相，称瓦齐尔（一译“维齐尔”）；财政税务大臣，称迪万（一译“帝万”）；军事部大臣，称米尔·巴赫希；宗教司法大臣，称萨德尔。

这四位大臣有帝国政府“四根支柱”之称。由于财政和税收对维护莫卧儿帝国统治起着关键作用，因此，迪万成为最重要的大臣。

阿克巴建立了完善的省、县地方行政制度。全国划分为15个省，即苏巴，省级行政机构是中央政府的缩影。

总督是掌握一省实权的最高长官，有时也称为苏巴达尔，即省长，官方则称为尼柴姆。省的财政税务长官称为迪万，兼管民政，直辖于莫卧儿王朝中央政府，并有替中央政府监视和牵制总督的权力。

省以下划分为若干行政区，称萨卡尔，由负责行政和军事警备任务的长官法吉达尔主管。法吉达尔是莫卧儿帝国地方统治体系的关键，他负责农村地区的治安任务，并监督赋税的征收工作。

每个行政区又划分为若干帕尔加纳（市），它是农村行政的核心，其行政首长称为阿米勒。

阿克巴为扩大王权，主张教权必须服从政权，宗教应该为加强君主专制权力服务。

1582年，他撤销了对施政有很大约束的宗教司法大臣萨德尔这一职务，将其贬低为宗教官吏。

阿克巴拥有中央部队及地方军备15万人，战象5000头，骑兵是主力部队，他亲自指挥的中央禁军有骑兵四五万人，拉其普特骑兵是中央禁军的劲旅。

这些拉其普特骑兵都是惯于保卫自己土地的武装农民，作战时异常勇敢。当他们发现被敌人包围时，往往将妻女召集一室，四周堆上干草，放火焚毁，以免妻女落入敌人手中，然后自己穿上朱红色衣服，进行最后决战，直到全体阵亡为止。

为了提高军队战斗力，阿克巴进行了军事改革，于1573年创建曼沙布达尔制度。这是一种对以军职官员为主，包括一部分文职官员在内的官员，实行军事编制的军阶等级制。

根据《阿克巴则例》记载，按照曼沙布达尔制，统率10骑至1万骑的指挥官共分为33级，最高的三个级位（指挥7000人、8000人和1万人）保留给三个王子，有1388个指挥官指挥10人到150人，412个指挥官指挥200人到500人。[①]

莫卧儿王朝政府对不同军职级别的官员颁发曼沙布达尔军衔任命状，其上注明官位级别。

对文职官员的曼沙布达尔不封赐扎吉达尔军事采邑土地，而由中央政府根据其曼沙布达尔级别，按月支付现金俸禄。

在阿克巴统治末年的各级曼沙布达尔中，约有三分之二支取现金俸禄，其余三分之一封赐扎吉达尔土地。

受封扎吉达尔军事采邑的曼沙布达尔，只能在该扎吉达尔土地上取得相当于其级别规定的田赋收入。田赋征收后，有义务用收入的

① 培伦 . 印度通史［M］. 哈尔滨：黑龙江人民出版社，1990：215.

一部分为中央政府供养与其级别相当数额的骑兵、战马，并提供武器装备。

据英国历史学家莫兰统计，一个指挥5000骑的一等曼沙布达尔月俸为3万卢比，净收入为2万卢比；一个指挥10骑的三等曼沙布达尔月俸为75卢比，净收入则为31卢比。

曼沙布达尔官位级别的升降由阿克巴决定。他还深谋远虑地规定，曼沙布达尔的官位不得终身享有或世袭继承。

如果失去曼沙布达尔官位，即失去他所领有的扎吉达尔军事采邑。而且曼沙布达尔不得连年领有同一处扎吉达尔，军官的扎吉达尔所在地往往与其驻地分离，不得结合在一起。

阿克巴并不将扎吉达尔军事采邑的土地所有权封赐给曼沙布达尔，所以曼沙布达尔对扎吉达尔并无土地所有权，只有田赋征收权。

拉其普特王公受封为曼沙布达尔的都是将其原有领地在名义上改为扎吉达尔，仍封给该拉其普特王公，归其统治。

曼沙布达尔制度也显露出一些弊端。欧文曾写道："假花名册是一种祸害，莫卧儿军队在其极盛时期也因这一祸害而遭殃。贵族们互相使用士兵，以凑够他们的兵额，或者让集市上那些贫困游手好闲的人搞到一匹驮运辎重的小马骑上，也和其他士兵一起算作精锐士兵。"

对此，阿克巴采取了种种措施，予以杜绝：采用了定期检阅制度；建立曼沙布达尔的附有说明的名册，名册上注明他们的姓名、所属的部族或种姓、籍贯并附注他们本人外表的详细特征；恢复给马烙印的制度。

曼沙布达尔制度的建立，使军官及其部队置于莫卧儿帝国中央政府严密的控制之下，而且是对莫卧儿军早期由部落首领征集小股部队的旧军事制度的改革，所以在其创建初期大大提高了战斗力，对莫卧儿帝国的巩固和领土扩张起了重要作用。

为了增加财政收入，恢复和发展农业生产，阿克巴实行了田赋税收制度改革。田赋制度的改革先后进行过三次。

第一次于1570—1571年在中央政府成立整顿财政的机构，在托达尔·马尔的协助下调查了某些地区村会计昆鲁果的土地账册，对田赋额作了新的估定。

第二次改革是1575—1576年实行分区包税制，除古吉拉特、孟加拉、比哈尔三省外，将全国划分为182个“克罗尔”，即“1000万卢比税区”，每个税区设置一名“千万总督”为税区长官。但分区包税制实行的结果失败了，因为“千万总督”穷凶极恶地勒索，使农民陷入水深火热之中。

第三次实行统括课税制（柴布特）。1582年，阿克巴任命托达尔·马尔为中央政府的迪万，主持田赋制度的彻底改革，在北印度广大地区推行统括课税制。其要点如下：

（1）认真丈量土地，并划分为4类，对实际耕种的土地才征税；

（2）规定固定的货币税率以代替涨落不定的实物税。折算时有两个依据，一个是税率表，另一个是有关谷物产量的资料。

土地总产量按上、中、下三等产量的平均数计算。根据土地产量确定实物税率，约占实际产量的三分之一。这一实物税率再根据最近10年（后改为5年）全国各地区农产品的平均市价换算为固定的货币税率。

允许农民按照此固定的货币税自由地选择缴纳现金或缴纳实物。赋税不是草率确定的，10年以后才有所增减。

（3）田赋由国家直接向农民征收，废除包税制度，减少了中间盘剥。

由于扎吉达尔未完全取消，所以阿克巴的财政部门就设有两司：一司专管各省税吏征收的田赋；另一司专管扎吉达尔上缴的田赋。

统括课税制的实行，大大简化了估税的过程，使全帝国的田赋制度接近统一。稳定的田赋收入，保证了国库财政收入的充裕和增加。在阿克巴时代，全国每年田赋收入达到13210万卢比。

田赋制度改革的成功不但有利于加强莫卧儿帝国的中央集权制，而且减轻了农民的负担，有利于农业生产的恢复和发展。马克思在《印度史编年稿》中充分肯定了它的意义："阿克巴废除了土地税交人承包的陋习，这种陋习是虐政及勒索的根源。"①

阿克巴非常重视法律和司法，以即时执法作为他的重要职责之一。阿克巴曾说，要是他犯了处事不公的罪，他就要起来审判他自己。佩鲁斯奇指出，对于执法，阿克巴是最热诚、最得意的。

皇帝是最高的执法者，是正义的源泉和最高的上诉法院，有时也起初审法院的作用。御前案件大多涉及刑事，处极刑（死刑）的案件必须由皇帝批准。

阿克巴赋予臣民直接申诉的权利，他在宫殿外面悬挂一条系着铃铛的法链，申诉者可以拉响铃铛，直接向皇帝上诉。

皇帝任命主要司法官卡济长，即首席卡济。首席卡济经皇帝批准委任各省卡济。省长也像皇帝一样审判案件，省长亲审政治犯，并对刑事审判实行监督。税收案件移交给迪万，属于宗教法的案件移交给

---

① 马克思．印度史编年稿［M］．张之毅，译．北京：人民出版社，1957：58.

卡济。这类卡济不仅在城市里有，而且被派往基层。

穆斯林关于继承、结婚、离婚的诉讼只能由卡济和穆夫蒂来判决，印度教徒的继承、婚姻等民事案件则依据印度教的宗教性法律判决。

在契约和刑事审判的诉讼中，阿克巴作了某些修改，要求卡济不要单单依靠证人，也要依靠其他的材料来源。

农村的治安由村里的头人及其手下的看守人负责，这种制度使地方上相当安全，只是在动乱时期偶有骚乱。

城镇的治安由科特瓦勒负责。据《阿克巴则例》列举，科特瓦勒有如下职责：

（1）侦缉窃贼；

（2）管理物价，核对度量衡；

（3）晚间守卫并巡逻；

（4）保存房屋、道路及市民的登记册，监视陌生人的活动；

（5）在流浪者中雇用侦探，收集有关邻村情况和各个阶级收支的情报；

（6）登记并看管没有继承人的死者或失踪者的财产；

（7）防止屠杀公牛、水牛、马匹和骆驼；

（8）防止违反妇女意愿焚烧妇女，防止12岁以下行割礼。

这些执法和治安制度有效地维护了社会的稳定。

阿克巴也进行了许多社会风俗改革及文化教育改革。他多次下令取缔印度教徒的落后传统风俗，如童婚制、嫁妆制、寡妇自焚制（萨蒂）、神灵裁判等。

印度自古就有早婚、童婚的习俗，这一陋习一直延续到现代，根深蒂固。

古代的《摩奴法典》规定，女孩的早婚是一种宗教义务，它明确写道："女儿要在8岁至12岁完婚，30岁的男子应同12岁的幼女结婚，24岁的男子应同8岁的幼女结婚。"

《高德姆宗教经》和《拉希沃拉衍家庭经》也认为，女孩子在月经来临之前，应把婚事确定下来，谁不这样做，谁就是罪人。让女儿月经来到之前结婚，父亲死后可以升天。《梵天往世书》中提到，幼女4岁以后可以结婚。

中古时期，由于外来异族的入侵和种姓之间的疆界划分，父母争取女孩早嫁，以保持处女的纯洁。早婚的年龄一般为七八岁。

英国殖民统治初期，女孩婚龄为八九岁，但在婆罗门种姓之间，童婚盛行，女孩早在三四岁就结婚。19世纪后期，童婚普遍流行，女孩只有一两岁就结婚了。

即使在现代，早婚仍然是普遍现象。根据印度国家调查统计，印度妇女平均结婚年龄的记录是：1925—1931年为12岁，1931—1941年为14岁，1941—1951年为15岁，1951—1961年为16岁。

嫁妆制也由来已久。《摩奴法典》即规定："媳妇如能带来充足的财富，女性受到尊敬，神就喜悦；一切愿望幸福的男人，应该不惜一切代价继续供给女儿各种装饰品、衣物及食品。"这便是嫁妆制的起源。

经过世世代代的演变，嫁妆制成为一种带有普遍性而必须恪守不渝的习俗，成为印度社会的一大罪恶，成为导致妇女悲惨命运的重要根源之一。

妇女出嫁必须陪嫁，嫁妆的数额与日俱增。有的新娘因陪嫁少，过门后受到夫家的种种嘲弄和折磨，甚至被丈夫或公婆活活烧死。也有的由于忍受不了夫家的虐待和凌辱而自杀身亡。有的甚至结婚多年，已是几个孩子的母亲，终因娘家无力补偿嫁妆而被逼致死。

印度寡妇命运之悲惨，可以说为世界之最。妻子一旦丧夫，变为寡妇，就等于失去了做人的权利，被视为不祥之物。她们被视为家中的负担，不得不忍受全家人的各种冷遇和责备，牛马一般地从事各种繁重的体力劳动并且受到种种虐待。

她们在社会上受到排斥，被人厌恶，不准享受一般已婚妇女的各种权利和待遇。她们在生活中没有任何享乐的权利，不能穿花色衣服，不能佩戴首饰，有的还要把头发剃光以示与常人有所区别。

更甚者，印度教严禁寡妇再嫁。印度教教规和习俗将贞节视为妇女最崇高的美德，规定妻子一旦与丈夫结合，就是永远的结合，即使丈夫已经去世，也永远不能与他分离。

一个女人一生只能结一次婚，不论是一个20岁因战争丧夫而守寡的妇女，还是一个12岁的少女寡妇，抑或是一个幼时订婚的婴儿寡妇，都要坚持贞节守寡至死，不准再嫁。

有些寡妇逃离家庭，奔向印度的神圣之城贝拿勒斯（现名瓦腊纳西）。印度人认为，恒河的水是从天上流下来的，在恒河里沐浴可使灵魂圣洁，在恒河边死去，灵魂可以直升天堂。在贝拿勒斯的恒河岸上，有一座“寡妇之家”，住着许多来自印度各地等待死亡早日到来的寡妇，其中有些人还非常年轻。

对寡妇最为残忍、最为野蛮的风俗是萨蒂制度，即寡妇自焚殉夫的风俗。关于萨蒂的起源，一部古代印度神话书籍中有一种说法。

萨蒂是吠陀以前湿婆神的妻子，她是国王达克夏普拉加帕提的女儿。每年，国王邀请众神参加一次盛大的篝火大会，但是，国王故意不向女婿湿婆神发出邀请，故意藐视他。

为此，萨蒂回到她父亲的王国，为维护丈夫的尊严并对父亲进行报复，毅然决然地投身于火堆自焚了。

以后，逐渐形成了萨蒂的习俗。这一习俗认为，寡妇为表示对丈夫的钟爱和忠贞而牺牲自己，在丈夫的火葬堆中实行萨蒂殉夫，是妇女至高无上、无与伦比的高尚行为，这样她就获得升天的机会。反之，如果她动摇，怕火烧死，她就留在人世度过凄惨的一生。[①]

对残害印度妇女的种种社会陋习，阿克巴非常反感，极力反对。他规定必须经过新娘和新郎双方同意和父母许可方能缔结婚约，禁止任何一方在青春期以前结婚，禁止近亲通婚，禁止接受高价嫁妆，禁止一夫多妻，准许寡妇再婚。

阿克巴企图制止妇女跳入火堆为自己丈夫殉葬的风俗。当他听到一个孟加拉贵族的寡妇要跳火殉夫，他马上远道赶去阻止。他还委任了几个督察专员到各地去辨明谁是真心自愿牺牲的寡妇，以便保护那些不肯这样断送性命的妇女。

阿克巴制定了进步的科学文化政策。他以波斯语为官方语言，促进了波斯文化与印度文化的融合。根据他的命令，许多梵文、希腊文、阿拉伯文的书籍译成了波斯文。许多著名的历史著作和有价值的诗歌、韵文也是用波斯文写成的。

阿克巴大力提倡印地语文学，他的朝臣中有许多著名的印地语作家。在阿克巴的赞助下，许多学者享有盛名，写了一些有趣而重要的著作，一位孟加拉语诗人在《对难近母的献辞》中，高度赞扬了阿克巴皇帝对文学的赞助。

---

① 陈峰君．印度社会述论［M］．北京：中国社会科学出版社，1991：230.

阿克巴统治时期，莫卧儿帝国政府设立学院和公立小学，并对课程进行了改革。阿克巴统治时期标志着学校和学院教育制度的一个新时代，他在法特普尔·西克里、阿格拉和其他地方建立学院。阿布勒·法兹勒曾写道："各国都有教育青年的学校，但是印度斯坦却因为有学院而特别闻名于世。"

阿克巴规定，数学、天文学和医学是所有学院的必修科目，还设置逻辑学、测量、会计、行政管理和农业方面的课程，从而使整个教育体系有了非宗教化的倾向。

在他的赞助下，德里、阿格拉、贝拿勒斯等地也建立了天文台。

阿克巴统治时期，也实行某种形式的妇女教育，皇家妇女已得到正规的培养，一些受了这种教育的妇女在文学界颇有名气。

阿克巴统治时期，建筑艺术得到了显著发展。这位皇帝以其一贯的一丝不苟的作风，掌握了这种艺术的每一个细节。他具有开明而善于综合的智力。他以来源不同的各种艺术思想充实自己，而他召集在自己周围的熟练技师们又赋予这些艺术思想以实际的形态。

阿布勒·法兹勒写道："阿克巴设计壮丽的大型建筑物并给他理智与心灵的作品穿上泥石做成的外衣。"弗格森也评论道："帝都法特普尔·西克里是一位伟大人物心灵的反映。"

阿克巴的活动不仅限于建筑艺术上的伟大杰作，而且他也建筑了一些堡垒、别墅、高塔、学校、储水池和井。

他的母亲出生于贾姆一个波斯的谢赫家庭，虽然他仍然坚持从其母亲那里继承来的波斯思想，但是他对印度教徒的宽容，对其文化的同情以及争取他们拥护他的事业的政策，使他在许多建筑物中采用印度教的风格。

阿克巴视察法特普尔·西克里的建造情况。细密画，选自《阿克巴回忆录》，约画于1590年

那些建筑的装饰特征是在印度教和耆那教庙宇中发现的图案的复制品，这一点在1569—1584年的帝都法特普尔·西克里的许多建筑物中可以得到显著的证明。

法特普尔·西克里的建筑物中最宏伟的有：乔德·巴伊宫，供阿克巴和皇后们居住；勤政殿，即皇帝的办公室，其阳台的屋顶延伸到柱廊上，是印度教的设计；奇妙的枢密殿，即便殿，在设计、建筑和装饰上都具有明显的印度特点；名叫大清真寺的大理石清真寺，是一座“石头传奇”；凯旋门，即坐落于这座清真寺南门的巨型胜利牌楼，是为纪念阿克巴征服古吉拉特而用大理石和沙石建成的；名叫潘奇·马哈勒的金字塔形的五层建筑物，显示了在印度某些地区仍然存在的佛教寺院的设计图在继续使用。

这一时期其他两座卓越的建筑物是阿拉哈巴德的“四十柱宫”和锡坎达尔的阿克巴陵墓。阿拉哈巴德的宫殿具有明显的印度风格，它伸出的阳台屋顶由一排排印度式的柱子支撑着。建筑这座宫殿花了40年时间，雇用了5000名到2万名不同工种的工人。阿克巴陵墓这座庞大的建筑是在阿克巴在世时设计的，它由五层越高越小的平台构成，用白色大理石建成的最高一层之上有一个拱状的屋顶，这一结构的印度图样是受到印度教的寺院以及交趾支那的高棉建筑的启发。

阿克巴时期的绘画艺术像建筑艺术一样，是印度以外的因素与印度因素的巧妙结合。

中世纪，中国艺术的一种乡土形式——它是印度佛教、伊朗、大夏和蒙古影响的一种混合物，被蒙古征服者传到了波斯，并被帖木儿的继承者保存了下来，后者又把它传入了印度。

阿克巴时期，这种印度—中国—波斯艺术的特点在印度当时各个画派的作品中被吸收、混合和结合起来。作为早期印度教、佛教、耆那教的风格的一种复兴，这些画派在印度的不同地区涌现出来，并导致了一种绘画风格的发展。在这种风格中，蒙古的因素逐渐衰退，而印度的因素则占着支配地位。

在阿克巴的宫廷里，波斯或其他外国画家的数量不多，信奉印度教的画家在数量上占优势。在阿克巴统治时期的17个主要画家中，印度教徒不少于13个。

阿布勒·法兹勒在谈到他们的艺术水平时这样说道："一百多个画家成了著名的艺术大师，臻于完善或第二流的画家的数目非常大。在印度教徒中尤其如此，他们的画是我们想象不到的艺术作品，在全世界确实罕有匹敌。他们协同工作，擅长画人物肖像、书籍插画、装饰画和动物画。"

阿克巴与他的家族其他人一样"热情欣赏世界的奇观和壮丽"，用尽一切办法鼓励绘画艺术，并且不顾伊斯兰教关于禁止描绘生物外形的禁令，而赋予绘画艺术以一种宗教色彩。

阿克巴曾说："在我看来，画家似乎有认识真主的十分特殊的手段。因为画家在描绘任何有生命的东西的时候，在构思它的肢体、羽翼的时候，如果感到他不能赋予他的作品以个性，他就不得不想到生命的赐予者——真主，因而增加他的认识。"

他试图以这种方式消除正统的穆斯林的不满，因为他们反对绘画艺术。阿布勒·法兹勒写道："拘泥于法律条文的信徒们敌视绘画艺术，但是他们的眼睛现在看到了实际的情况。"

阿克巴也欣赏音乐艺术，对此大加资助。根据阿布勒·法兹勒的说法，有36个歌唱家享受阿克巴朝廷的资助。其中最著名的是坦森和巴兹·巴哈杜尔。

关于坦森，阿布勒·法兹勒写道："最近一千年印度没有过像他那样的歌唱家。"巴兹·巴哈杜尔受雇为阿克巴服务，并被视为他的时代中在音乐科学和印地语歌曲这两方面最有造诣的人。

阿克巴的一系列改革，顺应了时代发展的要求，促进了印度政治上较长时期的统一、稳定和经济文化的发展。

六、怀柔宽容：镀金的锁链

为了有助于扩张领土，巩固统治，争取占人口绝大多数的非伊斯兰教徒，阿克巴改变了过去德里苏丹歧视和迫害广大印度教徒的错误政策，实行相当灵活的怀柔宽容的民族宗教政策。

鉴于德里苏丹国家统治时期，穆斯林君主对印度教拉其普特封建王公单纯采取武力征服的政策，结果导致印穆宗教矛盾加深，造成削弱德里国家统治基础的恶果；同时也鉴于拉其普特封建王公的政治、军事力量日渐强大，很可能成为与莫卧儿人争夺印度统治权的劲敌，阿克巴以政治家的真知灼见和开明头脑，认识到对拉其普特人既要征服，更要加以怀柔和笼络，与其建立巩固的联盟，这样才能把他们变为莫卧儿帝国统治印度的重要政治支柱。

为此，阿克巴采取与拉其普特和亲联姻的政策，他娶斋浦尔邦的拉其普特公主为皇后，娶梅瓦尔的拉其普特公主为皇妃，这种联姻为阿克巴与拉其普特的结盟奠定了持久的基础。

1562年，阿克巴娶了拉其普特公主玛尔雅姆·扎玛妮，她生下了后来的皇帝贾汉吉尔。图为《贾汉吉尔的圣诞》，细密画，选自《贾汉吉尔回忆录》，约创作于1610—1615年

阿克巴对臣服的拉其普特王公封赐官爵，使其成为莫卧儿帝国的重要大臣和军事将领。拉其普特人成了皇帝最忠诚的战士，拉其普特骑兵成为莫卧儿帝国最精锐的武装力量，占莫卧儿骑兵力量的三分之一。

托德把阿克巴描写为拉其普特人的独立主权的第一个成功的征服者。他的刚毅对于这个结局是有力的补助，这也犹如他在心理分析上的技巧及其对行动的最敏捷的反应，使得他能在用以束缚他们的锁链上镀上金。

阿克巴一改德里苏丹国统治时期穆斯林贵族垄断高级官职的错误做法，把被征服的拉其普特王公调到阿格拉的莫卧儿王朝中央政府，担任高级官职。

在地方官员的任用方面，采取印穆间杂相伴的做法。他还限制穆斯林大贵族的势力，力图使印穆两种力量保持平衡，使其都成为莫卧儿帝国统治的政治支柱。

在阿克巴时代，莫卧儿王朝的415名高级官吏中，有51名是印度教徒，而且几乎都是拉其普特人。

阿克巴以其开明的政策，赢得了大多数拉其普特人的心，甚至到了这样的程度：他们为阿克巴帝国作出了宝贵的贡献，甚至为之流血牺牲。

对骁勇善战的拉其普特人采取怀柔政策，是阿克巴的扩张得以顺利进行的因素之一，也是阿克巴帝国得以巩固的因素之一。

正如《高级印度史》所说："阿克巴帝国事实上是莫卧儿人的杰出才能和外交手腕与其拉其普特人的英勇和效劳互相配合的产物。"[①]

阿克巴扩大了莫卧儿帝国统治的阶级基础，使帝国政权成为外来穆斯林军事贵族与印度教封建主的联合专政。

阿克巴宣称，他既是穆斯林的，也是印度教徒的不偏不倚的君主，给予他们同等的权利。

他取消了印度教徒的香客税和人头税。这一政策完全归功于阿克巴本人，而不是任何顾问。据阿克巴自己说，他没有找到能干的大臣，这是真主的恩赐，不然人民会认为他的措施是由大臣策划的。

他准许所有被强迫改信伊斯兰教的印度教徒归宗原来的信仰，准许印度教徒营建寺庙，崇拜其神祇，庆祝宗教节日，和平地宣传其宗

① MAJUMDAR R C，RAYCHAUDHURI H C，DATTA K. An Advanced History of India［M］. New Delhi：Macmillan India Limited，2004：442.

教信仰。

阿克巴本人也停食牛肉，以表示对印度教习俗的尊重。

牛，古今中外，各国都有，但对牛的崇拜与爱护，则以印度为最。印度教徒视牛如神，视其粪便如宝。

牛在印度教中被视为最神圣的动物，享有优越的地位。相传，牛是印度教三大主神之一——毁灭之神湿婆的坐骑。湿婆骑着一头白牛，手执一柄三股叉，可降伏一切妖魔鬼怪。

牛代表繁殖，是生命的象征。对基督教徒来说，玛丽亚是上帝之母，而对印度教徒来说，母牛是生命之母。由此，对印度教徒来说，杀死母牛即等于亵渎神灵，所犯下的是亵渎上苍的弥天大罪。

牛是人们维持生存的基本来源，具有各种各样的用途。母牛能提供牛奶，牛奶可提炼黄油和酥油等重要营养品；公牛可拉车、耕地、种庄稼。

从前，有的虔诚的印度教徒还喝牛尿，以净化肉体和灵魂。牛粪更有用处，不仅可以当肥料，还可以当燃料。用牛粪烧饭，香甜可口，因为牛粪燃烧时，干净无灰，火势文微，燃烧时间较长，食物不易烤焦。

牛粪用水调和，制成糊状，可以用作居室里的地面材料。在肮脏的地面涂抹这种东西，待其干硬，表面呈平滑状，这样地面上的灰土便可以用扫帚轻易打扫干净。笔者于2005年在印度访问了一个不可接触者的村庄，亲眼见识了这种光滑的地面。

人死以后，用牛粪焚尸，可使灵魂圣洁。另外，有的地方，把泡有牛粪的水洒在地上，以示敬神，然后人们才可以吃饭。

正因为牛粪如此有用，所以古代《摩奴法典》中特地作了规定：

偷牛粪者被罚款。[①]

无怪，在城镇，每天清晨可以看到专事清扫工作的人，三三两两，头顶铜制大盒，四处寻找牛粪。一旦发现牛粪，便视为宝贝，争先跑上前去，用手把牛粪抓进盆里。

然后，把捡到的牛粪，统统带回家去，做成粪饼，贴在墙上，或晾在地上，干后用作燃料出售。他们专靠向家庭主妇出售牛粪为生。

城镇是这样，乡村更是如此。村庄中的小孩整日尾随自家的牛群，以便把牛群当日的粪便拾回家来。农村牛群众多，所以当人们进村之后，扑鼻而来的是一股浓烈的“牛味”。

对牛的崇拜和热爱，渗透社会生活的各个方面。政府部门为母牛开设养老院，主人无偿向那些滴奶不产、年老体衰的牛提供食物。在马德拉斯，警察将那些流离失所、身染疾病的牛收容下来，终日喂食，直至其痊愈。

农民们把母牛视为家庭成员，对它们百般装饰，花环冠首，红缨垂地；一旦母牛患病，他们总要虔诚地祈祷上苍保佑平安；一俟小牛出世，他们又会邀请亲朋好友和祭司热闹地庆贺一番。

在印度全境，印度教徒们总要在墙壁上挂上年历，上面画有天姿国色、珠光宝气的少女玉首，而身体却是肥壮庞大的母牛躯体。这些半人半牛的女神的乳头，正向外喷涌着奶汁。

牛生在印度，算是走了红运。无拘无束的牛群四下闲荡，悠然自得，它们徘徊于街头巷尾；游荡于繁华闹市和百货商店；大摇大摆地横闯私人宅院；逍遥自在地啃食庄稼果树；趾高气扬地站在交通繁

---

① 尚劝余 . 印度人［M］. 西安：三秦出版社，2003：310-311.

忙的十字路口，四处张望；无忧无虑地卧在路上，津津有味地细心反刍，旁若无人地悠然打盹儿。

因为牛被视为神圣的动物，所以它在历史上受到很好的保护。《摩奴法典》明文规定："犯误杀牝牛这种二等罪恶者，应当剃光头，披他所杀的牝牛的皮，吞大麦稀粥并栖身在牝牛牧场内一个月"；"要每天尾随牝牛后，直立，吞食大量牛蹄扬起的尘埃，夜间在侍候并敬礼它们之后，坐在它们旁边守卫它们。"就连偷牛也要受到严惩，在《摩奴法典》中规定："歹徒应被立即切断半只脚。"[①]

因此，禁杀与禁吃牛肉成为印度教的戒律，也成为印度教徒的习俗。

阿克巴不仅停食牛肉，而且在阿格拉以西建立印度教式的帝国新首都法特普尔·西克里，并采纳印度教帝王的惯例，实行"贾罗卡"（阳台谒见习俗），每天清晨在宫廷阳台露面，接受臣民申冤的申请书。

阿克巴被印度教徒欢呼为"世界的领导者"。

阿克巴不仅对印度教实行宽容政策，同时也尽了最大努力，使印度的伊斯兰教从阿拉伯化的状态中解放出来，并使之适应印度的需要，就如波斯人发展了什叶派教义，使伊斯兰教适合于他们的民族精神一样。为使伊斯兰教适应于印度的传统，一个伟大的宗教和文学运动开始于阿克巴，而以达拉告终。

在阿克巴的统治下，突厥—莫卧儿王朝变得更为印度化，而不是突厥化或莫卧儿化。阿克巴在新都法特普尔·西克里建筑了一座礼拜堂，用来讨论哲学和神学问题。

---

① 迭朗善．摩奴法典［M］．马香雪，译．北京：商务印书馆，1982：87.

《阿克巴在礼拜堂组织辩论》。节选自《阿克巴回忆录》，约创作于1604年

他首先把博学的伊斯兰神学家召集到那里，但不久，他们的讨论就成了发泄庸俗的积怨，拘泥于病态的正统观念和进行人身攻击，而且他们对阿克巴提出的一些问题，也不能作出满意的回答。

这种无聊的争论，不能满足阿克巴那颗喜欢探索的心灵，于是，他把各种不同宗教派别的有识之士召集到礼拜堂，其中有印度教徒、穆斯林、袄教徒、耆那教徒、基督教徒，一起辩论宗教问题。

他耐心倾听各种宗教信仰代表人物的争论，他觉得不同的人们都有其合理的理由断言自己是一个袄教徒、印度教徒、耆那教徒或基督教徒。

这些辩论使阿克巴明白，一切宗教里都有光，而光总带有或多或少的阴影，即使逊尼派正统的伊斯兰教的教义也非完美无缺。

1579年，阿克巴决定向伊斯兰神学家“乌勒玛”的专断挑战，他撤销法特普尔·西克里的首席布道士的职位，以他自己的名义宣读“呼图白”，并颁布“无误法令”。

阿克巴宣布他的新的王权理论，声称他不仅是政治上的最高主宰，而且也是宗教上的最高权威，当伊斯兰教宗教导师解释某项法令发生分歧时，由皇帝仲裁。

阿克巴认识到，印度是一个多民族、多宗教的大国，他本人对宗教问题抱有极大的兴趣。

葡萄牙总督看到皇帝对宗教有兴趣，赶快派传教士来说服他入基督教。

但阿克巴的目的并不是要皈依哪种宗教，而是对社会和哲学进行思考，要制定出一个他的帝国的意识形态。

从以下几则他的言论中，可以看出他对宗教问题的观察与分析：

印度教妇女们从河流、水塘和井里取水，她们不少人用头顶着好几个水罐，说说笑笑，在崎岖不平的路上走着。如果人心能像水罐这样保持平衡，任何灾难都不会降到他们身上。为什么人们在对待万能之神时做不到这样呢？

我从前曾迫使人们接受我的信仰，即伊斯兰教。当我的知识增加以后，感到无地自容。我自己都不是穆斯林，让别人当穆斯林是没有道理的。强迫人家信教能指望他们忠实吗？

阿克巴还对袄教进行分析，他不相信古人拜的火是从天上取下来的，他认为那是夸张，因为用镜子或晶体对着太阳就能引燃火绒。

经过种种思考，阿克巴认为所有的宗教都含有一些共同的法则。因此，他总结这个共同法则，创立了没有神灵和教条的、折中并杂糅了伊斯兰教、印度教、佛教、耆那教、袄教、基督教各种成分的圣教——“丁—伊—伊拉希”，意为“神圣信仰”，即“圣教”。

他将圣教定为国教，自任教主，自称是人民的精神导师。他的主导思想是熔所有信仰于一炉，提倡和平与宽容，不主张大量杀生，尽量少吃肉，至少要定期把斋，在宗教仪式上拜火、日、光。

阿克巴的普遍宽容的思想十分鲜明地证明了他的理想主义。

阿克巴崇高的思想、宽容的性格和广阔的理想，是由各种因素综合形成的。

首先，他的遗传上的影响赋予他那些理智与感情方面的品质，使他能接受环境对他造成的印象，并以最好的方式把它反映出来。尽管帖木儿及其后裔都是征服者，但是他们都爱好艺术和文学，而且主要是由于他们跟苏菲派的接触而有着超脱于宗教之上的正统观念。

其次，阿克巴早年留在喀布尔宫廷，当时有许多苏菲派圣徒在萨法维迫害的压力下逃离波斯，来到那里。其间与苏菲派的接触，以及后来他的导师阿卜杜勒·拉蒂夫的影响，使他深深地感到自由和崇尚的思想的价值，并且使他渴望得到与神的本体直接接触时所具有的不可言喻的幸福。

再次，他的拉其普特妻子，他与印度教徒的接触以及当时的改革运动，都对他富于想象力的头脑产生了影响。

因此，他这个非常聪明、头脑机灵、喜欢探索的人，在出身、教养和交往方面都善于极其敏锐地觉察到那些成为他所生活的那个世纪特征的种种渴望和精神的不安。他不仅是他那个世纪的产儿，而且是它最好的反映。

此外，他要建立一个全印度的莫卧儿帝国的政治目的，对他的宗教政策也产生了某些影响，正如政治因素在很大程度上影响了与阿克巴同时代的英国伊丽莎白女王在宗教上的决策一样。

但是，毫无疑问，阿克巴本人向往宗教，渴望真理，在阿克巴的灵魂里泛起情感的波涛是屡见不鲜的事。

甚至怀有敌意的批评者巴道尼也告诉我们："许多个早晨，他总在坐落于僻静处的法特普尔·西克里皇宫附近的一幢古老建筑的一块平坦的大石上，独坐祈祷，神情忧郁，头垂胸前，搜集清晨的天福。各种不同宗教派别的冲突震撼了他的心灵，因此他致力于发展一种新的宗教，他希望这种宗教将表明是所有敌对教义的综合，能够把他辽阔的帝国里各种不调和的因素统一在一个和谐的整体内。"①

---

① MAJUMDAR R C，RAYCHAUDHURI H C，DATTA K. An Advanced History of India［M］. New Delhi：Macmillan India Limited，2004：451.

他的理想是广泛综合他认为是各种不同宗教中的一切精华。

阿克巴的宗教宽容政策，改变了莫卧儿人在印度当地居民心目中作为入侵者的形象，成为帮助阿克巴扩张领土、巩固统治，使莫卧儿人最终立住脚跟的重要因素之一，同时也给遭受穆斯林入侵和破坏达数百年的印度社会带来了普遍的安定与繁荣。

七、人中之王：最伟大的君主

一代枭雄阿克巴，晚年因悲伤和痛苦而闷闷不乐。伤心的事件接踵而至，使他饱受连绵征战之苦的身心一再蒙受磨难，得不到片刻安宁。

左图为庆祝1570年穆拉德王子诞生；右图为庆祝1569年萨利姆王子诞生。莫卧儿细密画，创作于1590—1597年

先是他心爱的朋友和诗人费济去世，接着是他的儿子萨利姆犯上作乱，自立为王。

萨利姆是阿克巴仅存的儿子，他的两个哥哥比他父亲早逝。

萨利姆在娇生惯养中长大，个性复杂多变。他是一个奇怪的“混合体”，他的性格由各种极端组成：有时很残忍，有时又似乎非常公正而温和。

他爱好美酒和女人，喜欢寻欢作乐，性情反复无常，但又具有高超的审美能力，热爱大自然，擅长艺术和文学。

就是这样一个王子，曾几次图谋篡夺他父亲的王位，给他暮年的父亲带来无尽的烦恼。

萨利姆利用阿克巴在南方征战的机会，于1601年在北方古城阿拉哈巴德僭行独立。

阿拉哈巴德是印度一个最古老、最神圣的城市，古名钵罗耶格，15世纪起改名为阿拉哈巴德，意思是“真主的宅邸”。

阿拉哈巴德坐落在恒河、朱木拿河和神话中的悉罗湿伐底河的汇流处，另有一个古名叫“三河口”。阿克巴大帝曾在三河口筑起要塞，作为他帝国东方边陲的标志。

恒河和朱木拿河被印度人视为圣河。在河里洗澡沐浴，可以消灾去罪，使灵魂圣洁，死后可以升天。因此，每天黎明和黄昏，男女老幼都到河里洗澡，有的一天连洗几次。河岸与河里人山人海，熙熙攘攘，场面之热闹，令人叹为观止。

圣河也是死者的理想归宿。人死后便被抬到河边焚烧，最后把骨灰撒进河里。因为很多人相信，骨灰撒进圣河，可使灵魂升天，所以不少年迈老人或重病患者担心死后不能在圣河里焚尸，临终之前都来到圣河岸边等死。一旦骨灰被撒进圣河，便视作人生的莫大幸福，实现了一生最大的心愿。

说也奇怪，虽然水牛在河里游泳，信徒们在河里洗澡，抛掷鲜花和燃着的油灯等物，焚烧尸体，抛撒骨灰。另外在有些台阶上还有大小便，臭气冲天，令人窒息，一旦下雨，或河水暴涨，这些脏物一股脑儿被冲入河中，然而，河水依然洁净，不会变脏。

当地居民饮用圣河河水，外地人有机会也取点带走。据科学家研究，恒河水自我净化能力很强，将杂物聚结，沉入河底，有一定排毒除害作用，因此，它比其他河水洁净，称为圣河当之无愧。①

恒河和朱木拿河两河河水汇流之处更为神圣，两河汇流后的一段流程仍浊清分明。多少年来，年年都有成千上万的印度教徒到这里来沐浴涤罪，也有来到这里，站在无花果树下，投河自杀的。

特别是，每逢十二年一次的贡帕节，又称贡帕庙会，有数十万乃至成百万的人来自四面八方，云集到阿拉哈巴德，在特定的时辰，成群结队地到河里沐浴，以求圣洁和长寿。

萨利姆在阿拉哈巴德组织了一个独立的朝廷，发布诏谕，封授军事贵族扎吉达尔。不仅如此，为了达到尽早夺取王权的目的，他还不惜与欧洲殖民主义者葡萄牙人相互勾结。更使他父亲伤心的是，他怀疑他父亲的亲密朋友和伙伴阿布勒·法兹勒，在他父亲面前讲谗言，并唆使公然反叛了他父亲的班德拉设下埋伏，在阿布勒·法兹勒从德里回阿格拉会见皇帝的途中暗杀了他。费济和阿布勒·法兹勒兄弟俩是阿克巴最亲密的朋友，相继离开了人世。

---

① 王树英．印度文化与民俗［M］．成都：四川民族出版社，1989：201.

阿克巴伤心到极点，下令全力追捕凶手班德拉，但是，作为首要犯罪嫌疑人的王子，却没有受到惩罚。由于父性的弱点，阿克巴于1603年4月与儿子和解，重归于好。关于这次和解，萨利姆在他驰名的自传中，用极其朴实的笔法写道："我明白一个国王该有何等的忍耐，它的基础是建筑在对父亲的敌意上的。"

萨利姆与父亲和解，回到阿拉哈巴德后，旧病复发，重建独立的朝廷。就在此时，朝廷里一些贵族及曼·辛格、阿扎姆等人，密谋废除萨利姆的继承权。萨利姆于是再次请求同父亲和解。阿克巴把他当作任性的孩子，严加申斥，并禁闭10天，作为惩罚，随后，再次宽恕了他。

不久，阿克巴患了严重的痢疾，于1605年10月17日逝世。临终前，阿克巴为萨利姆举行了授权仪式，将头巾和礼服授予他，并给他佩上自己的短剑，显示了一位征战终生的帝王的慈父胸怀。

印度第一任总理贾瓦哈拉尔·尼赫鲁在《印度的发现》一书中，用大量的篇幅评价了阿克巴。他写道：

《贾汉吉尔凝视着他的父亲阿克巴》。表现的是贾汉吉尔怀着悔恨的心情凝视着他父亲的情景

阿克巴富有吸引力，具备伟大的品德。他是一员良将，温文尔雅而富有同情心，他是理想家兼梦想家，又是一位实行家和群众领袖，他能够激起部下的热诚拥戴。

作为一位战士，他征服了印度的大部分土地，但他的眼光却放在另外一种更持久的征服上面，那就是要赢得人民的心悦诚服。正如他宫廷中的葡萄牙籍的耶稣会教士告诉过我们的那样：他那双炯炯逼人的眼睛，像照耀在日光中的海洋一样震颤着。

在他的身上，那个统一印度的旧梦又形成了，这不仅仅是在政治上并为一家，而且是要有机地融合为一个民族。从1556年起，在他那将近50年的漫长统治时期中，他为这一目的鞠躬尽瘁。

阿克巴集合了一批对他以及他的理想忠诚拥戴的聪明才智的人们于左右。他的宫廷成为拥有各种信仰和一切有新思想及新发明的人们的集会之地。在他的统治时期中，印度北部的印度教徒的文化和伊斯兰教徒的文化融合向前迈进了一大步。阿克巴确实同样受到印度教徒和伊斯兰教徒的欢迎。

阿克巴充满了好奇心，总是企图发现精神上的及世俗上的一切事物的究竟。他宫内的葡萄牙籍的耶稣会士这样说："他对于许多事物发生兴趣，渴望学习，他不仅对于政治上及军事上的事情有完整的知识，对于许多机械方面的艺术也一样。在强烈的求知欲中，他竭力想一下子学会一切，像一个饿汉想一口吞下他的食物一样。"

不过他的好奇心何以停于某一点上，而并没有引导他向那摆在面前的某些显明的路上去勘探，却是很奇怪的。尽管他有莫卧儿大帝的伟大威望，尽管他在陆地上有巨大的力量，但他在海上却没有势力。

阿克巴有一个庞大的大陆等待他去征服，很少有剩余的时间来对付海洋上的主人葡萄牙人。虽说葡萄牙人偶然刺痛他一下，他也认为无关紧要。有一个时期，他确实曾想到建造船舶，但是他并没有认真地发展海军，只不过是一时的高兴作为消遣而已。

莫卧儿的陆军由外国专家训练，他们通常是奥斯曼土耳其人。这些外国专家训练本地人，但是为什么阿克巴或其他人不派遣自己的手下到外国去受训练，或用鼓励研究的方法来提倡这种改进工作的兴趣呢?

耶稣会教士把一本排印的《圣经》和几本印刷出来的书赠送给阿克巴。阿克巴对于这种在他的政府工作和他的远大事业上能有巨大裨益的印刷术何以不觉得新奇而予以注意呢?

莫卧儿的贵族很喜欢时钟，先是葡萄牙人带来的，后来英国人又从欧洲运来。莫卧儿并没有企图去了解这些有弹簧的钟是怎样制造的，也不设法在印度试行仿造，印度有的是非常精巧的手艺人和技工。

阿克巴生活在16世纪，这一个世纪在欧洲看见动力学的产生，这在人类的生活上是一种革命性的进步。正当欧洲在利用和开发大自然的力量时，静止而冬眠的亚洲还是照古代传统的方式继续着依靠人力的辛苦劳作。

印度，从一切外表看来，所呈现的景象不唯有一个光辉灿烂的朝廷，而且有繁盛兴旺的商业、贸易、制造和手工艺。以当时印度观光者看来，欧洲各国在好多方面好像是落后而粗俗的，但是欧洲那种正在日趋显著的动力特性在印度却是完全缺少的。

如果阿克巴求知心切的精力转向社会变革的方向，用来研究世界上其他地方所发生的事情，他也许已经奠定这种变革的基础了。但是他太忙于巩固他的帝国，他面临着的重大问题是如何使伊斯兰教与印度的宗教和民间习俗获得调解，从而促进国家的统一。

他企图用理性主义的精神来解释宗教，在当时他好像引起了印度情况的巨大转变。然而，这种直接的手段并未成功，正如它在其他地方很少成功一样。

因此，甚至阿克巴这样的人也并未能在印度社会的前后关系上发生过根本的影响。在他死后，他所倡导的改革气氛和进取精神又消沉了，而印度重新恢复了那呆滞不变的生活。

阿克巴特别喜爱拉其普特人，他所爱慕的是他们也有他自己本人所具备的品德——不顾一切的勇气、光荣感及侠义感和信誓的遵守。他把拉其普特人争取过来了，但是，这些拉其普特人虽然有可倾慕的品德，而所代表的乃是正当新势力方兴的时候那种已经过时的中古类型的社会。阿克巴未曾意识到这些新兴的势力，因为他本人就是他自己的社会遗产的俘虏。[①]

以上是尼赫鲁对阿克巴的评价。

的确，阿克巴是一位无畏的战士，仁慈而明智的统治者，思想开

① 贾瓦哈拉尔·尼赫鲁．印度的发现［M］．齐文，译．北京：世界知识出版社，1956：145-147.

明，有胆有识，在印度历史上占有独一无二的地位。

阿巴克个性威严，看上去是个十足的帝王，萨利姆在他的回忆录中说，他父亲“一举一动都不像个凡人，在他身上显示出真主的灵光”。

阿克巴像帖木儿王朝其他君主一样，富有过人的勇气，非凡的膂力。他在临阵和追击时，都无所畏惧，“像马其顿的亚历山大一样，时刻准备冒生命危险，而不顾政治后果”[①]。他常常在雨季策马跃入洪水横溢的江河，安全地渡到对岸。

他虽然是个强有力的征服者，但并不出于残忍而滥施暴行。他对他的亲属充满深情。他对他的兄弟哈基姆所采取的行动，说明他能宽恕改悔的叛变者。

偶尔，他的怒气占了上风，那么罪犯就即刻被处决，他对他的舅父穆阿札姆和同奶兄弟阿达姆汗就是这样。但是，他一般能很好地自我克制，宽大为怀，他对喜穆和萨利姆就是这样。

他风度翩翩，谈吐文雅，为此受到所有与他接触的人的高度赞扬。他能赢得臣民的爱戴和崇敬，他们认为这位德里的统治者是世界之王。他饮食极其节制，喜欢水果，不大喜欢肉食，晚年完全不吃肉。

阿克巴自幼爱好打猎和各种运动，不喜读书，目不识丁，总是请别人给他读书。虽然阿克巴一生不识字，不知道如何阅读和写作，但他具有极高的文化修养。

---

① MONSERRATE A. The Commentary of Father Monserrate，S. J. On His Journey to the Court of Akbar［M］. Memphis：General Books，2010：196-197.

他有出色的文学鉴赏力、浓厚的求知欲和惊人的记忆力，对各门学科，如哲学、神学、历史和政治学都有浓厚和强烈的兴趣。他有一座藏书楼，里面装满各门学科的书籍。

他喜欢跟学者、诗人、哲学家交往，他们向他大声朗读书籍，因此，使他能通晓伊斯兰教苏菲派、基督教、祆教、印度教和耆那教的作品。

史密斯写道："任何一个听过他对争论的问题发表深刻而精辟的议论的人，都会相信他具有广阔的文学知识和渊博的学问，而绝不会想到他是文盲。"[①]

虽然阿克巴雄心勃勃地进行领土征服，通过征服把莫卧儿帝国的范围几乎扩大到北印度最远的界限，可他不是一个自私而任性的独裁者。他不是只顾自己的利益而无视被征服者的感情，践踏他们的权利和特权。

他的王权理想是崇高的，他说道："任何行动方针有效与否取决于君主的行为。因此，他对真主的感激应该表现在他的公正政治以及论功行赏之上；而他的臣民的感激则应该表现在唯命是从和歌功颂德上。"

由于具有天才的远见，他把莫卧儿帝国的政治结构和行政制度建立在所有臣民的合作和友好的基础之上。

他真正认识到，虐待占人口绝大多数的印度教徒或使他们长期处于不平等和屈辱的地位是不合理的。这表明阿克巴作为政治家的卓越

---

① SMITH V A. Akbar：The Great Mogul，1542—1605［M］. Delhi：S. Chand & Co，1962：156.

才能。

他不仅公平对待印度教徒，任命他们担任要职，而且还力图消除穆斯林与非穆斯林之间的一切令人反感的差别。他为任何一个想追求印度全国的统治者这个地位的人，开拓了一条合理的途径。

阿克巴爱好绘画。他用尽一切办法鼓励绘画艺术，并不顾伊斯兰教有关禁令，赋予绘画艺术以一种宗教色彩。

他供养了一百多位画家，其中印度教画家人数远超过穆斯林。宫中每月开绘画展览三四次，对每一次展览他都要加以品评和分别赏赐。那时各画家不断地交流经验，养成了相互学习、共同观摩的风气。

阿克巴也欣赏音乐艺术。他供养了36位歌唱家，其中有些是在音乐方面很有造诣的人。他每天轮流听取印度、波斯、中亚、克什米尔等音乐。他自己亦能作曲，并命令将梵文乐谱译成波斯文。

阿克巴对于建筑和工艺同样关爱。他亲自监督宫殿和陵墓的建设工程，并在拉合尔和阿格拉等地建立了布匹、地毯和其他日用品的作坊或工场。中国瓷器当时已经由克什米尔和古吉拉特逐渐输入到印度西北部和北部。

阿克巴也爱好机械。他被认为在火绳枪的制造方面有许多发明和改进。

由于有天赋的不屈不挠的魄力和孜孜不倦的勤奋精神，他建立了一个庞大的行政机构，并进行了全面的政治、经济、社会、法律、文化、宗教改革。正如《阿克巴则例》所说的那样：他把最微小的细节看成是能反映全貌的镜子。

《世界文明史》一书中这样评价阿克巴：

阿克巴具有复杂的个性和罕见的多方面爱好，这在他统治时期的各个方面都打上了印记；

他明显深受癫痫发作和偶或出现的抑郁症之苦，但通常显得轻松愉快，精神状态很好；

他天生一副魁伟的体格，酷爱武艺和冒险行为，有时会冒着生命危险，不顾一切地徒手与雄狮格斗或骑御野象；

在发火时他可以变得残酷无情，但一般来说判断准确，对已被击败的对手往往表现得宽宏大量；

这位易于冲动的皇帝有着强烈的求知欲和开阔的思想，记在他名下的发明有好几项，主要与火炮改良有关；

虽然他执拗地拒不学习读书写字，但他喜好文学，藏书甚众。他还是位极具天赋的音乐家，不仅精于演奏乐器，尤其善于敲定音鼓，而且通晓十分繁复的印度声乐理论。

从各个方面看，阿克巴统治时期，是印度历史上最辉煌的时期之一。

劳伦斯·宾杨评论道：

站在历史的光天化日之中，阿克巴似乎处于两个朦胧而相反的世界之间：

一个是他的中亚细亚祖先的世界。这是一个人类精神十分强烈的世界，为自身而崇拜那种能力，为狩猎的狂热所迷，猎取兽类或者猎取人——这是一个狂暴行动的世界，这种行动像梦幻般飞逝。

另一个是印度的世界。它固然沉醉于豪华与残暴之中，可是它也能产生佛陀和阿育王的崇高精神，和那些野蛮的征服者相比，他们从遥远的过去对我们发言，但声音仍然是活生生的，能够感动我们。

阿克巴也为贪得无厌的能力所迷，他似乎是行动的化身，而在他天性的深处，却有点和以上一切截然不同，它渴望思考和冥想，它追求正义，并希望和平。

而更加引人注意的是，在阿克巴的统治下，印度人统一印度的古老理想又实现了，他要努力实现的不仅是政治的统一，而且也是文化的融合。

史密斯这样评论道：

阿克巴生来就是人中之王，称得上是人类历史上最强有力的君主之一，这种看法有其牢固的基础，这就是他非凡的天资、创造性的思想和巨大的成就。①

八、奇特组合：善变的贾汉吉尔

阿克巴大帝为莫卧儿帝国的繁荣强盛奠定了坚实的基础，创造了

① SMITH V A. Akbar：The Great Mogul，1542—1605［M］. Delhi：S. Chand & Co，1962：157.

丰厚的条件。在他之后的三位继任者统治时期，莫卧儿帝国达到了鼎盛的巅峰。

萨利姆（1569—1627，1605—1627年在位），是莫卧儿帝国的第四代君主，于1605年10月24日在阿格拉庄严即位，时年36岁，采用“努鲁丁·穆罕默德·贾汉吉尔·巴提沙·加济”的称号，通常称为“贾汉吉尔”（一译“查罕杰”）。[①]

贾汉吉尔是一个奇特的“混合体”，他的性格由各种极端组成，这一点在上一节中已作了描述。

他虽然喜欢寻欢作乐，但并非全无军事上的雄心。他梦想征服早期帖木儿王朝政府所在地，即河外地。

即位不久，他就采取各种措施，大赦政敌、释放囚犯。他在阿格拉城堡的城垛与朱木拿河岸边的石柱之间设置一条著名的法链（法链即系着铃铛的链索，悬挂在王宫附近，鸣冤者牵动链索，皇帝即可听到铃响，因而垂问冤情），颁布12道诏谕，作为帝国的行为准则。

然而，贾汉吉尔“初期的美梦”很快便被他的长子胡斯劳的叛乱所打断。

胡斯劳曾得到他祖父阿克巴大帝的溺爱和庇护，是帝国中最得人心的王子，有许多权势显赫的支持者。据说，他是一个风度翩翩、举止文雅的君子，深得庶民百姓的爱戴。

贾汉吉尔登基后5个月，胡斯劳就野心复燃，潜逃出宫，离开阿格拉，逃往旁遮普，在拉合尔举兵谋叛。

① RICHARDS J F. The New Cambridge History of India，I·5：The Mughal Empire［M］. London：Cambridge University Press，1993：94.

贾汉吉尔亲率大军讨伐他的儿子，由于心情非常混乱，以致在行军的第一天早晨竟忘记了每天要吸一次的鸦片。

王子的军队被皇帝的军队轻而易举地打败了，王子和他的两个主要追随者全部被俘。胡斯劳“双手被捆绑，脚戴锁链”，被押到一个开阔的觐见厅内面见他父亲，遭到严厉斥责后被下令监禁起来，他的支持者遭到了残酷的惩罚。

贾汉吉尔写道：“我把胡斯劳监禁了起来，下令把两个恶棍（胡赛因·贝格和阿卜杜勒·阿齐兹）用一张牛皮和一张驴皮裹住，驮在驴背上，脸朝尾巴，在城内到处游街示众。”

这个被监禁的叛乱王子，在1622年去世以前，势必要遭受更多的痛苦。贾汉吉尔把他这个儿子的双目在阿拉哈巴德狱中弄瞎了，胡斯劳后来再次得赦出狱，但不久被其弟胡拉姆毒死。

锡克教的第五代首领阿尔詹也被监禁处死。有人说他的罪名是用一笔钱帮助过叛乱王子，也有人说是因为他为叛乱祈祷过，还有人认为他的行为可能是出于他仁慈而善良的品性，而不一定是表明他对皇帝本人有什么敌意。

处决这位锡克教师尊是贾汉吉尔的失策之举，因为这么一来就使锡克教徒离心离德，成为帝国的敌人。

1611年5月，贾汉吉尔与努尔·贾汉结婚，她对贾汉吉尔的生涯和统治产生了相当大的影响。

传说把努尔·贾汉的一生说成是一部系统的浪漫史。努尔·贾汉的父母是波斯人，他们在极端穷困的情况下从波斯迁移到了印度。她父亲在阿克巴大帝的军队中服役，后来跃居高位。

据说贾汉吉尔热烈地爱慕她，因为她那妩媚的容颜吸引了国王深远的目光，竟把他俘虏了。但是，阿克巴大帝不批准他们的联姻，使她嫁给了波斯另一个冒险家舍尔·阿富汗（意为“伏虎者”），并安排他驻扎孟加拉。

贾汉吉尔即位不久，听到舍尔·阿富汗“不服从命令并图谋反叛”，便派当时“处于一个可爱的儿子、友好的兄弟和志趣相投的朋友的地位”的同奶兄弟，孟加拉的新任总督去惩办他。

结果，舍尔·阿富汗刺死了孟加拉新任总督，他自己也被总督的随从砍成了肉酱。于是，遗孀努尔·贾汉及其年幼的女儿被带到了阿格拉宫廷。

几年以后，贾汉吉尔娶努尔·贾汉为妻，立为皇后，并授予新皇后“宫廷之光”的称号，不久又改为“世界之光”[①]。

当然，这并不能阻止贾汉吉尔与宫中其他女子暗恋。1615年，他就为阿纳尔卡莉在拉合尔修建了一座大理石坟墓，上面镌刻着充满深情的题词：“啊！如若再得一见我爱之面容，我当感激真主直至复活之日。”

皇后努尔·贾汉的确异常美丽，妩媚端庄，她对波斯文学、诗歌和艺术有高超的鉴赏能力，有洞察一切的才智，有多才多艺的禀赋，有渊博的学识。

她不仅是首都妇女界中的领袖，而且也被公认是一股强大的政治势力。她性格中最突出的特点是她那过分的野心，这导致她任意左右其丈夫。

① 爱德华兹，加勒特．莫卧儿帝国［M］．尚劝余，译．西宁：青海人民出版社，2009：58.

努尔·贾汉成为1611—1627年间莫卧儿帝国朝廷中最有权力的人物。一种新的钱币上铸上了她的名字，还有如下的铭文：“奉国王贾汉吉尔之命，金币由于刻上皇后努尔·贾汉的名字，增加了百倍的光彩。”

她的父亲实际上变成了总管大臣，她的哥哥被委任为皇室的总管，并于1611年开始了他显赫的官场生涯。她还把她与第一个丈夫所生的女儿嫁给贾汉吉尔最小的儿子沙尔亚尔，以进一步巩固她的地位。

贾汉吉尔的朝代被称为阿克巴朝代的继续。他在外交政策上是他父亲忠实的追随者。他首先把注意力放在孟加拉。这个莫卧儿帝国最东边的省区经常处于骚乱之中，总督更迭频繁。

1612年3月12日，伊斯拉姆总督打败了独立的阿富汗人在孟加拉的最后一个领袖，结束了一直对抗莫卧儿王朝的阿富汗人的政权。贾汉吉尔采取怀柔政策，使他们从此与帝国友好相处，莫卧儿的安抚政策也为群龙无首的阿富汗人的全部投降铺平了道路。

贾汉吉尔最卓越的胜利是战胜了一直蔑视其权力的梅瓦尔的拉其普特人。

1613年，贾汉吉尔任命其三子胡拉姆王子为统帅，攻打梅瓦尔。胡拉姆采用焚烧、掠夺和破坏的策略，用饥饿迫使拉其普特人从森林密布的高山中走出来。

梅瓦尔的统治者阿马尔·辛格不及他父亲普拉塔普的顽强刚毅，饥饿和时疫迫使他求和。这样，梅瓦尔臣服了莫卧儿人，承认了帝国的宗主权。阿马尔·辛格本人免于参朝，其家族的公主也免于进宫，王子从朝廷获赐丰厚礼物。

贾汉吉尔本人评论道："真正重要的是，阿马尔·辛格及其祖先以他们多山的国家和住处兵力强大而妄自尊大，从来没有觐见也没有臣服于任何一个印度斯坦国王，而这一点在我统治期间得到了实现。"

贾汉吉尔后来把阿马尔·辛格及其儿子的两座与真人一样大的大理石雕像放在他阿格拉宫殿的花园里。

由于对梅瓦尔许以宽厚的条件并采取怀柔政策，贾汉吉尔一直使梅瓦尔对莫卧儿帝国保持忠诚，直到奥朗则布时所采取的政策才使拉杰·辛格疏远起来。

《印度通史》评论道："这位贪图舒适、寻欢作乐的贾汉吉尔对于创造帝国的艺术要比他那个没有同情心的好走极端的孙子奥朗则布精明得多。"①

在德干，贾汉吉尔执行他父亲的激进政策，对艾哈迈德纳加尔王国进行了一场时断时续的战争，这场战争在他整个统治时期一直延续下去。

莫卧儿人要用武力完全战胜艾哈迈德纳加尔王国是不可能的，其原因有二：一是这个德干王国本身的强大；二是莫卧儿帝国军队的作战行动不力。

艾哈迈德纳加尔王国当时得到阿比西尼亚族大臣马利克·阿姆巴尔的得力辅佐。此人是天生的带兵之将，也是中世纪印度所产生的最伟大的政治家之一。

他根据正确的方针对王国的税收制度进行了改革，稳定了财政；

① 辛哈，班纳吉．印度通史［M］．张若达，冯金辛，王伟，译．北京：商务印书馆，1964：393.

他用游击战的作战方法训练士兵，使他们有效地对付帝国军队。莫卧儿的朝廷史官这样描述他：

> 这个阿姆巴尔是个奴隶，却是个能干的人。在作战、指挥、正确判断和行政管理方面，他是无与伦比的。他精通掠夺性的战争，这种战争在达金语中叫作“巴尔吉—吉里”。他平息了国内骚动不安的情绪，终生保持了显赫的地位，他光荣地结束了他的一生。历史记载上还没有过别的阿比西尼亚籍奴隶提升到如此卓越地位的例子。

而帝国军队的行动由于其将领之间不断的相互倾轧而受到妨碍。名义上的指挥权起初授予巴尔维兹王子，后来又授予胡拉姆王子，但实权却由阿卜杜尔·拉希姆大汗和其他贵族操纵。他们花在互相争吵上的时间比花在跟德干人打仗上的时间还要多。

1616年，胡拉姆王子攻占了艾哈迈德纳加尔和其他一些堡垒，莫卧儿人才取得了局部胜利。由于这次胜利，贾汉吉尔授予胡拉姆以沙·贾汗的称号，意为“世界之王”。沙·贾汗接受了各种赠品，并被擢升到统率三万步兵、两万骑兵的职位。

但是，莫卧儿人战胜艾哈迈德纳加尔只是虚有其表，而非真正的胜利，德干远远没有被完全征服。有人正确地评论道：“什么也无法掩盖这样的严峻现实，即花了数百万卢比，牺牲了数千人的性命，并没有使莫卧儿的疆界比1605年的疆界向外推进一丝一毫。”

贾汉吉尔在位期间的另一个卓越的军事成就，是1620年11月16日攻占旁遮普东北部崇山峻岭中坚固的坎格拉要塞。

《胡拉姆王子的称重仪式》。胡拉姆王子年轻时体弱多病，据说，为了让天上的星宿能庇护和改善儿子的体质，贾汉吉尔在1607年7月胡拉姆过16岁生日的时候再次为他在喀布尔的乌尔塔花园举行了称重仪式

这个易守难攻的要塞控制着雷维河和萨特里日河之间的山区。阿克巴时期，托达尔·马尔曾征服了这一山区的一些酋长，将其置于莫卧儿的控制之下，但坎格拉要塞还是没有被吞并。山区里有一个传说：托达尔·马尔曾用一个巧妙的比喻把他的布置告诉阿克巴，“他割去了肉，留下了骨头”。

贾汉吉尔终于攻克了这个要塞。他被山谷的美丽迷住了，他形容这个要塞有23个棱堡，还有7座寨门。

传说贾汉吉尔经常到旁遮普一个叫宾多利·迈亨达的地方狩猎。

一次，他想召见这里有名的大仙人迈亨达，迈亨达拒绝往见，并凭借法力穿山逃遁。后来，贾汉吉尔抓住了大仙的儿子那拉因，将他带到拉合尔，灌了7大碗剧毒，但那拉因却安然无恙。

贾汉吉尔大为吃惊，只好在宾多利·迈亨达为迈亨达修了一座庙，名罗怙纳特庙。这座庙一直保存至今。

宾多利·迈亨达地区的人，每年在拜萨喀节这天，要用大轿抬着大仙人迈亨达的塑像游行，一直走到湖边的巴拉德利庙旁，给迈亨达的塑像沐浴，进行膜拜。然后，又抬回原地。傍晚时，大家云集一堂唱颂神曲。

这个传说反映了旁遮普人民反侵略的愿望。

然而，尽管贾汉吉尔可以为此而自鸣得意，可接踵而来的却是无休止的灾难和叛乱，直到他溘然长逝。

帝国的第一个严重灾难是丧失了坎大哈。这个地方长期以来是莫卧儿人与波斯人发生摩擦的一个根源。

当时，亚洲最强大的统治者之一沙·阿拔斯，以礼物和花言巧语蒙骗莫卧儿官员，乘帝国内部骚乱之机，于1621年包围了坎大哈，终于在1622年攻占该要塞。

贾汉吉尔授命他的儿子沙·贾汗率军远征，收复坎大哈。然而，沙·贾汗担心努尔·贾汉利用他离开首都之机取消他继承王位的权利，因此按兵不动。

努尔·贾汉企图让她的女婿小王子沙尔亚尔继承王位，因此挑拨贾汉吉尔与沙·贾汗的关系。贾汉吉尔不敢抑制皇后，也无力抑制皇后，沙·贾汗被疏远。于是，沙·贾汗起兵叛乱，反对他父亲。

贾汉吉尔进退维谷，处境十分困难：西北部面临着波斯人的压力，帝国的心脏地区又有沙·贾汗的叛变。最后，他不得不把注意力转移到对付国内的危险上。

沙·贾汗反叛后，在年迈的阿卜杜尔·拉希姆大汗的协助下，向阿格拉进军，但被由巴尔维兹王子指挥、马哈巴特汗率领的帝国军队彻底打败。他被追赶得到处逃亡，在德干和孟加拉流浪了两年。

1625年，沙·贾汗与其父亲言归于好。他将儿子达拉·舒科和奥朗则布送到皇宫做人质，自己带着妻子穆姆塔兹·马哈勒（努尔·贾汉的侄女）和幼子穆拉德回到纳西克。

沙·贾汗枉费心机的叛乱就这样结束了，结果他一无所获，但给帝国带来了巨大的损害。用贾汉吉尔的话来说：“沙·贾汗的反叛好像是用斧头打击了他自己的统治权的基础，而且在事业道路上成为障碍，沙·贾汗不配接受我所赐给他的一切恩惠和珍爱。”

马哈巴特汗在平定沙·贾汗的叛乱中作出了杰出贡献，得到了皇帝的擢升。但他的成功却招致了皇后努尔·贾汉及其兄弟阿萨夫汗的忌妒，结果，马哈巴特汗被迫起兵叛乱。

在皇帝去喀布尔的途中，马哈巴特汗发动了一次大胆的奇袭，在杰卢姆河畔囚禁了贾汉吉尔，但努尔·贾汉逃脱了。

努尔·贾汉企图用武力营救丈夫，但失败了，结果她自投叛营，与贾汉吉尔一起被拘禁。她和丈夫用计哄骗马哈巴特汗，逃到了罗塔斯，纠集了一支大军。马哈巴特汗最后投奔沙·贾汗，与他和好。

但是，努尔·贾汉的胜利是短暂的。她的丈夫贾汉吉尔早已疾病缠身，于1627年10月28日，从克什米尔返回阿格拉的途中病逝。贾汉吉尔的遗体埋葬在拉维河畔沙达拉的一座坟墓里。[①]

在印度历史上，贾汉吉尔是一个复杂的人物。特里对他这样评论道："说到这位国王的性格，我一直认为是由各种极端组成的：他有时很残忍，有时又似乎非常公正而温和。"

传记学家贝弗里奇评论道："贾汉吉尔确实是一个奇怪的混合体，他这个人可以站在旁边看着人活活被剥皮，却又能热爱正义，能在高尚的交谈中度过星期四的晚上；他可以策划谋杀阿布勒·法兹勒而毫不自责地坦率承认这一事实，又能因皇家大象在冬天用冷水喷淋自己身体时颤抖而可怜它们。"

这位皇帝的一位传记作者认为："他是一个明白事理、心地善良的人，有强烈的家庭感情，对人人都十分慷慨大方，痛恨压迫，热爱正义。他在当王子和皇帝时曾有过几次因暴怒而表现出残忍的个别行动，并不是无缘无故的。不过一般来说，他还是以仁慈、和蔼和坦率著称。"

弗朗西斯·格拉德温也评论道："贾汉吉尔在其统治期间自始至

---

① EDWARDES S M，GARRETT H L O. Mughal Rule in India［M］. Delhi：S. Chand & Co，1956：65.

终对其臣民的意向看来都是仁慈而体贴的。他废除了一些令人恼火的过境税和租税，还企图禁止买卖太监。”

他有强烈的正义感。他写道：“我下达的第一道诏令就是拴紧法链。”这条法链系着60个铃铛，他的臣民中最卑贱的人都可以摇动这条链子向他申诉冤情。他施加刑罚时不考虑被控告者的职位高低，因此，在宣布对权势显赫的谋杀犯判处死刑时，他说道：“真主不允许我在这种事情上照顾王子，更不必说照顾阿米尔了。”①

贾汉吉尔有高超的审美能力，他本人就是一个画家，他赞助艺术和文学，热爱大自然。

贾汉吉尔是花园艺术的爱好者，他的朝代以完成驰名的莫卧儿花园的设计而引人注目。这些花园有台地形式的广场，有人造池塘和许多喷泉。他在克什米尔建筑了可爱的沙拉马尔—巴格花园。

由于贾汉吉尔有文化素养的妻子的“风雅女流特性”，莫卧儿艺术风格中一种新的变化可以从其陵墓看出来，除了它那高度的美学风味外，它还标志着由阿克巴和贾汉吉尔时代的简单的沙石建筑到沙·贾汗时代的白色大理石建筑的转变。

贾汉吉尔是个杰出的鉴赏家，他愿意花高价购买任何一幅能满足他审美爱好的图画；他还是个艺术批评家，能说出一幅集体作品中参与创作的各个画家的名字。

贾汉吉尔相当熟悉第一流的微小绘画的特点，经常购买印度和国外最优秀的艺术流派的代表作。他的热情与他的艺术家们的技巧结合

---

① MAJUMDAR R C，RAYCHAUDHURI H C，DATTA K. An Advanced History of India［M］. New Delhi：Macmillan India Limited，2004：462-463.

起来，使莫卧儿绘画艺术从波斯影响的指导下解放了出来，并使一种基本上是印度的艺术风格发展了起来。

贾汉吉尔有一定的文学鉴赏力，广泛阅读了波斯文以及突厥文的书籍。他发布了一项规定，一个没有继承人的富人或旅行者死后，其财产要收归国王，用以建立或修缮学院、寺庙等。

《贾汉吉尔坐在御座上》。御座是皇权的象征，通常都是木制的，嵌有珍贵的宝石，或镶着金制和银制的叶子

贾汉吉尔继位后不久，甚至修复了那些30年来已成为鸟兽栖息之地的学院，使里面又有了济济一堂的学生和教师。他还在德里建立了一所学院，修缮了那里的一所几乎已成废墟的名叫“永恒之宫”的学院。

贾汉吉尔步其祖先巴布尔后尘，写了一部著名的回忆录。这部回忆录是其文学造诣的光辉例证。

在宗教政策上，贾汉吉尔同他父亲一样，对各种宗教，包括从西方传来的天主教，都一视同仁。他不是个折中主义者，他喜欢与印度教和伊斯兰教圣徒以及基督教传教士交谈，但是他不接受印度教徒、祆教徒或基督教徒的习俗和礼仪。

然而，因为他喜爱酗酒，渐渐损害了他性格中比较美好的方面，从而导致了他性情的反复无常，并损害了他的健康。他53岁时疾病缠身，久已不问朝政，58岁病逝于路途之中。

九、多情君主：泰姬陵的由来

沙·贾汗（一译“沙杰罕”，1592—1666，1628—1658年在位），是莫卧儿帝国的第五代国王，也是一位名垂青史的多情君主。他统治期间，是莫卧儿帝国的黄金时期。

贾汉吉尔去世后，接踵而至的是一场王位继承斗争。他有4个儿子，长子胡斯劳早被次子胡拉姆（沙·贾汗）毒死，三子巴尔维兹因嗜酒沉饮也早逝。次子和四子之间展开了一场短暂的王位争夺战。

贾汉吉尔去世时，沙·贾汗远在德干。他的弟弟沙尔亚尔在其岳母努尔·贾汉的支持下，在拉合尔称帝。沙·贾汗则得到了其岳父阿萨夫汗（努尔·贾汉的长兄）的得力辅佐。[1]

阿萨夫汗非常机智地给沙·贾汗送信，要他北上。同时，为了安抚首都民众，他把已故的胡斯劳王子的儿子达瓦尔·巴赫什王子推上王位，作为临时皇帝。

阿萨夫汗把大统帅伊拉达特汗争取过来，向拉合尔进军，打败了沙尔亚尔的军队，软禁他的胞妹努尔·贾汉，囚禁沙尔亚尔并弄瞎他的双眼。

沙·贾汗从德干匆忙赶往阿格拉，于1628年2月在首都被宣布为皇帝，尊号为沙·贾汗·帕德沙·加济。

达瓦尔·巴赫什王子被赶下王位并送进监狱，后又获释并流亡波斯，靠波斯王给的养老金度日。当时的编年史家把他描写为一头“献祭的羔羊”，再恰当不过。

沙·贾汗设法把所有可能与他竞争的人都“逐出人间”。他活到看见他两个儿子被处决，另一个儿子被驱逐出国，而他自己则作为囚徒度过他的晚年。

沙·贾汗开始统治时十分乐观，十分成功。

他轻而易举地平定了两次叛乱：一次是一个本德拉酋长儿子的叛乱，另一次是德干前副王的叛乱。这两次叛乱分别爆发于他即位的第一年和第二年。叛乱平定后，马哈巴特汗被任命为德干省长。

16世纪末，葡萄牙人占据了孟加拉。他们在加尔各答附近的胡格

---

① PRASAD B. History of Jahangir［M］. Varanasi：The Indian Press Pvt. Ltd，1973：436-437.

列设立根据地，逐渐发展成为重要的商业中心。但是，他们不满足于和平的商业活动，而是到处胡作非为。

他们向印度商人勒索重税，特别是烟草税，触犯了莫卧儿当局，使朝廷税收受到损失。他们还从事可恶而残忍的贩奴勾当，诱拐和绑架印度教孤儿和穆斯林儿童，迫使他们改信基督教。更有甚者，他们竟狂妄放肆到抓走了沙·贾汗妻子的两个女奴。

这种种劣迹激怒了莫卧儿皇帝。

沙·贾汗命令孟加拉总督卡西姆·阿利汗严惩葡萄牙人。1632年6月24日，胡格列被卡西姆·阿利汗的儿子率领的大军包围，经过了3个月激战被攻克。

葡萄牙人虽有7000名炮兵，仍被莫卧儿军队击败。从葡萄牙人的牢狱中解救出来的印度人，多至万人以上。

许多葡萄牙人被杀死，大批葡萄牙人作为俘虏被押到阿格拉。沙·贾汗命令4500名葡萄牙人俘虏全体放弃天主教而改奉伊斯兰教，否则就把他们终身监禁或当作奴隶，总算出了一口恶气。

沙·贾汗为收复坎大哈进行了不懈的努力，因为没有坎大哈，莫卧儿在西北边境的地位是相当脆弱的。

然而，沙·贾汗在位期间，为收复坎大哈所进行的三次战役，均以失败告终。除了损失宝贵的时间外，还花费了不下1.2亿卢比，也就是国家岁入的一半以上，而莫卧儿人还是永远地失去了坎大哈。

莫卧儿军队在坎大哈城下的一再败北，严重地影响了帝国的威信，同时也相应提高了波斯的军威。此后许多年，波斯的威胁就像乌云一样笼罩着印度的西北边境。

莫卧儿人在中亚的冒险，也是以灾难而告终。沙·贾汗像他的父亲和祖父那样，梦想夺回其祖先在中亚的旧领土，阿卜杜勒·哈米德·拉霍里写道："皇帝从即位之初就下决心征服巴里黑和八答黑商，因为这两个地方是他的家族的世袭领地，而且是夺取他伟大的祖先帖木儿的家乡和首都撒马尔罕的要隘。"

但是，要动员一支大军通过巍峨的兴都库什山脉困难很大，而且这一冒险计划对印度的莫卧儿帝国究竟有什么益处也很值得怀疑。然而，沙·贾汗没有考虑这些。他统治时期的繁荣昌盛以及他的朝臣的阿谀谄媚，冲昏了他的头脑，他正做着虚无缥缈的梦。

1646年，穆拉德王子和阿利·马尔丹乘当地爆发内战之机，攻占了巴里黑和八答黑商。但穆拉德王子无法忍受巴里黑的恶劣气候和艰苦，违背他父亲的意愿返回印度。

皇帝决心不放弃他的征服地，派遣首相萨杜拉汗和奥朗则布王子相继进入巴里黑。但是，乌兹别克斯坦人这时已组织了一场全民族抵抗莫卧儿人的运动。面对这种抵抗，奥朗则布虽作了真诚而认真的努力，但还是一无所获，在经历千辛万苦之后，不得不撤回印度。

远征中亚的战争使莫卧儿帝国在兵员和金钱方面都遭受了巨大的损失，正如萨尔卡尔爵士评论的："沙·贾汗在巴里黑的愚蠢战争就这样结束了。在这场战争中，印度国库两年之内花费了4000万卢比，而从征服国里只得到225万卢比的岁入，没有兼并一英寸领土，没有改换一个王朝，也没有一个同盟者取代敌人登上巴里黑的王位。500名士兵战死，10倍于此数的人在山上的冷风大雪中冻死。这就是侵略性的帝国政权为越过西北边境进行战争而使印度付出的骇人听闻的代价。"

《1631年围攻坎大哈》。细密画，约创作于1640年。画面上方坎大哈城堡滚滚硝烟，以欧洲明暗法画成半透明状，造成了战火明灭的光影效果

《印度通史》评论道：“远征中亚失败的主要原因是莫卧儿的贵族们不愿在那遥远而荒凉的地区服务。他们已经太习惯于奢侈淫荡的生活，觉得冷酷的中亚不合他们的胃口，他们曾被描写为‘穿细洋布裙的面色苍白的人’，而且，他们又得不到当地居民的同情。”

在南方，沙·贾汗恢复了传统的扩张政策。

艾哈迈德纳加尔的尼扎姆·沙希王国靠近莫卧儿的南部边界，首当其冲地受到莫卧儿人武力的威胁。莫卧儿人先用武力后用金钱攻占了一个又一个要塞。

1633年，艾哈迈德纳加尔终于被并入莫卧儿帝国，有名无实的国王胡赛因沙终生被囚禁在瓜廖尔堡垒。尼扎姆·沙希王朝就这样灭

亡了。

1636年2月21日，沙·贾汗亲自率师向德干进军。高康达苏丹阿卜杜拉沙承认了沙·贾汗的宗主权，每年向皇帝纳贡，以沙·贾汗的名字铸造钱币和宣读“呼图白”。

随后，莫卧儿三路大军向比贾普尔推进。比贾普尔的士兵采取切断敌人供应和在水井里下毒这些历来惯用的应急手段，勇敢地保卫了都城。但是比贾普尔王国的其他地方却横遭莫卧儿人的蹂躏。

阿迪勒沙苏丹最后被迫求和，于1636年5月缔结了和约。他承认莫卧儿皇帝的宗主权，并答应不骚扰当时已臣服莫卧儿的高康达王国。

萨尔卡尔爵士写道：“这样，经过40年的冲突之后，德干的事务终于解决了。皇帝的地位无可置疑地得到了维护；他的疆界已明确划定；他对南方诸王国的宗主权也正式确立了。”

1636年7月11日，皇帝离开德干，派他的三子——时年18岁的奥朗则布任莫卧儿所属德干的副王。

当时，德干的领土相当辽阔，包括坎德什、贝拉尔、特仑甘纳和道拉塔巴德4省，估计每年可以得到5000万卢比的收入。它有64座山上堡垒，其中一些仍然为敌对酋长所占有。

沙·贾汗的晚年由于他的儿子之间爆发了一场可怕的王位继承战争而十分悲惨。

1657年9月，他一病倒，这场战争就爆发了，并使这位年老的皇帝蒙受了极端的屈辱和痛苦，直到他离开人世。

沙·贾汗共有4个儿子，到那时都已长大成人：长子达拉·舒科，43岁；次子舒贾，41岁；三子奥朗则布，39岁；四子穆拉德，33岁。

他还有两个女儿：长女贾哈纳拉，站在达拉·舒科一边，小女劳什娜拉，站在奥朗则布一边。[1]

四兄弟作为省督和军队司令官，在民政和军事方面都有相当丰富的经验，但是在个性和能力方面却有差别。

达拉·舒科是个观点折中、心胸开阔而且具有学者气质的人物，他与其他宗教信徒交往，研究《吠檀多》、《犹太教法典》、《新约全书》和苏菲派作家著作的教义，力图在明显敌对的教义中找出一种妥协的办法。

但是，他并不是异教徒，他从没有抛弃过伊斯兰教的基本教条；他只是表现了得到伊斯兰信徒承认的苏菲派的折中主义而已。如果说他蔑视宗教的表面礼节的话，他也只是与各种教派中许多诸如约翰·米尔顿那样的著名思想家采取同样的立场而已。

他的一位传记作者评论道："任何人想着手解决印度的宗教和平这个问题，都要接着达拉·舒科遗留下来的工作做起，并且沿着这位王子所开拓的道路前进，这么说也不为言过其实。"

但是，由于父亲对他过分宠爱，欲立他为继承人，他又一直留居宫廷，因而，在他身上未能发展起一个敏锐的政治家所具备的品格和一员勇敢的将领应有的能力，反而使他滋长了骄傲的意识，轻视别人的忠告。

舒贾当时任孟加拉总督，他天姿聪明而且是个勇敢的军人，但他过于贪图安逸享乐，使他软弱、怠惰、粗心大意，不能坚持不懈，不

---

① EDWARDES S M，GARRETT H L O. Mughal Rule in India［M］. Delhi：S. Chand & Co，1956：85.

能小心谨慎，不能深谋远虑。

穆拉德当时任古吉拉特总督，他坦率、大方、勇敢，但他耽于狂饮，因此不能发展做领袖所需要的品性。

奥朗则布是所有兄弟中最能干的一个，他勤奋过人，有高超的外交手腕和军事才能，有无可置疑的行政能力。此外，作为一个热诚的逊尼派穆斯林，他自然得到正统的逊尼派的支持。

这几个互相竞争的王子在性格上的差异，对他们之间斗争的进程产生了很大的影响。达拉·舒科虽然是个宽宏大量的人，却是个不合格的将军和政治家，他不是聪明而理智的奥朗则布的对手。舒贾和穆拉德也由于在具有杰出的将才、机智老练的奥朗则布面前表现出自己的无能，因此只有吃亏。

1657年9月，沙·贾汗生病时，四兄弟中只有达拉·舒科在阿格拉。沙·贾汗病情严重，三个在外地的儿子怀疑父亲已经去世，达拉·舒科把父亲病逝的消息秘而不宣。

舒贾在当时的孟加拉首府拉杰马哈尔自行称帝，并向帝国首都进军，但在贝拿勒斯附近被达拉·舒科的儿子苏莱曼·舒科率领的讨伐大军打败，被迫退回孟加拉。

穆拉德也于1657年12月5日在艾哈迈达巴德自行加冕。他与奥朗则布结成联盟，达成瓜分帝国的协议，会师于马尔瓦。

奥朗则布与穆拉德的联军向北挺进，皇帝派遣贾斯万特·辛格和卡西姆汗率军前去阻击。1658年4月15日，两军在达尔马特遭遇。

由于印度教士兵与穆斯林士兵彼此猜忌和意见分歧，加之在军事战术上贾斯万特·辛格不如“老于征战”的奥朗则布，帝国的军队被打得丢盔弃甲，死伤累累。

贾斯万特·辛格落荒而逃，他那位自尊心很强的妻子因他临阵退却而紧闭城门，不让他入城。

达尔马特战役大大增加了奥朗则布的物资，提高了他的威望。萨尔卡尔爵士评论道："这位德干战争的英雄和达尔马特的胜利者，不仅以毫无损失的战役，而且以无敌于印度的军事声誉雄视天下。"①

奥朗则布和穆拉德的联军涉水渡过昌巴尔河，到达阿格拉附近的萨姆加尔平原。达拉·舒科率领一支5万人的大军前去迎战。这支大军表面可怕，却不过是一伙由匆匆纠合起来的来自不同阶级和地方的人组成的乌合之众，本来就不能相互配合，又没有受过一致行动的训练。

5月29日，两军在萨姆加尔展开了一场决战。争夺十分激烈，双方作战都很勇敢，穆拉德脸上两处受伤。达拉·舒科手下的拉其普特人英勇奋战，全体阵亡，无一例外。

不幸的是，达拉·舒科坐的战象被一支箭射成重伤，他下了战象，骑上一匹马。这一举动决定了这场战争的命运。尚存的军队发现其主人战象的象轿里没有了人，以为达拉·舒科已经阵亡，于是一片慌乱，纷纷逃离战场。

达拉·舒科失望至极，向阿格拉逃去，听任敌人夺去他的军营和枪炮。

大概没有一次胜利比这更彻底，没有一次失败比这更悲惨。

萨姆加尔战役实际上决定了沙·贾汗的儿子之间这场王位继承战争的结局。可以说，奥朗则布夺取印度斯坦的王位，几乎是他在萨姆加尔所取得的胜利的合乎逻辑的结果。

---

① SARKAR J N. History of Aurangzeb：Vol.1［M］. Bombay：Orient Longman，1973：336.

《沙·贾汗的三个儿子》。细密画，约创作于1637年。描绘沙·贾汗的次子舒贾、三子奥朗则布和四子穆拉德并辔骑马郊游行猎的情景

这次胜利后不久，奥朗则布就向阿格拉进军，他对沙·贾汗为谋求和解所做的一切努力都不予理睬，并挫败了防守的禁军阻止城堡被攻占的种种企图，随后于6月8日夺取了该城堡。

沙·贾汗被赶下了王位，只好忍受最无礼的待遇。当奥朗则布以断绝朱木拿河水的供应作为对阿格拉守城禁军的一种进攻措施时，这位不幸的皇帝在6月酷热干渴的夏天里不得不饮用城堡里咸涩的井水。

他以极其伤感的语气写信给奥朗则布：

印度教徒应该永受赞扬，
彼等对死者常奉献水汤；
吾儿真乃一奇异的穆斯林，
你使我生时为缺水而悲伤。

沙·贾汗作为一个普通的囚犯被严密监禁，连一般的自由也被剥夺了。

奥朗则布对皇帝为了和解所提的一切请求置若罔闻。

这位不幸的皇帝终于向不可避免的命运屈服，像一个一直哭到睡着的小孩那样，再也发不出抱怨之声了。

他在宗教中寻求慰藉，抱着无可奈何的态度，由他孝顺的女儿贾哈纳拉陪伴着，在祈祷和反省中度过晚年，直到1666年1月22日74岁去世时，才使他从一切痛苦中得到解脱。

奥朗则布对他父亲的处置“不但污辱了道德感，而且也侮辱了当时社会的礼仪”[①]。

1658年6月13日，奥朗则布从阿格拉向德里进发。

---

① 辛哈，班纳吉．印度通史［M］．张若达，冯金辛，王伟，译．北京：商务印书馆，1964：412.

这时，穆拉德已识破他哥哥的图谋，因而对他产生了猜忌。奥朗则布并不在战场上与穆拉德对阵，而是将他诱入圈套。

这个不幸的王子被监禁在萨姆加尔城堡，后又被转移到瓜廖尔要塞，1661年12月4日以谋杀罪被处决。

奥朗则布于1658年7月21日在德里加冕为皇帝。

奥朗则布下一步就是着手对付其他的竞争者。

1659年1月5日，奥朗则布在阿拉哈巴德附近的卡杰瓦，打败舒贾，并穷追不舍，将其驱逐到缅甸边境的阿拉干森林区。此后，再也没有听到关于舒贾的消息，舒贾全家死于当地土人手中。

奥朗则布的长子曾一度与舒贾联合，因而也遭到终身监禁。奥朗则布的女儿查伯恩妮莎反对他父亲的这种做法，亦被捕入狱。兄妹二人均死在狱中。

达拉·舒科的儿子苏莱曼·舒科，带着他的妻子、几个嫔妃、他的同奶兄弟穆罕默德沙和仅仅17个随从四处逃窜，最后得到加尔瓦丘陵一个印度教罗阇的庇护。这位罗阇对这位落难的贵客十分和气与关心。

然而，在奥朗则布的逼迫下，罗阇的儿子于1660年12月27日把苏莱曼·舒科交了出来。被俘的王子当时正是青春年华，异常英俊，他戴着镣铐被押到奥朗则布面前。

王子对奥朗则布说，他宁愿立即被处死也不愿服用浸泡罂粟梢而成的药酒慢慢被毒死。奥朗则布答应了他，但奥朗则布并未遵守诺言。每天早晨都给这个不幸的王子服用这种可怕的药酒，直到1662年5月，“他的看守才下手将他送入来世”。

传说中达拉·舒科的下场，其悲惨和可怜，并不亚于他的弟弟穆拉德和儿子苏莱曼·舒科。

奥朗则布攻占阿格拉并监禁了沙·贾汗以后，达拉·舒科从德里逃往拉合尔。他到达拉合尔后约一个月，他的“可怕的对手”就率领军队赶来了，把他及其家人赶到了木尔坦。

1659年4月12—14日，达拉·舒科与奥朗则布交锋，经过3天激战，达拉·舒科被打败，匆忙逃遁以保全性命。

1659年6月，达拉·舒科向西北边境逃去，因为他被奥朗则布的军队追赶着在拉杰普塔纳、卡奇和信德四处逃窜，在印度找不到藏身之地。他想在达达尔的阿富汗酋长吉万汗那里避难。

但是，在赶往达达尔的途中，“一切不幸中最大的不幸”降临到他的头上。他颠沛流离的日子里最忠实的伴侣娜迪拉贝加姆，终因长期腹泻的折磨又缺少医治和休息而溘然长逝。爱妻的去世使他不知所措，悲恸欲绝。

达拉·舒科对夫妻间的爱情表现出强烈的眷恋。印度事务部图书馆里有一本漂亮的相册即是达拉·舒科令人感动的爱情纪念物，上面有他的亲笔题词：“这本相册是沙·贾汗皇帝的儿子穆罕默德·达拉·舒科王子于1051年（伊斯兰历，相当于1641—1642年）赠给他最亲爱的伴侣、夫人娜迪拉贝加姆的。”

哈菲汗评论道：“重重苦恼就这样接踵而至，压抑着达拉·舒科的心头。悲伤添悲伤，痛苦增痛苦，他的心情再也不能平静。使他更加不幸的是，那个背信弃义的阿富汗酋长出卖了他，把他连同他两个女儿和第二个儿子西皮赫尔·舒科交了出来。”

1659年8月，达拉·舒科被押到德里，穿着破烂衣服在城里四处游街。

萨尔卡尔爵士写道：“对达拉的羞辱大到顶点的是使他坐在一头满身污秽的小母象背上的一乘敞开的象轿里。在8月里灼热如火的阳光暴晒下，被带着通过当年他荣耀、显赫一时的地方。他沉浸在耻辱的痛苦中，既不抬头，也不旁视，而是像一根被压垮了的嫩枝一样坐着。”①

他的悲惨处境激起了市民内心的怜悯。一位目击者写道：“聚集起来的群众人山人海，我到处都看到人们在哭泣，用最使人感伤的语言痛惜达拉·舒科的命运，我从每一个角落都听到尖锐刺耳而又使人痛苦的喊叫声，男人、妇女和儿童都号啕大哭，仿佛他们自己遭到了什么大灾难。”

达拉·舒科被骑兵和弓箭手团团围住，没有一只手能够伸出来拯救这个不幸的王子。

接着8月30日爆发了一场矛头指向叛徒吉万汗的民众暴乱。这场暴乱加速了达拉·舒科的死亡，奥朗则布再也不允许延续他的生命了。

当天晚上，刽子手把西皮赫尔从父亲的怀抱中拉走，将达拉·舒科斩首。

根据奥朗则布的命令，达拉·舒科的尸体在全城示众，让老百姓知道，他们特别喜爱的人已经不在人世了，然后掩埋在胡马云陵墓圆顶下的一个墓穴里。

沙·贾汗的统治开始时是前途无量的，可是却这样在一连串阴郁

---

① SARKAR J N. History of Aurangzeb：Vol. 2［M］. Bombay：Orient Longman，1973：221.

的悲剧中结束了。

沙·贾汗既不是一个伟人，也不是一个伟大的统治者，但总的说来，他的一生是成功的，只是1657—1660年的内战，给他带来了屈辱的下场。

作为一个行政长官，他以公正与仁慈享有应得的名誉。正如道乌所说："他以其执政的严格公正和宽厚以及对其臣民幸福的关心，足以抵偿他早年的罪过。"

沙·贾汗中等身材，黑眸白脸，额部很宽，右眼、手指以及左脚都有黑痣。他不到5岁就开始识字读书，说得一口流利的波斯语，也学会了印地语和土耳其语。

他不喜欢饮酒，但爱好骑射、击剑、打猎、诗歌、音乐和美术。

他黎明起床，祷告完毕即开始问政。他往往站在大殿的窗口向远处看去，这时红色堡垒的墙下百姓争相要瞻仰他。

他从窗口走上宝座，朝见群臣，接受各省递呈的奏折。每逢星期三早上，他亲自审判重大案件。群臣退出后，他开始批阅奏折，有时监督正在建筑中的工程，且召见亲信讨论问题。

中午，他进入内宫，那里王后蒙塔兹·玛哈尔还要他批览关于福利或慈善事业的各种呈文。傍晚，他又召见少数人谈话。

晚餐后，他在内宫听妇女们歌唱。在入睡前，总有人在帘幕后把历史、游记和伊斯兰教先知的传记朗诵给他听。

作为一个征服者，沙·贾汗是严厉冷酷的，对其政敌也毫不留情，他夺取王位时所用的手段确实留下了令人不快的记忆。

但是，考虑到由于努尔·贾汉不断玩弄阴谋而使他一直处于其中的环境，那么正如道乌所写的，他采取这种令人不快的手段是由于环境逼迫所致，这样一想，我们的怒气也就打消了一半。

虽然作为一个战士，沙·贾汗没有他的某些先辈那么伟大，可是他并不缺乏军事才能。他热心提倡他的宗教信仰，而且增加了穆斯林的人数。

沙·贾汗在位期间，是莫卧儿人在印度统治的黄金时期，莫卧儿的统治达到了鼎盛。在王位继承之战以前，对皇帝的权威没有严重挑战，印度本身也没有重大的外来威胁。①

在这个时期内，印度与西亚之间的对外贸易得到了发展，与欧洲的对外贸易也开始了，国家的财政蒸蒸日上。

沙·贾汗在位期间，还有一个特点是壮丽与豪华，他在建筑上的辉煌成果充分证明了这一点。

沙·贾汗从阿格拉迁都于德里。1638—1656年，在德里建筑了红堡、宫殿、花园、清真寺等，仅清真寺工程就花了百万卢比。

关于“德里”一名的来历，有种种不同的说法。有些学者认为，德里是根据孔雀王朝的一位国王德鲁的名字演变而来，它是“德鲁”的变音。

另有学者则认为，公元前10世纪，这个城市就以因陀罗·婆勒斯特而闻名，国王阿恩格巴尔曾把它改名为拉勒高德，并且建立了许多铁柱，由于铁柱立得不稳，虽然经过加固，但仍松弛不牢，“不牢”在印地语里读为“梯里”，因此，这个城市便以“梯里”（德里）而得名。

① EDWARDES S M，GARRETT H L O. Mughal Rule in India［M］. Delhi：S. Chand & Co，1956：99.

德里这座古城，在历史上，几经沧桑，几度变化。在某种程度上，这座城市是印度历史的缩影，这里的古迹文物和宏伟建筑即是见证。

历代有许多帝王曾看中这块地方，把它选作首府，对它不断进行装饰和扩建，使它更加美丽迷人。

沙・贾汗曾一度把德里改为“沙・贾汗巴德”，“巴德”是“住地”的意思。但是，“德里”这一名称却并未因此而消失。

沙・贾汗于1628年称帝为王，当时他并未住在德里，而是住在距德里两百多公里之外的阿格拉城。他之所以要迁都德里，有一种说法认为：

1631年，他妻子玛哈尔逝世后，他悲痛至极，为摆脱对爱妻的怀念之情和躲避当地酷暑，选中德里为首府，终于迁离阿格拉。于是，从1638年动工对德里进行整修和扩建，历时十余年才竣工。

沙・贾汗在德里城周围修建了高大的围墙。墙高9米，厚4米，全由红石建成。围墙有6道门，5个窗口，另有27个守望塔。

红堡也是沙・贾汗所建。围墙高大，用红砂石建成，因此得名。但里面的楼、台、殿、阁却是另一颜色，这些建筑基本上是用大理石建造的。

大理石柱上和壁上，都刻有许多花卉、人物的浮雕，还镶嵌着许多红、绿、黄、紫的宝石，衬着灰白色的大理石，相映成趣，璀璨夺目。

沙・贾汗时期的另一著名的艺术品是孔雀宝座。这个宝座的形状像个由金制的腿脚支撑着的吊床架。彩色的华盖由12根绿宝石柱子支撑着，每根柱子有两只用宝石镶嵌的孔雀。一棵覆盖着钻石、绿宝石、红宝石和珍珠的树矗立在每对孔雀之间。

1739年，纳迪尔沙把这个宝座搬到了波斯，不幸的是，在当今世界的任何地方都再也找不到这个宝座了。

沙·贾汗时代的建筑在宏伟与新颖方面虽不及阿克巴时代的建筑，但在炫耀豪华与丰富和巧妙的装饰方面则更胜一筹，以至他的建筑“成了大型珠宝”。他在德里的枢密殿以其昂贵的银质天花板以及大理石、黄金和宝石的混合装饰证明了刻在它上面的题词是正确的：“人间若有幸福乐园，即在此地，舍此无他。”

沙·贾汗是个多产的建筑家，不仅在德里，而且在阿格拉、拉合尔、喀布尔、克什米尔、坎大哈、阿杰米尔、艾哈迈达巴德、穆赫利斯普尔等地，都建有大厦、宫殿、城堡、花园和清真寺等。

他在故都阿格拉为他的亡后玛哈尔修建的陵园泰姬陵，被誉为世界七大奇迹之一，是这位多情君主忠贞不渝的爱情的见证。

沙·贾汗的皇后玛哈尔，原名姬曼，具有波斯血统，聪明美丽，性情温和，能诗善画，长于音乐。沙·贾汗非常钟爱她，无论出征或巡游他都带着她同行，始终形影不离；她说的话，他也是百依百顺，没有不听从的。

在沙·贾汗继承王位之前，因与父王贾汉吉尔发生矛盾而遭放逐的7年里，姬曼一直伴随丈夫左右，为他分忧。沙·贾汗为了感激她，赐给她一个封号“蒙泰姬·玛哈尔”，意为“宫廷的王冠”。印度人把她称为“泰姬·玛哈尔”，简称“泰姬”。

泰姬19岁嫁给沙·贾汗，婚后9年间，生了14个孩子，长大成人的有4男2女。因为生育子女太多，身体虚弱。1630年，沙·贾汗南征，她随军伴行；1631年，在途中生了最后一个女儿，便死在布尔汉普尔的营帐之中。那时，她才只有38岁。

她临死的时候，沙·贾汗十分悲痛，问她："你若死了，叫我怎样表示我对你的爱情呢？"泰姬答："如陛下不忘记我，请不再娶，替我造一个大坟，让我的名字得以永远流传后世，那么，我此生一切都满足了。"①

沙·贾汗含着眼泪，只是点头，泰姬含笑长逝。于是，沙·贾汗按照泰姬的遗言，从国内外请来最好的工匠，从外地选来最好的大理石，动用2万余人，历时22年，耗资六千多万卢比，建成了一座举世无双的陵墓。

泰姬陵坐落在朱木拿河的岸边，四周是用红砂石砌成的高大围墙，雄伟壮观。陵墓建在一个很高的四方平台上，用白色大理石砌成，光滑洁白，庄严美观。

陵墓的上部是个硕大的白色圆顶，平台的四角各有一座白色高塔，尖尖地刺入天空。四个尖尖的高塔，衬托着中间泰姬陵的圆顶，两相映衬，显得匀称而富有韵律，给人一种奇特的美感。陵墓的内墙和门窗边缘均用五色宝石镶嵌有各种花纹图案。

陵墓前有一条狭长的水池，环绕以绿树和鲜花，玉带般的水池两侧是宽阔的通道。池水清澈，碧波荡漾，中有陵墓、树木、鲜花倒映，使人心旷神怡。

白天，陵墓主体的白色大理石在阳光下熠熠发光；夜晚，皓月当空，有徐徐凉风吹来，给人以舒适之感。陵墓后面的朱木拿圣河，蜿蜒流过，河里水流时急时缓，为陵墓增添了几分光彩。

---

① 尚劝余．莫卧儿帝国［M］．西安：三秦出版社，2001：153.

多情的沙·贾汗自泰姬死后，不语不食，只是默默地坐着流泪，几乎有一个月不问政事。从此竟一直鳏居，不曾再娶。

陵墓建成后，沙·贾汗每隔7日便披上白衣到陵前献花，睹墓思人，泪流涔涔。

1658年，沙·贾汗成为他儿子的阶下囚，被囚禁于阿格拉的古堡中。从此，他失去了自由，愁眉不展，天天只是坐在古堡的一个走廊上，背对着泰姬陵，凝神潜思，忍忧含悲，目不转睛地注视着镶嵌在一根柱子上的一块镜子。泰姬陵的姿影正反射在那块镜子上。

阿格拉城堡后宫金亭北边的八角塔，即素馨塔楼。这是沙·贾汗暮年被关押的地方，从这里他可以眺望到朱木拿河对面的泰姬陵

就这样，他终日闷闷不乐，日复一日，年复一年，在孤寂和怀念中苦度残生，8年之后郁郁而死。当他弥留之际，还从病榻上昂起头来，就着月光凝视泰姬陵好久，长叹一声，倒枕气绝。

沙·贾汗原计划用黑色大理石给自己在朱木拿河对岸修建一座和泰姬陵相同的陵墓，和泰姬陵隔河相望，永世相守，当中架一座桥相通，可惜未能如愿。

他死后，他的小女儿把他安葬在泰姬的墓旁。陈翰笙先生参观泰姬陵后，不禁赋以五律一首，以示咏叹：

沙后穹窿墓，
萧萧枞树风。
红砂张翼殿，
白塔卫幽宫。
池水滔滔通，
岚云霭霭笼。
斯陵工费巨，
咏叹古今同。[①]

十、追悔何及：一发不可收拾的溃疡

奥朗则布（1618—1707，1658—1707年在位），莫卧儿帝国的第

① 陈翰笙.世界著名古国王朝（二）［M］.北京：商务印书馆，1991：171.

六代君主，也是莫卧儿盛世时期的最后一位皇帝。

奥朗则布曾两次登基，1658年7月21日占领阿格拉后宣布登基，1659年6月取得决定性胜利后举行盛大典礼，再度登基，称号“阿拉姆基尔”，即“世界征服者”[①]。

奥朗则布的统治可分为两个几乎相等的阶段：第一阶段（1658—1680）是在北印度度过的；第二阶段（1682—1707）是在德干度过的。

朝代前半期的经营中心在北方，东北边疆、西北边疆和拉其普坦纳是莫卧儿在北印度的军事活动舞台。

朝代的后半期，政治重心从印度北部转移到南部，皇帝和他的家眷、朝臣以及大部分军队都住在德干，忽略了对北方的管理，使整个北方陷入混乱和无政府状态。

奥朗则布能够打垮比贾普尔和高康达这些穆斯林苏丹国，但是，他与马拉塔人方兴未艾的印度教国家之间的斗争却胜负未定。

尽管奥朗则布极其勤勉，十分忠于职守，但他长达50年的统治却以悲剧告终。

奥朗则布统治时期，彻底改变了他前人统治下的莫卧儿国家的性质。他妄图按《古兰经》的信条，把一个印度教传统根深蒂固、印度教徒人口占压倒多数的大国变成正统的逊尼派伊斯兰教帝国。

为此，他蓄意抛弃阿克巴联合以拉其普特封建王公为首的广大印度教徒的立国政策，对印度教徒进行迫害。

---

① RICHARDS J F . The New Cambridge History of India，I・5：The Mughal Empire［M］.London：Cambridge University Press，1993：165.

他没收印度教寺庙的教田和财产；谕令各省总督普遍拆毁印度教寺庙和学校；严禁重建和宣传其教义；将印度教寺庙夷为平地后改建清真寺；并将镶有无数珍宝的印度教神像埋于阿格拉大清真寺的台阶下，让伊斯兰教徒践踏侮辱；下令将各级税务机关中的印度教徒会计和书记人员裁撤；对印度教徒重新征收被阿克巴废除了的人头税；禁止印度教徒骑马、坐轿、乘象和举行宗教节日活动。

印度教徒不是奥朗则布正统派的唯一牺牲品。什叶派也为他的逊尼派的偏执势力所排斥，而且布赫拉人和科查人也受到迫害。

锡克教的第九代师尊也被奥朗则布下令于1675年处死，他的儿子和继承人哥宾德·辛格师尊创立了好战的“卡尔沙”神权政体，使他的信徒在心里铭记了从莫卧儿统治下获得解放的渴望。循环不息的镇压和复仇就成为锡克历史的特色。

“锡克”一词，来源于梵文，意思是“学生”“弟子”“信徒”。

锡克教于15世纪末叶由那纳克创立。它原属于印度教的一支，由于印度教虔诚派运动的开展，后来发展成为一种独立的宗教。

锡克教徒十分尊重本教的首领和祖师，尊称为“古鲁”。从第一代师尊那纳克算起，到哥宾德·辛格为止，先后共有10位师尊。

之后，虽然还有其他人继任领导，但都不再称为师尊。按照规定，凡承认锡克教义、10位师尊和锡克教经典者，皆可成为锡克教徒。

锡克教提倡平等、友爱，强调实干。那纳克曾公开宣称，他的宗教既不是印度教，也不是伊斯兰教，而是一种试图把印度教和伊斯兰教融为一体的新宗教。

它既反对印度教的多神说和不平等的种姓制度，也反对偶像崇拜和男尊女卑，还反对妇女戴面纱和幽居深闺以及印伊两教繁缛的祭祷仪式等。[①]

那纳克师尊所处的时代，正好是莫卧儿王朝开国君主巴布尔征服印度的时代。当时洛提王国的王子提拉华尔汗出于篡夺王位的目的，写信给巴布尔，鼓励他进攻印度。

巴布尔本来对印度就虎视眈眈，垂涎三尺。得信之后，喜出望外，遂率兵向印度进发，帕尼帕特一役，打败了洛提王国的军队，国王战败身亡。

那纳克师尊对提拉华尔汗的行径非常气愤，大为不满，认为这是引狼入室，喻之为“罪恶的迎亲队”。他把腐朽的统治者和封建领主诅咒为刽子手、恶狗和吸血鬼，还把耳闻目睹的血淋淋的事实、哀鸿遍野的凄惨景象写成一本书，有力地揭露了由于巴布尔入侵所造成的桩桩惨案。

当巴布尔从呼罗珊出兵向旁遮普进发的时候，消息迅速传遍了整个旁遮普，全国百姓陷入一片恐慌之中。师尊那纳克目睹了这一现实，愤怒地写道：

出兵呼罗珊，印度吓破胆，
敌人来进犯，不必怨苍天。

巴布尔入侵以后，人民惨遭屠杀。这时，为人们的苦难而悲伤的诗人那纳克激愤地责问梵天：“啊，梵天，你眼看着大家受苦受难，

① 尚劝余．印度人［M］．西安：三秦出版社，2003：156-158.

可是你丝毫也不怜悯，你怎能忍见一只残暴的老虎向一头弱小的母牛扑去！”

那纳克对待富人和穷人泾渭分明，他蔑视富有，同情贫穷。

一天，有个地主请他去吃饭，出乎地主所料，他断然拒绝。地主问他不去的原因，他明确地回答：“你家的饭里渗着穷人的血。”

与此相反，他常到当地一户贫苦人家去吃饭，说那是奶糕。

他公开反对朝圣和宗教的伪善。一次，他看见人们站在恒河里，面向东方，朝着太阳浇水。而他反其道而行之，面向西浇水。人们以为他是疯子，问他：

“你面朝西给谁浇水？”

“给太阳呀！”

“太阳不在西面，你为什么朝西浇水呢？”

“在迦尔达尔普尔有我的地，都干了，我在给地浇水。”那纳克说。

“可是你浇的水连河岸都到不了，全洒在河里了，怎么能到达迦尔达尔普尔呢？”一位学者轻蔑地问道。

“如果我浇的水到不了迦尔达尔普尔，那么，你浇的水怎么能到太阳那里呢？”那纳克反驳道。[①]

众人被驳得哑口无言。

当时，妇女在社会上备受歧视，在一些信仰印度教的种姓中，流行着杀害女婴的陋习，女孩一生下来，就被杀死。那纳克坚决反对这

① SINGH K. A History of the Sikhs：Vol.1 [M]. Princeton：Princeton University Press，1963：30.

种野蛮行径，并指出了妇女的应有地位。

他说，在生活中，男子离不开女子，否则没法过日子。他还说，妇女既然能生出帝王、仙人和英雄，她们在男人面前为什么就一钱不值呢？怎能说她们低贱，微不足道呢？

那纳克讲究实际，不相信出家为僧和云游山林就可以见到梵天。他说，家居是最理想的，只有尽好家庭义务，才能沿着正确的道路到达梵天那里。

那纳克出生于平民之家，生活在平民之中，一生从事耕种，直到生命的最后一刻。他时常教导教徒："生活在虚幻之中，而又不被虚幻所迷恋，才能得到真正的瑜伽（精神和梵天融为一体）；靠外表的伪装，什么也不可能得到。"

继师尊那纳克之后，恩戈代瓦、阿达马·达斯、拉姆·达斯、阿尔詹相继任第二代、第三代、第四代、第五代师尊。

第四代师尊拉姆·达斯与莫卧儿皇帝阿克巴交往密切。阿克巴赏赐给锡克教徒一块在阿姆利则的土地建立金庙，阿姆利则从此成为锡克教运动的圣城，金庙成为锡克教的宗教、政治和军事中心。[①]

第五代师尊阿尔詹受到莫卧儿皇帝贾汉吉尔的怀疑，不幸惨遭杀害，至此，锡克教结束了和平发展的时期，走上了武装斗争的道路。

从第六代师尊哈尔·哥宾德开始，锡克教发展成为半武装的宗教组织，注重武装组织和训练，经常与政府军和异教徒发生冲突。第七代师尊被莫卧儿皇帝囚禁于德里。第八代师尊13岁不幸夭折，死于天花。

---

① 培伦．印度通史［M］．哈尔滨：黑龙江人民出版社，1990：255-257.

第九代师尊代戈巴哈杜尔被奥朗则布杀害。第十代师尊哥宾德·辛格对锡克教进行了重大改革，废除了师尊制度，制定了锡克教徒必须严守的为正义而进行圣战的五条“卡尔沙”戒律。

他要求教徒实行“五K标志”：缠裹头巾、终生蓄长须发、穿短裤、戴钢镯、身佩短剑。剑是为了自卫；长发和头巾，以示区别于其他教团；短裤表明锻炼的重要；钢镯是圣洁穆斯林弄脏的食物。

到1699年，师尊哥宾德·辛格在旁遮普的阿南德普尔召开了8000人大会，会上宣布成立了“卡尔沙”党，以便用武力对付各种灾难，保卫锡克教，同时，还给锡克教徒取了一个共同称号叫“辛格”，即雄狮。

据神话传说，当时，师尊哥宾德·辛格用宝剑在水里搅动，炼成了甘露，把5个弟子叫到面前，给他们喝了甘露，传授了法术，又在他们脸上和头上洒了甘露，然后，他低头站在这5个弟子面前，要求他们给他教诲。

弟子们十分惊讶，不知所措。弟子怎么能教诲师尊呢？

师尊对弟子说：“我已经把法力传给你们，从今以后，称锡克教首领为师尊即‘古鲁’的传统宣告结束。《格兰特》（锡克教经典）就是我们的师尊。我们称它为师尊‘格兰特·萨哈布’。今后，我们要称为‘辛格’，即狮子，要像雄师一样勇猛。从今天起，我的名字由哥宾德·罗耶改为哥宾德·辛格。”相传这件事发生在旁遮普霍希亚普尔县境内的阿南德普尔，时间在拜萨喀节即丰收节。

这样，从第六代师尊开始，锡克教开始发展为武装组织，到第十代师尊最终完成了锡克教军事化的任务，组成了一支强大的锡克军，同莫卧儿军队展开了长期的斗争。

奥朗则布把国家利益与跟他宗教信仰相同的人的利益等同起来，伤害了与他宗教信仰不同的人。这种政策在臣民中激起了强烈而持久的不满情绪，在他统治的后期，这种情绪分散并耗竭了他的精力，从而成为莫卧儿帝国衰落和崩溃的主要因素之一。

奥朗则布统治时期，为扩大疆土而穷兵黩武。莫卧儿帝国领土扩张的过程前后达两个世纪，在奥朗则布统治时期进行得比较迅速。

奥朗则布的“雄心勃勃而又富于进取心的军官们”成功地扩大了其主子的领土。1661年，孟加拉总督米尔·朱姆拉率领一支装备精良的军队，向帝国东部边境进发，去制止阿豪马人的侵略。1662年3月17日，军队抵达阿豪马王国的首都加尔冈。阿豪马人稍事抵抗后，就听任其首都和财产由帝国军队摆布。

米尔·朱姆拉死后，阿萨夫汗的儿子，亦即奥朗则布的舅父谢斯塔汗，被任命为孟加拉总督。他担任这一职务达30年之久，其中只中断不到3年的时间。他于1694年在阿格拉去世，终年九十多岁。

他严惩了葡萄牙海盗，兼并了海盗的大本营孟加拉湾里的松迪普岛。1666年，他还从葡萄牙人的同盟者，若开的国王那里抢占了吉大港。但是，海盗的祸害无法完全根除，海盗继续骚扰东孟加拉人民，一直到18世纪末叶。①

奥朗则布在西北边境也极力扩张势力，因为那里爱好骚动的穆斯林部落一直是莫卧儿帝国的心头之患。这个地区土地稀少，迫使住在那里的彪悍的阿富汗部落养成拦路抢劫和向旁遮普西北部的富裕城市敲诈勒索的习惯。

---

① SARKAR J N. The Life of Mir Jumla［M］. Delhi：Rajesh Publications，1979：278.

1674年7月初，奥朗则布亲自到白沙瓦附近的哈桑·阿卜达勒，巧妙地把外交和武力结合起来，因而取得了很大的成功。许多阿富汗部落被他用礼物、补助金、扎吉达尔和官职收买了，而那些更为倔强的部族则被他用武力征服了。

就这样，莫卧儿皇帝以采取发补助金的政策，或以使一个部族反对另一个部族，或用他自己的比喻来说，使两块骨头相撞把它们砸断的方法，镇压了阿富汗人的各次起义，恢复了帝国在西北方的威望。

莫卧儿人的边境战争无疑已经胜利结束了。但是，这些战争的间接影响却损害了帝国的利益。它破坏了莫卧儿帝国的财政状况，它的政治影响甚至更为有害。

由于这次战争，在随后发生的拉其普特战争中要雇用阿富汗人就不可能了。而且，因为把最好的莫卧儿军队从德干调到西北边境作战，就解除了对西瓦杰的压力。阿富汗人就这样间接帮助了拉其普特人和马拉塔人。

1679—1681年，奥朗则布又发动拉其普特战争，强令拉其普特的罗托族人改宗伊斯兰教，又强令梅瓦尔罗阇强征印度教徒人头税。奥朗则布的拉其普特战争，对他的帝国产生了灾难性的后果。在这块荒无人烟的土地上牺牲了数千条人命，浪费了巨额的金钱，对皇帝来说没有得到持久的成果。

这种结果对帝国的威信是有损害的，而其物质上的后果则更糟糕。奥朗则布激起了拉其普特人的敌视，从而在德干的消耗性战争中或在对西北边境加以控制的重要工作中，丧失了帝国长期以来的朋友，即骁勇善战的酋长和士兵的忠诚的效劳，这是他政治上的极不明智之举。

在德干，1686年，奥朗则布征服比贾普尔和高康达。1689年，攻占马拉塔首都赖伽尔，杀死其首领桑布吉。但这些胜利没有带来什么好处，因为它打破了德干地区可靠的权力平衡，引发了新的敌对现象。虽然奥朗则布通过征服把其势力扩张到半岛深处（在这一方面他的那些先辈均要稍逊一筹），但成果难以牢牢控制住，结果在他的统治末期莫卧儿面临的敌人比他即位伊始还要多。

到1690年，奥朗则布的势力达到了顶点，莫卧儿帝国版图的扩张达到最大范围，囊括了整个南亚次大陆及阿富汗地区。他成了几乎整个印度——从喀布尔到吉大港、从克什米尔到高韦里河的至高无上的君主。

到了这时奥朗则布似乎得到了一切，但事实上却把一切都丢光了。这是他末日的开始，从此揭开了他一生最痛苦、最绝望的一章。

莫卧儿帝国已经扩张得太大，由一个人或一个中心已经无法统治了。他的敌人从四面八方崛起。他虽能打败它们，但却不能永远压服它们。北印度和中印度的许多地方都变得目无法纪。

年事已高的皇帝远在德干，对印度斯坦的官员完全失去了控制，行政工作逐渐松弛而腐败；酋长们和柴明达尔们蔑视地方当局，独断专行，使国家一片混乱。特别是在阿格拉省长期骚乱不止。

艺术和学术由于皇帝不再给予赞助而衰落。没有一座大型的建筑物，没有一部优秀的手稿，也没有一幅精致的图画纪念奥朗则布的朝代。

德干的无休无止的战争耗尽了他的国库，政府破产了。因拖欠薪饷而挨饿的士兵发动兵变。在他统治行将结束的几年间，能干的迪万穆尔希德・库利汗定期送缴来的孟加拉税收是对皇帝的王室及其军队的唯一财政支持。

拿破仑一世常说，是西班牙的溃疡毁灭了他，而德干的溃疡则毁灭了奥朗则布。

奥朗则布遇到的最难对付的劲敌是马拉塔（一译“马拉特”或“马拉提”）联邦。

马拉塔人分布在德干西北部山区，是拉什特拉库塔人的后裔，其语言自中世纪以来自成一个系统，是一个强悍好战的民族。

西瓦杰（一译“西瓦吉”，1627—1680），是马拉塔国家的缔造者和奠基人，反抗莫卧儿帝国统治的民族英雄和领袖。1646年以后，西瓦杰以浦那为据点，把马拉塔人团结成为强有力的战斗集团，开展反抗比贾普尔苏丹和莫卧儿王朝的解放斗争。

1659年，西瓦杰杀死了妄图用和谈诱杀他的比贾普尔苏丹的统帅阿弗柴尔汗。1660年，西瓦杰进攻莫卧儿帝国领土，奥朗则布派沙伊斯塔汗进剿，占领浦那。

1663年4月，西瓦杰夜袭浦那，刺伤沙伊斯塔汗，迫使莫卧儿军队撤离德干。但不久，奥朗则布派拉其普特将领贾伊・辛格为统帅，率大军打败西瓦杰，将其围困在普朗达尔堡垒。西瓦杰迫于敌强我弱的不利形势暂时投降。

1665年，双方缔结《普郎达尔条约》。条约规定，莫卧儿王朝应给予西瓦杰印度高级罗阇礼遇。但在1666年西瓦杰赴阿格拉觐见莫卧儿皇帝时，因受到冷遇而表示强烈抗议，奥朗则布将他软禁在阿格拉。1667年，西瓦杰用计逃回德干。

据说奥朗则布曾在他最后的遗嘱上写道：“一时的疏忽就成了多

年的耻辱的原因，该死的西瓦杰得以逃走是由于我的不慎，我不得不努力攻击马拉塔人，直到我的生命结束作为此事的后果。”

这位伟大的皇帝只能意识到他的疏忽，却没有想到，宽大和同情可能会把这个敌人变成朋友，狡猾的策略并不是政治家的风度。

1670—1673年，西瓦杰再次兴兵，他打败莫卧儿军，收复浦那及所有堡垒，势力扩大。1674年，西瓦杰加冕为王，自封“查特拉巴蒂”，即“独立君主”。他经过35年的反抗穆斯林统治的斗争，把马拉塔人的96个部族集合为独立的军事强国，并为加强马拉塔国家力量，进行了一系列改革。

1680年，西瓦杰殁于征伐莫卧儿王朝的途中，终年53岁，他成功的事业就此告终。[①]

无论是作为一个统治者还是作为一个普通百姓，西瓦杰在印度历史上都占有杰出的地位。他是天生的领袖，他能吸引住所有与他接触的人。凭着他异常的勇敢和外交手腕，他从一个扎吉达尔晋升到独立君主的地位，并且成为当时势力正处于全盛时期的强大的莫卧儿帝国无法抵御的敌人。

西瓦杰不仅是一个勇敢的战士、成功的军事征服者，而且是其人民开明的统治者。罗林森先生说道：“西瓦杰几乎像所有伟大的军人——拿破仑是一个明显的范例——一样，他也是个伟大的行政官员，因为一个能干的将军所必须具备的品质，正是一个成功的组织者和政治家所要求的品质。”

---

① SARKAR J N. Shivaji and His Times［M］. New Delhi：Orient Blackswan Pvt Ltd，2010：295.

西瓦杰画像

他最辉煌的成就是，不顾四大势力——莫卧儿帝国、比贾普尔、葡萄牙人的印度和詹吉拉的阿比西尼亚人的反对，把微粒一样散布在德干许多王国的马拉塔族人联结成一个强大的国家。他去世时留下了一个幅员广大的王国。

格兰特·达夫写道："然而，对莫卧儿人来说，西瓦杰所拥有的领土和财富还没有他所树立的榜样、他所创立的制度和习惯以及他向大部分马拉塔人民所灌输的精神那么可怕。"

他所建立的马拉塔国，在奥朗则布统治期间及其以后都蔑视莫卧儿帝国，并且在18世纪期间仍然是印度处于支配地位的势力，以至于奥朗则布的一个后裔成了马拉塔一个酋长的傀儡，马拉塔势力还与英国人争夺印度的霸权。

一些近代作家曾把西瓦杰说成是"提倡劫掠的人或者是与阿拉

乌德丁或帖木儿相似的印度人”，这种说法是不公正的。作为一个伟大的建设天才，他具备一个国家民族复兴所需要的一切必不可少的品质。

他的制度是他自己创造的，他在行政管理方面不接受外国的援助。他的军队是由他本国的人而不是由法国人训练和指挥的。他所建立的东西经久不衰，甚至一个世纪以后，他的制度还得到赞美和仿效。

他不是一个为了掠夺财物便滥施暴行和抢劫的残忍的征服者。他在作战期间对待妇女和儿童，包括穆斯林的妇女和儿童的豪侠行为，甚至得到敌视的批评者哈菲汗的赞扬，他说：“西瓦杰总是竭力维护他的领土上的人民的荣誉，在伊斯兰教徒的妇女和儿童落入他的手里的时候，也小心地维护他们的荣誉。他在这一点上的命令是非常严格的，凡不遵守者都受到惩罚。”①

罗林森评论道：“他从不蓄意杀戮，也不胡乱杀戮，尊重妇女、清真寺和非战斗人员，战斗结束后阻止乱杀，以礼释放和遣散被俘官兵。这些都肯定不是微不足道的美德。”

西瓦杰的理想是在他的国家里恢复一个土著人的帝国，而且一心一意追求这种理想。可是，他没有时间完全实现这一理想。

在私生活方面，西瓦杰对当时流行的诸多恶习一尘不染，他的品行道德特别高尚。他从早年时代起就笃信宗教，在执行政治和军事任务的过程中，也不忘记他的母亲曾激励过他的崇高理想。

① MAJUMDAR R C，RAYCHAUDHURI H C，DATTA K. An Advanced History of India［M］. New Delhi：Macmillan India Limited，2004：515.

他力图使宗教成为振奋马拉塔国民的极其重要的力量，并且经常赞助印度教的宗教和学术。一位近代马拉塔语作家写道：“宗教在他的手里是作为产生正直行为和宽宏大量的永远旺盛的源泉；宗教并没有迷住他的心窍，也没有使他麻木不仁而成为一个抱有偏见的人。”

他容忍其他宗教信仰，十分尊重穆斯林圣徒，并给予免收租金的土地，作为穆斯林圣祠和清真寺的灯火费；他在第一次劫掠苏拉特期间，对待天主教方济各会的神父的态度是尊重的。

甚至对他批评得最激烈的人哈菲汗也写道：“他规定他的部属去抢劫时不得损害清真寺、《圣经》或任何人的妻女；每当一本神圣的《古兰经》落入他的手里，他总是恭敬地对待它，并把它送给他的某个穆斯林部属；当印度教徒或穆斯林的妻女被他的士兵俘虏时，他看守着她们，直到她们的亲属带着适当的赎金将她们赎回。”

西瓦杰虽然去世了，但他曾经以之激励他的人民的那种精神并没有消失。马拉塔人迅速恢复了元气，再度开创了一场对莫卧儿人的民族抗战，这场战争终于耗尽了后者的财力、物力。

马拉塔的将领们在各地各自为战和进行袭击，奥朗则布到处都碰见敌人。马拉塔人横过印度半岛，从孟买到马德拉斯，他们像风一样不可捉摸，任何头目被俘或据点的被占都不能使这种抵抗的力量陷于枯竭。

实际上，奥朗则布面临着一场“人民战争”，而他又无法结束这场战争，因为既没有马拉塔政府，又没有国家军队让他进攻和消灭。两个能干而活跃的马拉塔将军桑塔和达纳，从一个地区扫荡到另一个地区，给莫卧儿人造成极大的损失和混乱。

萨尔卡尔爵士说道：“莫卧儿的行政机构确实已瓦解了，只有当皇帝带着他的所有军队驻在这个国家的时候，才把行政机构保持在一起，但它这时也是虚妄的，有名无实的。桑塔和达纳是这个时期的英雄，主动权完全操在他们的手里，他们打乱了帝国军队所作的每个计划和算计。”①

马拉塔人已经主宰了德干和中印度的形势。一个目击者写道：“马拉塔人完全控制了整个王国并封锁了大路，通过劫掠，他们摆脱了贫困而变得十分富有。”

这些领导人及其军队在这些日子里很有信心地进行活动，因为他们已吓倒了莫卧儿的指挥官，使他们望而生畏。目前他们有大炮、滑膛枪和弓箭，还有大象和骆驼运载他们所有的行李和帐篷。

总之，他们的装备和行动一如莫卧儿的军队。仅仅在几年前他们还不是这样行军的。在那些日子里，他们的武器只有长矛和两英寸宽的长剑。由于是这种武装，他们惯常在边境上偷偷摸摸地活动，四处找寻他们所能找到的东西，然后再离家逃走。但是，现在他们却像征服者一样行动，对莫卧儿的任何军队都毫不畏惧了。

年迈的奥朗则布长期陷于对马拉塔战争的泥沼，耗尽了帝国的兵力和财力，军队因欠饷和挨饿而叛变，地方政权对中央政府的离心倾向不断发展，割据势力日益扩大，帝国面临崩溃的危机。

奥朗则布的军队在马拉塔骑兵的追逼下疲于奔命。在极度紊乱、孤独、痛苦、匮乏之中，怀着完全失败的情绪，奥朗则布于1705年撤退到艾哈迈德纳加尔。

---

① SARKAR J N. History of Aurangzeb：Vol.2［M］. Bombay：Orient Longman，1973：211.

他内心充满苦恼，眼前看到的只是一个接着一个的失败，他的帝国已经精疲力竭。他向难以管束的儿子们建议，以瓜分的方式来拯救帝国，但这个建议没有人理。

他写信给他的儿子阿姆说："我孤零零地来到人间，也将孤零零地离开人间；我对国家、对人民都没有做好工作；前途也没有希望。"

他写信给卡姆·巴赫什说："我把我的缺点所造成的负担带走，不管发生什么事情，我的船已经下水。"

真可谓：鸟之将死，其鸣也哀；人之将死，其言也善。

这些信中悲凉凄怆的情调一定会感动每个人的心灵，并激起对这位躺在"孤零零的临终寝床"上的老皇帝的同情。

由于忧虑重重，辛苦劳累，皇帝已心力交瘁，1707年3月3日早晨，他口中念叨着穆斯林的祷告，在艾哈迈德纳加尔军营中逝世，时年90岁，在位50年。他的遗体被运到道拉塔巴德，埋葬在著名的穆斯林圣徒布尔汉·乌德·丁的陵园里。

评价奥朗则布这样一个人物的性格和政策，确实不是一件易事。许多人主要考虑他的错误，而不是他的优秀品质，对他的优点人们往往视而不见。

奥朗则布本是一位胸怀大志的人。他既不喝酒，亦不嗜逸乐。他勤于国事，而不随便支用国库。他认为建造华丽的王宫和陵墓都是浪费的举动，因此在位50年，没有兴建任何建筑物。他的一生致力于把莫卧儿王朝的领土进一步扩充，莫卧儿王朝从巴布尔到奥朗则布时期，可以说是空前的强大。

《奥朗则布临朝》。细密画，创作于1710年

他的个人生活以俭朴、虔诚和严肃著称。他即位初年，一般自食其力，自己抄写《古兰经》，学制帽手艺。他谨慎地不沾染上他那个时代的诸多恶习，避免沉迷于禁忌的食物、饮料和衣着，他妻子的数目“甚至还不到《古兰经》所允许的四个之数”。因此，他被他的同时代人看成是“生长于帝王之家的托钵僧”，而穆斯林则尊他为“活圣人”①。

他简化了庆祝他生日和加冕日习惯的宗教仪式。在他即位第十一年起，取消了接受人民敬礼的阳台谒见习俗。同年，他禁止在宫廷奏乐，并遣散了那些老音乐家和歌唱家。第十二年，他革除了在两个生日时用金银或其他商品来称皇帝体重的仪式，并遣散了皇家天文学家和占星术家。

为了避免钱币上的伊斯兰教宗教信仰表白被怀有其他宗教信仰的人弄脏，他禁止使用钱币。为了提高全体人民的道德水准，他发布了一系列法规，禁止生产、贩卖和使用酒和大麻，下令舞女和娼妓要么结婚要么离国，禁止寡妇殉夫，禁止在某些宗教节日烧柴捆和游行，禁止唱诲淫歌。

他是一个热衷于穆斯林神学的学者和老练的书法家，而且努力用宗教的学问教育他的孩子们。但遗憾的是，他很少鼓励艺术和文学。《阿拉姆吉尔法典》是得到他赞助的唯一的学术著作，这部法典一直被认为是印度所制定的穆斯林法律的集大成者。

他是一个虔诚的穆斯林，以清教徒式的热情小心谨慎地遵守《古

---

① SMITH V A. The Oxford History of India［M］. London：Oxford University Press，1981：448.

兰经》的戒律。在巴里黑战役期间，有一次虽然战斗正在他周围进行，但他还是按时跪下去做完祈祷。任何人都不能否定他在宗教信仰方面的真诚。

但是，这种宗教上的极端拘谨使他变得冷酷而严厉，而且使他在感情上的温柔品质的源泉枯竭。因此，他缺乏同情心、想象力、开阔的眼界和选择方法时的灵活性。

勇敢无畏、目标坚定、无穷活力是他的一些突出特性。他军事上的征战足以证明他非常勇敢，他用以挫败敌人阴谋的手段表明他是外交和治国方面的能手，他的记忆力惊人，励精图治的精神不屈不挠，他亲自阅读所有申诉书，并亲手在上面批示。

意大利医生杰梅利·卡雷利，在奥朗则布统治期间曾访问过印度，并在1695年奥朗则布77岁时见到了他。当时他不戴眼镜，亲手审批申诉书，从那愉快而笑容可掬的面容来看他似乎极其喜欢这件工作。

奥朗则布尽管朝气蓬勃，性格刚强，可是作为印度的统治者，却明显是失败的。他简直没有认识到，一个帝国的伟大有赖于全体人民的进步。他由于宗教热情强烈而不顾人民中很重要的一部分人的感情，因而激起了一些势力敌视他的帝国。

从孔雀帝国时代以来的印度历史清楚地表明，这个国家的政治进步有赖于宗教上的宽容政策，因为这种政策力图在各种不一致的人中创造和谐一致的气氛。强调宗教差别，而又想建立一个统一的印度，这只能是痴心妄想。

而且，奥朗则布的勤奋刻苦和工作能力，在某种意义上来说对他是不利的，因为这使他心里产生一种过于自信的意识，而对他的臣下过分不信任。这导致他对国家极其微小的事情也经常进行干预，其结果是使地方官吏始终处于受监视的状态，从而压抑了他们的主动性，降低了他们的责任感和工作效率。这不能不造成印度这样一个幅员广阔、情况千差万别的帝国在行政上的退步。

哈菲汗从一个正统的逊尼派的角度，对奥朗则布作了如下评价："在帖木儿家族的所有君主中，甚至在德里的所有君主中，显然没有任何一个君主像他那样以虔诚、严格和公正而著称，在勇气、坚忍和判断正确这几方面，他是无与伦比的；但是，他因为对法律禁令的尊重而不使用刑罚，没有刑罚，一个国家的行政工作就不能维持；由于竞争，他的贵族之间已经出现了钩心斗角的现象，因此，他所作的每一个计划和方案到头来很少有用，他所从事的每一件工作虽然长期在进行，但却达不到目的。"

奥朗则布有许多优秀的品质，但却不是个有远见的领袖；他是个精明的外交家，但却不是个明智的政治家。这个清教徒式的皇帝的统治是一场大悲剧。

不可一世的奥朗则布，到晚年才明白他的政策错了。他在写给他儿子的信中说："现在我衰老极了，我赤裸裸地来到世界，而我离开这世界时却只带着我的罪过啊！我一生的努力全归无效，我没有尽到我的责任来好好治理我的人民。我不知道真主将怎样处罚我，我希望真主能饶恕我。可是我所做的令我战栗。啊！做的事情已经做了，追悔何及？再会了！再会了！再会了！"①

奥朗则布死后，莫卧儿帝国便四分五裂，一蹶不振。

---

① EDWARDES S M，GARRETT H L O. Mughal Rule in India［M］. Delhi：S. Chand & Co，1956：155-156.

中篇

衰落与灭亡

一、王室更迭：愈演愈烈的夺位之争

奥朗则布的逝世，是强大的莫卧儿帝国瓦解的信号。

为了防止内战，奥朗则布留下了一份遗嘱，指令他三个在世的儿子穆阿扎姆、阿扎姆、卡姆·巴赫什和平地瓜分帝国。①

然而，他一咽气，他的三个儿子就开始为夺取德里的王位而互相残杀，同室操戈。

三兄弟中，老大穆阿扎姆当时任喀布尔总督，老二阿扎姆任古吉拉特总督，老三卡姆·巴赫什任比贾普尔总督。

卡姆·巴赫什僭称君王的称号，但他一步也离不开德干。穆阿扎姆和阿扎姆，则分别从喀布尔和古吉拉特，匆匆赶往阿格拉。

穆阿扎姆向阿扎姆建议，按父王临终前所定下的方案瓜分帝国，但阿扎姆不接受这一建议，而是决心自己坐上王位。于是，只有用武力解决问题了。

1707年6月，穆阿扎姆和阿扎姆兄弟俩，会战于阿格拉附近的贾焦，阿扎姆战败身亡。穆阿扎姆随即向德干进军，对付卡姆·巴赫什。

1708年，穆阿扎姆与卡姆·巴赫什会战于海得拉巴，卡姆·巴赫

① SMITH V A. The Oxford History of India［M］. London：Oxford University Press，1981：520.

什战败，身受重伤，奄奄一息，不久因伤致死。

穆阿扎姆登上了王位（1707—1712年在位），称号“巴哈杜尔·沙”，也称沙·阿拉姆一世。

虽然穆阿扎姆是一个性情温良、一团和气、博学多识、尊严而又过分慷慨的人，但是他年事已高，老态龙钟，无法阻止帝国的衰落。

1712年2月27日，穆阿扎姆去世，他的四个儿子贾汗达尔·沙、阿济姆、贾汉沙和拉菲之间，又展开了一场新的王位继承战争。

在这场战争中，三个弟弟均被其长兄贾汗达尔·沙杀死。在佐勒菲卡尔汗的拥立下，贾汗达尔·沙登上了王位，佐勒菲卡尔汗做了宰相。

贾汗达尔·沙（1712—1713年在位），完全受制于一位名叫拉尔·古玛莉的宠妃，任其摆布。哈菲汗曾评论道：“在贾汗达尔·沙短促的统治时期，暴力完全起着支配作用，那是吟游诗人、歌手、舞女和演员那帮人的美好时代。”

贾汗达尔·沙注定无法长期享有权力，他被自己的侄子——阿济姆的儿子法鲁赫·西亚尔废黜，并在德里城堡被绞死。拥立国王的佐勒菲卡尔汗也被处决。

1713年，法鲁赫·西亚尔在萨伊德两兄弟胡赛因·巴尔哈和阿卜杜拉的帮助下，登上了王位（1713—1719年在位）。

此后，萨伊德两兄弟开始行使国家的实际权力，把一个又一个王子推上王位。阿卜杜拉成了宰相，胡赛因·巴尔哈则成了军队统帅。

法鲁赫·西亚尔懦弱、胆小、卑鄙，既不坚决赞成坏事，也不坚决赞成好事，他的朝代自始至终是一个动荡而又令人困惑的朝代，并且以又一个皇帝的悲剧而告终。

从他统治时期伊始，他就对把他扶上王位的萨伊德两兄弟采取忘恩负义的行动，结果，招致了萨伊德两兄弟的怨恨。他们废黜了这位一无是处、净耍阴谋而又过河拆桥的皇帝，把他的眼睛弄瞎，并以不光彩的手段把他处决了。

《高级印度史》就此评论道："干这种几乎是非干不可的事情的手段未免过分残酷了，太不顾垮台君主的个人尊严了，把被废黜的皇帝的眼睛弄瞎已成惯例，在这一点上，萨伊德人不应受到特别的责难，然而随后的禁闭的严厉程度却过分了，处死这个俘虏的性命更是一种完全不必要的极端行动。"

萨伊德两兄弟又把两个有名无实的国王——拉菲的两个儿子扶上王位，但几个月后，他们又把贾汉沙的儿子罗赫桑扶上王位，作为傀儡君主，称号"穆罕默德沙"。

但这位18岁的新皇帝并不像萨伊德两兄弟所预期的那样，是他们俯首帖耳的代理人，新皇帝找到了许多支持者，其中最能干的是德干著名的尼扎姆。

胡赛因·巴尔哈在讨伐尼扎姆的途中，遇刺丧命。阿卜杜拉为了保持他的权力，企图把拉菲的另一个儿子扶上王位，结果于1720年被击败下狱，并于1722年被毒杀。

1721年，尼扎姆被任命为宰相，但他是一位实干家，因与其他朝臣政见不合，帝国朝廷的气氛不适合他的性格，不久便离开朝廷到了德干，在那里建立了一个实际上独立的王国。

穆罕默德沙（1719—1748年在位），并未因萨伊德人的垮台和尼扎姆离开朝廷而提高他的权力和威信。正如古拉姆·胡赛因在《旅行家》一书中所写："他年轻、漂亮，爱寻欢作乐，沉溺于无所事事的生活，这耗尽了皇帝的精力。他对国事漠不关心，放任自流，其结果是极其不幸的。”[①]

结果，一个省接着一个省摆脱了帝国的控制，先是德干，后是奥德和孟加拉；马拉塔人到处建立他们的势力范围；贾特人在阿格拉附近独立；鲁赫拉阿富汗人在北恒河平原建立了罗希尔坎德土邦；锡克人在旁遮普活跃起来；纳迪尔沙的入侵给德里帝国以震撼性的打击。

这样，在奥朗则布去世后大约30年内，莫卧儿人的庞大帝国再也不是全印度的政治单位了，它已分裂成无数独立和半独立的土邦。

穆罕默德沙去世后，他的儿子艾哈迈德沙继位。艾哈迈德沙（1748—1754年在位）无力对付各种分裂力量，这些力量在四周都已发展到令人惊恐的程度。

帝国的版图迅速缩小，小到只有德里周围的一个小小的地区。

1754年，艾哈迈德沙被德干已故的尼扎姆之孙伊马德废黜，并被弄瞎了眼睛。伊马德扮演了萨伊德兄弟的角色，把一直被长期软禁的贾汗达尔·沙之子阿济兹扶上王位。

阿济兹（1754—1759年在位），采用了与奥朗则布一样的称号，自称为“阿拉姆吉尔二世”。但他觉得自己在王位上也跟从前被禁闭时一样是个囚徒。

阿拉姆吉尔二世不甘于自己的处境，企图摆脱拥有无上权力的伊马德的控制，但结果却只导致了自己的毁灭。根据伊马德的命令，阿拉姆吉尔二世被处死。

---

① MAJUMDAR R C，RAYCHAUDHURI H C，DATTA K. An Advanced History of India［M］. New Delhi：Macmillan India Limited，2004：522.

阿拉姆吉尔二世的儿子和继承人沙·阿拉姆二世（1759—1806年在位）受到野心勃勃而又无所忌惮的权臣的敌视，在1788年10月被权臣卡迪尔废黜，不得不如同一个流浪汉一样到处漂泊。

这个不幸的皇帝在经历过许多兴衰际遇之后，不得不投身于英国人的保护之下，以领取年金为生，直到1806年去世为止。

沙·阿拉姆二世的儿子阿克巴二世（1806—1837年在位），算是幸运，一直保持皇帝的头衔，在德里生活到1837年。

莫卧儿王朝亡于巴哈杜尔·沙二世（1837—1858年在位），英国人怀疑他帮助1857—1859年叛变的印度土兵，把他流放到仰光。这个王朝的名字便从历史上消失了。巴哈杜尔·沙二世于1862年死在仰光。

18世纪期间贵族品质的败坏，也是加速莫卧儿帝国迅速衰落的一个因素。这时的贵族，再也不像16世纪、17世纪的贵族那样起到有益的作用了。他们所渴望的只是扩大自己的势力和个人升迁，为了达到这一目的，他们使国家陷入激烈的内战、灾难性的阴谋倾轧、无可挽回的混乱局面和无政府状态。

萨尔卡尔爵士评论道："在认真推敲莫卧儿历史的研究者看来，没有比贵族的衰退更令人惊奇的了。这些主人公只在一代人的时间里为舞台增加光彩，而没有留下高尚的子孙。阿卜杜尔拉希姆和马哈巴特，萨杜拉和米尔·朱姆拉，伊卜拉欣和伊斯拉姆，在17世纪创造了印度的历史，但继承他们的儿子中，个人能力甚至一个敌不了他们中的半个，孙子辈则更是如此。"

这在一定程度上是由于这个国家后期的统治者无能和缺乏决心，他们没有能力选择正直类型的人去管理行政，而让自己被抱有偏见和堕落的谄媚者的自私自利的谗言所左右。因此，一旦皇帝是个懒汉或傻瓜，他就再也不能主宰和支配贵族了。那么，他们就自然致力于夺取朝廷或各省的控制权了。

二、外敌入侵：流血至衰竭的导火索

巴布尔、阿克巴和奥朗则布的不肖子孙们的懦弱无能以及贵族们的自私自利，使得莫卧儿国家变得腐朽不堪。它不仅在印度，而且在印度以外，都威信尽失，日益衰落。

印度这块国土素以富庶闻名于世，从远古以来就引起了外来入侵者的贪心，现在这个国家又遭到了外国入侵的威胁。

这一次，入侵者不是来自中亚，而是来自已经从莫卧儿人手里夺走坎大哈的波斯。

从奥朗则布统治时期起，帝国由于西北边境防御不力，给波斯人以可乘之机。1736年，波斯人摆脱内乱之后，便在勇敢的冒险家纳迪尔沙国王的率领下，向印度腹地大胆推进。[①]

而当时西北边境的喀布尔和旁遮普防守空虚，朝野上下无人问津：大路和山口无人把守，人人都可以一次又一次地通过而无人过问；对正在发生的情况，无人向朝廷递送情报；无论是皇帝还是大臣也从不询问为什么他们听不到这类情报。

1738年，纳迪尔沙以穆罕默德沙违反诺言和德里朝廷虐待他的使者为借口，向印度进军。翌年，纳迪尔沙轻而易举地攻占了加兹尼、

① 刘建，朱明忠，葛维均．印度文明［M］．北京：中国社会科学出版社，2004：383.

喀布尔和拉合尔。

旁遮普全省陷入一片恐慌和混乱之中，喜好寻欢作乐的皇帝及其朝廷中不谙打仗的军人未作丝毫抵抗，他们的行为达到了可耻甚至于低能的地步。

当波斯军队打到离德里几英里时，帝国军队才慌忙前去迎敌。1739年2月经帕尼帕特附近的卡纳尔一役，帝国军队被打得一败涂地，战败的皇帝几乎成了任由纳迪尔沙摆布的俘虏，匆忙求和。

得胜的纳迪尔沙和受辱的皇帝一起进入德里，纳迪尔沙占据了枢密殿旁边的沙·贾汗的宫室。

德里发生了一场骚乱，不少波斯士兵被杀。纳迪尔沙狂怒不已，抑制不住心中燃烧的复仇烈焰，下令对在劫难逃的德里市民进行惨无人道的大屠杀。

这场大屠杀从早上8时持续到下午3时。

一位目击者写道："在遭劫的地区内，房子被洗劫一空，所有男人，不论年龄大小，一律被杀死，所有妇女都被拉去当奴隶。破坏者放火烧了许多房子，在几个受害者中，有死的，也有受伤的，有印度教徒，也有伊斯兰教徒，他们都不加区别地一起被焚烧。"

幸存者被困在市内，处于极其悲惨的境地。纳迪尔沙叫人把粮仓封起来，并派卫兵守护，还派分遣队去抢劫村庄。波斯士兵专门拷打有头面的市民，以勒索金银钱财，德里城呈现出一派纵火和残杀的恐怖景象达8个星期之久。

穆罕默德沙苦苦哀求，纳迪尔沙才下令停止屠杀。穆罕默德沙保住了王位，但不得不蒙受无法弥补的损失。

这个残酷的征服者抢走了莫卧儿王室的所有珠宝，包括著名的

“灿烂之山”大钻石，带走了昂贵的沙·贾汗的孔雀宝座以及在皇帝穆罕默德沙命令下写成的并带有插图说明的，论述印度音乐的波斯文著名手稿。

据纳迪尔沙的秘书估计，纳迪尔沙在德里勒索了1.5亿卢比现金和大量的珠宝、服饰、家具以及帝国库藏里的其他贵重物品。他还带走了300头象、1万匹马和同样数目的骆驼。

此外，印度河另一边的诸省，包括信德、喀布尔和西旁遮普，都割让给波斯人。

纳迪尔沙的入侵不仅给莫卧儿帝国的资源造成了大量损失，而且使莫卧儿帝国仅存的一点威信也丧失殆尽。莫卧儿帝国因此“流血而衰竭”，它内部的一切已经耗尽，再也找不到时间弥补和复兴了。纳迪尔沙的入侵为来自外面的更多的入侵开了先河。

1747年，纳迪尔沙被暗杀，一个名叫艾哈迈德沙的阿富汗酋长成为阿富汗独立的统治者。他自称“杜尔—伊—杜兰尼”，即“珍珠中的珍珠”，他的部落此后便被称为“杜兰人”。

艾哈迈德沙当年曾随纳迪尔沙一起征服过印度，亲眼看见了这个帝国的衰弱、皇帝的愚笨、大臣们的玩忽职守和显贵中日益滋长的独立情绪。于是，他确立了自己在国内的地位后，便从1748年到1767年，对印度发动了7次入侵战争。①

艾哈迈德沙远征印度的动机显而易见：一是通过成功的对外扩张活动，提高他的声望，以巩固他在国内的权力；二是利用从出征印度获得的战利品，支付他的军费，并向阿富汗酋长们施惠。

① 培伦．印度通史［M］．哈尔滨：黑龙江人民出版社，1990：234.

1748年1月，在征服坎大哈、喀布尔和白沙瓦后，艾哈迈德沙带领1.2万名久经沙场的士兵，第一次入侵印度。但是，曼普尔一役，艾哈迈德沙被米尔·曼努率领的莫卧儿军队打败，仓皇逃遁。

米尔·曼努出任旁遮普总督，然而，还未等他安定下来，艾哈迈德沙又于1750年第二次入侵旁遮普，并打败米尔·曼努，征服了旁遮普。米尔·曼努在得不到德里朝廷支援的情况下，失望地屈服于侵略者。

1751年12月，艾哈迈德沙第三次入侵印度。他再次打败米尔·曼努，征服克什米尔，并迫使莫卧儿皇帝把东至锡尔欣德的地区割让给他，莫卧儿帝国的版图进一步缩小，米尔·曼努留下来做了拉合尔总督，为艾哈迈德沙效力。

1753年11月，米尔·曼努去世，由他的幼子继位。1754年5月，他的幼子也去世，由其母穆格拉尼贝加姆摄政。

穆格拉尼贝加姆任性多变、反复无常，结果使旁遮普省陷入混乱和无政府状态，她不得不向莫卧儿王朝求助。

德里拥有强大权力的宰相伊马德早已垂涎旁遮普，1756年进军旁遮普，把它置于自己的权力之下，任命拉合尔贵族米尔为总督。

艾哈迈德沙对此大为震怒，于1756年11月第四次入侵印度，1757年1月23日到达德里城下。这座帝国都城遭到了疯狂的掠夺，其不幸的人民又一次遭到抢劫。

伊马德投降，并得到侵略者的宽恕；莫卧儿皇帝把旁遮普、克什米尔、信德和锡尔欣德地区正式割让给艾哈迈德沙。

艾哈迈德沙在劫掠了德里以南的贾特人地区之后，于1757年4月带着大量战利品和俘虏退出了印度，把他的儿子帖木儿沙留在拉合尔做他的副王。

帖木儿沙执政时期（1757年5月—1758年4月），是一个完全无法无天的混乱时期。锡克教团因其领袖遭到虐待而激怒，从四面八方起来叛乱。1758年4月，一支马拉塔人的大军入侵旁遮普，占领拉合尔，驱逐了阿富汗人。马拉塔人把阿迪纳·贝格汗留下做总督，自己退出了旁遮普。

1759年10月，艾哈迈德沙第五次入侵印度，进行报复，终于征服旁遮普。1761年1月14日，阿富汗人在帕尼帕特大败马拉塔人，1762年年底，艾哈迈德沙离开印度。

这时，锡克人再次活跃起来，他们杀死拉合尔总督，并占领拉合尔。1764年3月，艾哈迈德沙第六次入侵印度，回到拉合尔。然而，由于他的国家发生内战以及他的军队发生兵变，他在拉合尔逗留了两个星期后不得不回国。

1767年，艾哈迈德沙第七次入侵印度。但他未能有效地挫败锡克人，而他的军队再次发生兵变，吵嚷着要求发放欠饷。他"意识到他最终的失败"，不久便不得不撤退。

艾哈迈德沙一班师，锡克人就重新占领了拉合尔和没有设防的整个地区，并宣布旁遮普独立，锡克教徒组成了由酋长领导的12个战士社团，建立第二锡克国家。

奇尼曾就此写道："几次的侵略，一次比一次失败；著名的'卡尔沙'安定下来了，像一堵坚固的城墙，像一道堤坝堵住了北方洪水的侵蚀。"①

---

① 辛哈，班纳吉．印度通史［M］．张若达，冯金辛，王伟，译．北京：商务印书馆，1964：464.

艾哈迈德沙的远征，不仅仅是掠夺性的袭击，这些远征也说明了印度内外的阿富汗人已经复兴，并企图在莫卧儿帝国的废墟上再度夺取霸权。

艾哈迈德沙的入侵对印度历史产生了深远影响：它加速了摇摇欲坠的莫卧儿帝国的瓦解；严重妨碍了马拉塔人势力的迅速蔓延；间接地帮助了锡克人势力的兴起；给英国东印度公司造成了严重威胁。

三、省督并起：势不可当的离心倾向

德里中央当局衰弱以后，不可避免的离心倾向在帝国各地蔓延开来。省督们纷纷脱离有名无实的德里皇帝而独立，只是在名义上佯称忠于皇帝的权威。这些省督中最重要的是德干、奥德和孟加拉的“苏巴达尔”（省督或总督）。

德干省是在尼扎姆的领导下独立的。

尼扎姆13岁就被任命为指挥官，并很快提升，获得“钦·吉利奇汗”的称号。奥朗则布去世时，他在比贾普尔，并在皇帝的几个儿子争夺王位的斗争中严守中立。

巴哈杜尔·沙把他调离德干，任命他为奥德总督。法鲁赫·西亚尔执政后，又任他为德干总督，并授予他两个荣誉称号。

尼扎姆力图抑制德干的马拉塔人势力的发展，但由于德里朝廷的派系争吵，他于1713年年底丧失了德干总督的职位，被调到马尔瓦政府任职。

正是在马尔瓦，尼扎姆为他将来的飞黄腾达奠定了基础，他在那里的活动引起了萨伊德两兄弟的猜疑，他们派兵讨伐他，结果被他打败。萨伊德人垮台后，他于1720年年底再度成为德干的主人。

1721年，尼扎姆被召回德里，出任宰相。但是，他在德里朝廷的污浊政治气氛中并不觉得愉快，因为举止轻浮的朝臣不听他的忠告，并且挑拨皇帝对他产生厌恶感。

1723年12月，他未经皇帝允许，擅自离开朝廷，前往德干。皇帝在朝臣的诱使和怂恿下，密令海得拉巴总督穆巴里兹汗征讨尼扎姆。

1724年10月11日，尼扎姆打败并杀死了穆巴里兹汗，并转弯抹角地迫使皇帝承认他为南方的副王，授予他“阿萨夫·贾”的称号。尼扎姆实际上的独立和现在的海得拉巴邦的建立，就始于这个时候。

尼扎姆对德干的有效管理，得到了哈菲汗的高度赞扬。古拉姆·胡赛因也说道：“这是一个幅员辽阔的地区，他以绝对的权威统治这个地区达37年之久。”

他于1748年5月21日以91岁的高龄去世。他被称为莫卧儿帝国在衰亡期中最出色的人物，在外交上比起作战来表现得更加精明，他以海得拉巴王国成功的创立人在印度史上留下了永不磨灭的印记。

尼扎姆死后，他的6个儿子展开了争夺继承权的斗争，结果给欧洲人的各贸易公司提供了干预德干政治的有利机会。

奥德王国由一个来自呼罗珊的波斯移民萨达特汗创立。

萨达特汗于1724年被任命为奥德总督，从此迅速得势。在纳迪尔沙入侵印度的战役中，他被纳迪尔沙打败并囚禁。他曾劝诱纳迪尔沙把莫卧儿皇帝拘禁起来，并进军德干。由于他筹集不到足够的赎身钱，为了逃避侮辱，便在德里自杀身亡。

萨达特汗的侄子和女婿萨夫达尔·姜格继任奥德总督，1748年，他被任命为莫卧儿帝国的宰相，直到1754年去世。他在当时的印度历史中起了重要的作用。

他的儿子舒贾继位后，仍出任莫卧儿帝国懒惰和迟钝的皇帝沙·阿拉姆二世的宰相。但在1764年的布赫尔战役之后，他逐渐成为东印度公司的一个附庸。

孟加拉的总督是穆尔希德。他最初任孟加拉的迪万，1713年任孟加拉副总督，1717年成为孟加拉总督。

穆尔希德是一位坚强而能干的统治者，他把孟加拉的首府从达卡迁到穆尔希达巴德，他作了种种尝试防止英国东印度公司的雇员滥用许可证，并向其征收贸易税。

1727年，穆尔希德的女婿舒贾继任孟加拉总督职位，他于1733年将比哈尔省并入孟加拉，委任阿利瓦迪汗为比哈尔副省长。

1739年，舒贾的儿子萨尔法拉兹汗继任孟加拉最高行政长官。1740年4月10日，阿利瓦迪汗从比哈尔出兵，打败并杀死了萨尔法拉兹汗，夺取了孟加拉的王位。

阿利瓦迪汗通过不正当的手段得到了皇帝对他的新权力的认可，开始独立地统治孟加拉省。由于他曾在逆境中受过锻炼，因此发展了一些有助于他成为一个干练的行政者的优秀品质。古拉姆·胡赛因评论道："作为一个谨慎、敏捷而英勇的战士来说，几乎没有什么条件他是不具备的。"①

他对欧洲商人的态度严厉而公正，但是，命运不让他太平无事地

① MAJUMDAR R C，RAYCHAUDHURI H C，DATTA K. An Advanced History of India［M］. New Delhi：Macmillan India Limited，2004：532.

安享他用武力夺取的王位。在他任内的大部分时间里，马拉塔人年复一年地入侵孟加拉，弄得他筋疲力尽，忧心忡忡。

1751年，阿利瓦迪汗与马拉塔人缔结了一项条约：割让奥里萨；每年缴纳120万卢比的贡礼作为军事保护税。这就为马拉塔人最后确立对奥里萨的霸权开辟了道路。

1756年4月，阿利瓦迪汗的宠孙西拉杰继任孟加拉总督，他大约一年零两个月的短暂统治被英国人的征服所打断，成为孟加拉历史也是印度历史的转折点。

四、鹬蚌相争：英国得利

18世纪期间，印度历史的一个突出因素是印度教的复兴，其特点不是任何一种全印度的民族、宗教或文化的复兴，而是印度教或半印度教的各种势力，诸如拉其普特人、锡克人、贾特人和马拉塔人，在莫卧儿帝国的废墟上各自建立其政治霸权的独自尝试。

拉其普特人的一些主要土邦，如梅瓦尔、马尔瓦和斋浦尔，在奥朗则布统治时期，与帝国疏远起来。奥朗则布去世后，他们力图抛弃对帝国的效忠。

起初，他们为皇帝巴哈杜尔·沙所降服，但不久，马尔瓦的阿吉特·辛格和斋浦尔的贾伊·辛格二世结成同盟，脱离皇帝的阵营，与皇帝为敌。巴哈杜尔·沙采取调和措施，安抚拉其普特人。

在巴哈杜尔·沙死后的动乱期间，阿吉特·辛格乘机入侵了莫卧儿帝国的领土，胡赛因·巴尔哈奉命前去抵抗。阿吉特·辛格未打一仗就跟胡赛因·巴尔哈达成协议，并同意把他的一个女儿嫁给皇帝，与皇帝媾和。

此后，马尔瓦的酋长和斋浦尔的酋长在德里的政治中起着重要的作用，他们通过及时地疏远或追随这一边或那一边，把大部分帝国的领土纳入了自己的领地。

阿吉特·辛格担任阿杰米尔和古吉拉特的总督一直到1721年，斋浦尔的贾伊·辛格二世被任命为苏拉特总督，萨伊德人垮台后又得到了阿格拉的管辖权。

这样，“从德里南面六十英里的一个地点到苏拉特海岸的这块国土，就操控在这两个罗阇——莫卧儿人在这条无掩护的边界上很不可靠的哨兵——的手里”。

阿吉特·辛格暗中帮助马拉塔人在西印度的活动，因此被调离古吉拉特政府，他悲惨而神秘地死在他的儿子巴克特·辛格手里。

拉其普特人的复兴只是短暂的，他们的国土遭受内乱和外患的不幸日子很快就来临了。

随同莫卧儿帝国的瓦解，拉其普特人失去了和平。拉其普坦纳变成了一个动物园，牢笼的栏栅被拆毁了，看守人也跑开了。竞争者们在这里进行了王位争夺战。马拉塔人侵入了这些地区，偏袒争夺者中的这一个去反对另一个。即使内战终止后，马拉塔人的侵犯仍在继续。

在英国的宗主权建立以前，这就是拉其普坦纳的历史，一部内外战争史。

18世纪是锡克人崛起的世纪。第十代师尊哥宾德·辛格唤醒了他的信徒实行一种新的生活。他动员了锡克人的全部力量，将之引向一个唯一的指定的方向。依靠这种手段，锡克民族便被塑造成了一种具有特定目的的类型。

他同旁遮普山区的罗阇们作战，与莫卧儿帝国的军队开火；他的儿子们都被锡尔欣德的莫卧儿法吉达尔杀死；他本人在向南印度进军中也被一个阿富汗人刺死。

哥宾德·辛格被暗杀后，班达成为锡克人的领袖。他把大批锡克人组织起来，杀死了谋杀师尊孩子们的凶手，占领了锡尔欣德，并控制了苏特里杰河和朱木拿河之间的地区。

他在穆赫利斯普尔修建了洛赫加尔堡垒，即“铁血堡垒”，在某种程度上采用国王的身份，以他自己的名义铸币。皇帝率师讨伐，包围了洛赫加尔堡垒，班达带着许多随从逃入拉合尔以北的山里。

巴哈杜尔·沙去世后，班达从藏身之处走出来，占领萨道拉城，收复洛赫加尔堡垒，再度劫掠了锡尔欣德省。1715年，帝国军队前来讨伐，他被围困在古鲁达斯普尔要塞。

锡克人进行了殊死斗争，他们争当烈士，其中许多人在经过激烈的抵抗后被俘。班达及其追随者被押到德里并受到残忍的待遇，每斩一颗锡克人的首级都会得到奖赏。

一位贵族奚落班达，他回答说，他只是真主手中惩罚歹人的灾星，他正得到自己反对全能的真主这一罪恶的应有报应。

他自己的儿子在他眼前被杀死，而他自己则在几头大象的践踏下而死。

因此，1716年锡克族的抵抗降到了最低潮。然而，锡克人的军事力量是不可能完全被消灭的。那纳克和哥宾德·辛格的教义已深深地在人民的心中扎下了根，农民和技工秘密地维护自己的宗教信仰，而更热诚的人则始终抱着彻底报仇和迅速胜利的希望。

锡克人开始渐渐组织起来，创立卡尔沙组织。锡克人利用纳迪尔沙和艾哈迈德沙入侵的机会，扩大他们的财源，增强他们的军事力量，最终取得了完全胜利，再次成为旁遮普的主人。[①]

贾特人在奥朗则布统治末期开始强大起来，他们的掠夺队在各村头人的率领下，在德里和阿格拉周围进行掳掠，发展势力。

但到1721年，他们丧失了所得到的一切。萨尔卡尔爵士写道："直到18世纪中叶，仍然没有贾特人的土邦，没有政治上统一的贾特人的国家，没有显然居于其他村庄的头人之上的贾特人国王，甚至在地位相等的人中也没有一个被公认为居于首位的人，而只有一个强盗头子，由于他的成功把许多社会地位与他相等的人吸引到他的旗帜下，作为他的冒险和掠夺活动的伙伴。"

贾特人的各个分散单位逐渐受到巴丹·辛格的控制。由于他无与伦比的机灵、坚韧的耐心和选择手段方面的灵活性，以及他与一些强大的贾特人家族的联姻，他树立了他的家族对整个阿格拉和穆特拉地区的权威。

巴丹·辛格于1756年6月7日去世，他的养子苏拉杰·马尔继任，后者在政治上贤明，智力稳定，眼光敏锐，被誉为"贾特部落的柏拉图"和"贾特族的奥德赛"。

他将他王国的权力扩展到阿格拉、多普尔、曼普里、哈特拉斯、阿利加尔、埃塔瓦、密拉特、罗塔克、法鲁克纳加尔、梅瓦特、雷瓦里、古尔冈和穆特拉地区。

---

① SINGH K. A History of the Sikhs：Vol.2［M］. Princeton：Princeton University Press，1963：210.

贾特族的声望在他的领导下达到了最高点，在他死后势必要下降了。他于1763年12月25日逝世。

马拉塔人是莫卧儿帝国分崩离析时，企图夺取霸权的印度教徒势力中最难对付的人。

在奥朗则布统治时期，马拉塔人在西瓦杰的领导下，展开了轰轰烈烈的独立战争。但奥朗则布死后，马拉塔人陷入了一场内战之中。正如《印度通史》所说：

“当莫卧儿人在马哈拉施特拉的兵力损失完了的时候，那些长久没有国家加以管理，也没有一个政府来控制他们活动的马拉塔人，才明白自己没有可以交战的敌手了。这群漂流的乌合之众这时拔起了锚，无目的地向四处游荡。这种混乱终于爆发了一场内战。”

在这场内战中，沙胡最终获胜，成为马拉塔王国的国王（1748—1749）。他得到了宰相巴拉吉·维斯瓦纳特的有力扶助，这位宰相有“马拉塔王国救星”之誉。

巴拉吉·维斯瓦纳特早年默默无闻，后来崭露头角，逐步攀升。1708年被任命为税吏，1712年被任命为军事长官，1713年被任命为“帕什瓦”（一译“佩升瓦”，即宰相）。

巴拉吉·维斯瓦纳特及其继承人，凭借卓越的才干和能力，使帕什瓦成了马拉塔帝国的真正首脑，而国王在几年之内就退居幕后了。

1714年，莫卧儿帝国政府与马拉塔王国签订了《浪纳瓦拉条约》。根据条约规定，马拉塔王国畜养1.5万匹马为莫卧儿帝国服务，缴纳100万卢比的年贡，维持德干的和平和秩序；马拉塔王国收回被莫卧儿人占领的所有领土，并享有德干六省的税收权。

《浪纳瓦拉条约》被认为是“马拉塔历史上的里程碑”，巴拉吉·维斯瓦纳特由此创立了渐为人知的马拉塔联邦。税收制度把马拉塔联邦紧紧地团结起来，而且成为马拉塔帝政制度的一个工具。一群群马拉塔税收代理人在德干各个地区成为马拉塔利益的看门狗。

1719年，马拉塔人向德里进军，这是他们历史上一个具有重大意义的事件。他们不是作为雇佣军，而是作为国王拥立者的盟友和支持者来到帝国的首都的，这种声望使他们有了希望，有朝一日他们可以拥立或废黜皇帝。事实上，这是巴拉吉·维斯瓦纳特可以满怀信心地据以制定一个马拉塔帝国政策的最可靠的基础。

巴拉吉·维斯瓦纳特死于1720年，宰相职位由他的儿子巴吉·拉奥一世继承。巴吉·拉奥一世不仅是个能干的军人，而且是个英明的政治家。他很快就觉察到莫卧儿帝国行将衰亡，并且觉得可以充分利用这一形势，获取印度教酋长们的同情以增强马拉塔人的势力。

他大胆而又富于想象力，明确地制定了马拉塔扩张领土的政策，在纳尔马达河以外开始进行扩张，以打击莫卧儿帝国统治中枢。他的政策可以凝练为以下几句话："让我们打击枯萎的树干，树枝就会自己掉下来。马拉塔的国旗应当从克里希那河飘扬到印度河。"[①]

巴吉·拉奥一世首先对马尔瓦和古吉拉特进行了一次又一次的远征。由于他奉行印度教帝国理想的策略，所到之处，得到了当地印度教柴明达尔的巨大支持。

巴吉·拉奥一世的政策受到马拉塔联邦中的一些敌对派别的反对，1731年4月1日，双方在比拉普尔平原展开了武力较量，结果巴

① 辛哈，班纳吉．印度通史［M］．张若达，冯金辛，王伟，译．北京：商务印书馆，1964：468.

吉·拉奥一世获胜。这次胜利使他在国内已没有劲敌，而且几乎在名义上也控制了马拉塔的统治权。

同年，巴吉·拉奥一世的弟兄纳吉·阿帕，在阿姆杰赫拉打败并杀死了马尔瓦的莫卧儿省长，穆罕默德沙皇帝承认巴吉·拉奥一世为马尔瓦的代理省长，并将古吉拉特的税收权让于他。

巴吉·拉奥一世曾几次远征到恒河—朱木拿河地区以及德里地区，甚至还抢劫了德里近郊，为了不伤害皇帝的感情而没有进城。莫卧儿人想阻止他行动的一切努力均告失败。

穆罕默德沙皇帝最后只得请求巴吉·拉奥一世的头号敌人尼扎姆·乌勒·穆勒克到德里，帮助他击溃马拉塔人。1738年，双方在波帕尔会战，尼扎姆·乌勒·穆勒克战败投降。根据和约，将马尔瓦全部让给巴吉·拉奥一世，同时承认他对纳尔马达河和昌巴尔河之间土地的全部主权。

皇帝批准了这一和约，这样，马拉塔人在印度斯坦本土的一部分事实上已经建立起来的霸权，也变成合法的了。

在西海岸，1739年，马拉塔人从葡萄牙人手里夺取了萨尔塞特和巴塞因。这是马拉塔人所从事的最有力的一次围攻。

就在这时，纳迪尔沙入侵印度，巴吉·拉奥一世摒弃他与穆斯林邻邦的一切分歧，企图团结一致反抗波斯侵略者，但是他还没来得及这么做，就于1740年4月过早地去世，终年42岁。

马拉塔最伟大的政治家之一就这样与世长辞了，尽管他在个人品质上有些污点，但是他却竭力为马拉塔土邦的事业效劳。他完全可以被认为是马拉塔帝国的第二个奠基人。

巴吉·拉奥一世不仅是个伟大的战士，同时也是了不起的将军，他曾被人描绘为“一个天生的骑兵统帅”。从他的行动中，我们看到了一种速度与奇袭的罕见结合。

“他具备了一个伟大领袖所应有的一切品质——性格顽强、精力、勇气、政治上的机敏。他不仅在德干建立了马拉塔的霸权，而且在北印度奠定了政治领导权的基础。可是他并没有努力制止危险的封建倾向，这在他的继承者们的手上毁灭了马拉塔人的事业。”[①]

巴吉·拉奥一世的帕什瓦职位由其长子巴拉吉二世所继承。巴拉吉二世当时18岁，贪图安逸享乐，不具备他父亲的卓越才干，但是他并不缺乏能力。

他仿照他父亲的做法，大力进行战争，大力组织和装备一支庞大的军队，并准备发动战争所必需的一切物资。

巴拉吉二世首先向南扩张。1757年3月，他向塞林加帕坦派出远征军，兵临城下，从克里希那河以南的大多数国家获取贡赋。阿尔科特答应缴纳20万现款和25万抵押品。

马拉塔人也入侵了贝德诺尔和信奉印度教的迈索尔王国，并帮助克莱武和沃森统率下的英国人镇压安格里阿船长。

1760年，马拉塔人打了一场漂亮的胜仗，获得了比贾普尔全省、奥兰加巴德和比达尔。这是马拉塔人在德干所取得的成就的最高点，德干终于被其包围起来，成为一块与外界隔绝的天地。

马拉塔人在北方的扩张更引人注目，且更有意义。1754—1756年，马拉塔人发动了第一次远征，从查普尔、科塔、班提和拉其普坦

---

① R. C. 马宗达，H. C. 赖乔杜里，K. 达塔. 高级印度史［M］. 张澍霖，等译. 北京：商务印书馆，1986：591.

纳各邦取得了贡税；帮助莫卧儿宰相伊马德废黜了莫卧儿皇帝艾哈迈德沙，将阿拉姆吉尔二世拥立为王。伊马德完全变成了马拉塔人的附庸，恒河—朱木拿河地区的土地也割让给马拉塔人了。

1757—1758年，马拉塔人发动第二次远征，于1757年8月进攻德里，迫使纳吉卜按他们所提出的条件投降并媾和，将德里置于宰相伊马德的手中。

1758年，马拉塔人把矛头指向阿富汗人帖木儿沙统治下的旁遮普。3月攻克锡尔欣德，4月攻克拉合尔，驱逐了帖木儿沙，任命阿迪纳·贝格汗为总督，然后班师离开旁遮普。

马拉塔人的这次远征是一场毫无价值的表演，并造成了财政上的空虚。它导致了880万卢比的赤字，同时这次挑战性的西北远征惹怒了阿富汗人，马拉塔人和阿富汗人之间的决战不可避免。

1760年11月1日，阿富汗人与马拉塔人在帕尼帕特这个曾经进行过数次决定性争夺战的著名战场相遇。

阿富汗军队的兵力有6万人，马拉塔人的军队有4.5万人。阿富汗军队除了骑兵占优势外，大炮也比马拉塔人的更有威力、更快速，而且官兵都穿甲胄，马拉塔人却几乎都不披甲。在作战方法、机动能力与纪律方面，阿富汗军队也胜过马拉塔军队。

在近两个半月的对阵后，1761年1月14日凌晨，两军进行了决战，即历史上有名的“第三次帕尼帕特战役”①。

战斗从拂晓进行到傍晚，疲惫、饥饿的马拉塔人虽英勇战斗，但终为阿富汗人打败。一瞬之间，马拉塔军队就从战场上灰飞烟灭了。

---

① 培伦.印度通史［M］.哈尔滨：黑龙江人民出版社，1990：235-236.

战败的马拉塔军队的最高领导人殒身沙场，数以千计的士兵和其他人员，包括男人、妇女和儿童惨遭杀戮，只剩下辛迪亚和法德维新二人率残部退回德干。

萨尔卡尔爵士写道："总之，这是一次像弗洛顿战场一样的全民族的大灾难，在马哈拉施特拉，没有一个家庭不为失去亲人而哀伤，有几个家族失去的正是他们的族长，整整一代的领导人一下子便被杀绝了。"

战胜者缴获了大量的战利品，马拉塔人除了现款和珍宝外，还丧失了5万匹马、20万头牛、500头大象和上千头骆驼。

一个商人写信把这场可怕灾难的消息告诉了马拉塔的帕什瓦："两颗珍珠散失了，22枚金币丢失了，而丢失的银币和铜币的总数无法计算。"

本来已患有肺病的帕什瓦再也经受不了这场民族浩劫的打击，1761年6月23日，他在浦那忧伤而死。

第三次帕尼帕特战役给马拉塔人造成了灾难性的后果，严重地改变了马拉塔领土扩张主义的方针。除了兵员和金钱的巨大损失外，帕尼帕特的失败，在精神上的影响更甚。它向印度全体人民揭示了，马拉塔人的友谊是一根极其脆弱的芦苇，在任何真正的危险中都不能依靠。

此后，强大的马拉塔联邦丧失了它的结合力，帕什瓦的权力受到了极大的损害。马拉塔人永远不能恢复他们在1761年以前确立的地位了。

第三次帕尼帕特战役改变了印度的命运。马拉塔人与穆斯林在那场殊死的冲突中彼此削弱了，这就有利于英国人实现其谋求印度霸权的目的。新兴的英国人的势力因此得到了他们所十分需要的机会，去加强和巩固它在印度的权势。

第三次帕尼帕特战役发生在印度中世纪与近代之交，它对印度近代史有一定影响。由于马拉塔联邦力量在战争中受到沉重打击而元气大伤，已无力统一印度次大陆，而当时的莫卧儿帝国已经瓦解，印度政治上的分裂使其丧失了抵抗英国殖民侵略的力量，使英国东印度公司能够在普拉西战役胜利后，以孟加拉为基地向印度斯坦腹地迅速扩张，最后征服印度。

所以，马克思在《不列颠在印度统治的未来结果》一文中指出："大莫卧儿人的无限权力被他的总督们打倒，总督们的权力被马拉塔人打倒，马拉塔人的权力被阿富汗人打倒。而在大家这样混战的时候，不列颠人闯了进来，把所有的人都征服了。"[①]

正所谓：鹬蚌相争，渔人得利。

五、列强角逐：越海而来的不速之客

外国列强进入印度主要通过两条路线：西北边界的陆路以及海路。来自加兹尼和古尔、撒马尔罕和喀布尔的穆斯林，是经由陆路侵入印度的；来自欧洲的列强，则是经由海路入侵印度的。

莫卧儿帝国注意保持一支庞大的常备陆军以捍卫它的政权，但忽

① 马克思，恩格斯．马克思恩格斯全集：第 9 卷［M］．北京：人民出版社，1972：246.

视了建立一支强大的海军守护海岸的重要性。在近代印度诸强中，只有马拉塔人曾试图建立海军。

莫卧儿人显然无意控制海洋，这为欧洲列强从海上侵犯印度提供了便利，而跨海来到印度的许多欧洲商业民族，终于使印度历史发生了新的转折。

远古以来，印度和西方国家即有了商业关系。但从公元7世纪起，印度的海上贸易权转入阿拉伯人手中，他们开始控制印度洋和红海，欧洲商人必须从他们手中购买印度货物。

15世纪最后25年的地理大发现，大大地影响了世界各国的商业关系，并对各国历史产生了深远的影响。在中世纪，或许没有任何事情像开辟通往印度的海路那样，对文明世界具有如此深远的影响。

从那时起，欧洲列强面向海外，面向东方，猖狂地进行商业掠夺。葡萄牙人、荷兰人、英国人、法国人，先后来到印度经商。他们分别结成商业集团，抢占市场，建立商栈，并逐步发展殖民势力，践踏他国，捞取财富，为本国资本主义发展进行资本原始积累。①

15世纪末，葡萄牙人达·伽马率船队抵达印度西海岸的卡利库特港（古里），发现了由西方直达印度的海上通路，由此敲开了出入印度经商的海上大门。

当时的卡利库特商业特别发达，与欧洲和远东都有贸易关系，这里云集着各国商人，有阿拉伯人、波斯人、叙利亚人、土耳其人、中国人，偶尔也可以看到意大利人，其中以阿拉伯人势力最大。

宝石商人面前的凉席上，摆放着各种色彩斑斓的宝石，有锡兰的

① 培伦．印度通史［M］．哈尔滨：黑龙江人民出版社，1990：276.

蓝宝石、缅甸的红宝石、绿宝石和印度产的各种宝石，还有各种珍珠项链和经过加工的金银首饰、象牙等，各种果品也是应有尽有。

达·伽马从印度运回的香料、丝绸、宝石、象牙等在国内高价脱手后，纯获利竟为整个航海费用的60倍。这旷古未闻的厚利，对葡萄牙人是多么大的诱惑呀！同时，达·伽马的远航打破了阿拉伯商人对海上贸易的垄断，为葡萄牙开创了一个殖民掠夺与向东方扩张的新时代。

达·伽马远航成功的消息，在欧洲引起巨大反响。就航程的遥远和艰险而论，达·伽马的远航较之哥伦布发现"印度"更为引人入胜。而且，哥伦布发现的"印度"，远不如人们所想象的那样充满迷人的魅力，更没有给欧洲带来取之不尽的黄金和香料，因此人们对"印度"的兴趣大减，以致哥伦布本人最后贫困而死。

而达·伽马所到达的印度，却是另外一幅图景，那里美丽富饶，盛产黄金、宝石和香料，从而在人们的心中又重新燃起了向往印度之火。

1500年、1501年、1502年，葡萄牙国王分别派出了三支强大舰队，抵达卡利库特，接连运走了大批货物，并与先他们而来的阿拉伯商人及其他国家的商人展开了竞争。

1505年，葡萄牙人改变了每年派遣远征队的政策，任命弗朗西斯科·阿尔米达为总督，负责葡萄牙的印度事务。他采取所谓"海洋政策"，在印度海域发展海军力量。

1508年，葡萄牙一举击败了埃及苏丹的舰队，并把柯钦的印度教罗阇变为自己的傀儡，在柯钦、坎纳塔诺尔和安加迪瓦建起了堡垒，开创了建立商业据点的先例。

1509年，阿方索·阿布奎基以总督衔继承了阿尔米达的职位，并进一步扩展势力，于次年强占果阿岛。不久，将果阿变为设防城市，使之成为葡萄牙在东方活动的大本营，这是亚历山大东征以来第一块由欧洲人直接统治的印度领土。

阿布奎基的继承人不断加强海军，扩张领土，在科伦坡建立要塞，在巴森、第乌、达曼、萨尔塞特岛、乔耳、孟买、圣托姆、吉大港和胡格里建起了多处居留地和商馆。

在整个16世纪，葡萄牙人控制了印度洋，实行海盗式贸易，打劫其他国家的商船，蹂躏各个岛屿，掠取输往欧洲的货物。他们焚烧村庄，捣毁印度教寺庙，用武力强迫当地居民改信基督教等，疯狂屠杀和残害印度人民。

达·伽马第二次远征印度时，就曾犯下了令人发指的罪行。他在果阿附近海面上发现了一艘阿拉伯商船“梅林号”，船上载有三百多名乘客，其中包括许多妇女和儿童，这些乘客是从麦加朝圣归来的穆斯林。

达·伽马命令截住这艘阿拉伯商船，强迫船上的穆斯林交出所有贵重货物，然后用炮火轰击。船上的穆斯林奋力救火，同时用手中的武器进行自卫，一些妇女号啕大哭，奔向船舷，指着抱在怀中的孩子和自己手上的饰物，恳求葡萄牙人停止炮击，但得到的回答是一阵幸灾乐祸的狂笑。

最后，葡萄牙人冲上甲板，向穆斯林发起疯狂进攻和屠杀，“梅林号”终于被毁，船上乘客除20个男孩外，全部殉难。许多年后，一位曾目睹当时惨状的葡萄牙领航员，在回忆当时的惨象时，仍不寒而栗，他说："我一辈子也忘不了这一天。"[①]

抵达卡利库特时，达·伽马又下令炮击这个繁华的商业城市。当天，有几艘渔船驶近葡萄牙舰队，向葡萄牙人兜售海鲜。达·伽马扣留了38个渔民，然后丧心病狂地将他们倒吊在帆桅上，活活吊死。

更为惨绝人寰的是，达·伽马还命令将已吊死的渔民的头颅和四肢砍下，装进一只舢板，将断尸抛到海里。舢板和断尸随潮水冲到岸边，等候在岸边的被害者家属悲痛欲绝，打着火把辨认亲人的尸体。这一夜，整个卡利库特沉浸在无比的悲愤之中。

阿布奎基在霍尔木兹建立商栈，并抢劫财物，滥杀无辜，其手段之残忍令人发指，妇女被割掉鼻子和耳朵，男子被割掉鼻子并砍去右手，被杀害的穆斯林居民达六千余人，他还纵容葡萄牙士兵大肆奸淫焚烧。

葡萄牙人攻占果阿时，惨无人道地屠杀了当地的全部穆斯林居民。阿布奎基在给葡萄牙国王的信中写道："我不会给穆斯林居民留下一座城池或建筑，凡能抓到的我都下令把他们烧死。"殖民主义者的丑恶嘴脸暴露无遗。

葡萄牙人的残酷掠夺和血腥屠杀激起了印度人民的不满和愤怒。但是，摧毁葡萄牙势力的主要力量不是印度人，而是荷兰人和英国人。

葡萄牙人虽是最早"闯入东方的人"，并在整个16世纪"绝对控制了美丽的东方"，但是到17世纪、18世纪时，他们就已丧失了在印度贸易领域中的势力。导致葡萄牙人衰落的原因有以下几条。

---

① 尚劝余．世界十大探险家［M］．西安：三秦出版社，2000：35.

第一，他们缺乏宗教宽容，激起某些印度权贵的反对，这些权贵的势力强大得他们无法制胜；

第二，他们不能成功地和英、荷等紧跟在他们之后来到印度的欧洲殖民者竞争；

第三，巴西的发现使葡萄牙人开拓殖民地的活动转向西方；

第四，他们从事秘密贸易，终于使他们蒙受不利；

第五，葡萄牙人与印度当地人的杂婚方式产生了一种混血的种族，它不能保有为了维持一个帝国所需要的军事品质。

有人曾经说过，东方以同化和贬低早期的西方入侵者来表示对西方侵略的愤懑。葡萄牙的行政制度也惊人的无能，官员没有效忠之心，甚至士兵都有做私人买卖的权利，贪污风气很盛。葡萄牙人的统治就被贪污和无能所破坏。

荷兰人企图挑战葡萄牙人对东方贸易的垄断权开始于1595年。

荷兰位于北海沿岸，直通大西洋。地理大发现后，世界航路由地中海转向大西洋沿岸，这带动了荷兰经济的发展。

1566年，荷兰爆发人类历史上第一次资产阶级革命，建立世界上第一个资产阶级共和国。此后，荷兰的航运、海外贸易飞速发展，很快成为西欧的一等强国。荷兰商人被压抑的事业心，就好像决了堤的水一样奔放出来。

进入17世纪，荷兰在商业、海洋运输业、金融业等方面已占据绝对优势，成为海上霸主。当时，世界各地贸易交往主要靠海上交通，哪个国家造船业发达，拥有商船数量和吨位最多，哪个国家就能控制东西方贸易，称霸海洋，进而从事海外殖民。

船只在当时来说，犹如陆上运输的马车一样。荷兰是当时世界上公认的“海上马车夫”。它的造船业占世界首位，仅首都阿姆斯特丹就有几十家造船厂，全国可以同时开工建造几百艘船。它的商船吨位占当时欧洲总吨位的75%。

拥有1.5万艘船只的荷兰商船队，在世界各大洋中游荡。诸如挪威的木材、丹麦的鱼类、波兰的粮食、德国的酒类、俄国的皮毛、法国的手工制品、西班牙和阿拉伯的水果、东南亚的香料、斯里兰卡的珍珠、印度的棉织品以及中国的丝绸和瓷器等，大都由荷兰船只转运销售。

荷兰拥有强大的一流海军，海军舰只超过英法两国海军总和的一倍。凭借强大的海军势力，从16世纪末起，荷兰就开始东方航行，并于1602年建立东印度公司，与葡萄牙争夺世界海上霸权。

荷兰最初把注意力放到香料群岛。1605年，他们从葡萄牙手中夺取安汶岛，取代葡萄牙而逐渐在香料群岛建立了自己的势力范围。

他们在1619年征服雅加达，并在它的废墟上建立起巴达维亚；1639年封锁果阿；1641年占领马六甲；1658年获得葡萄牙人在锡兰的最后一块殖民地。

荷兰人为苏门答腊、爪哇和摩鹿加群岛等岛屿盛产的胡椒和香料的有利可图的贸易所吸引而来到这些地方，因此，该群岛不仅是他们殖民体系的战略和行政中心，也是他们的经济中心。

但荷兰人最初在东方发迹时的这一选择，即选择了东印度群岛，而没有选择印度，实际上是犯了一个美丽的错误，因为东印度群岛曾被正确地形容为“一条从世界霸权导向歧途的诱惑人的小路”[1]。

---

① R. C. 马宗达，H. C. 赖乔杜里，K. 达塔．高级印度史［M］．张澍霖，等译．北京：商务印书馆，1986：682.

荷兰人很快就发现，用现钱购买胡椒和香料不方便，而且注意到古吉拉特和科罗曼德尔海岸的棉织品在马来群岛很有销路。他们决定从阿拉伯和印度商人手里把这种贸易权夺过来，然后用进口的棉织品去交换胡椒和香料。

这样，商业上的利益就把荷兰人吸引到了印度。在印度，他们在古吉拉特、科罗曼德尔海岸、孟加拉、比哈尔和奥里萨设立商馆，深入恒河流域下游的腹地。

荷兰人在印度比较重要的商馆位于马苏利帕塔姆（1605）、普利卡特（1610）、苏拉特（1616）、宾利帕坦（1641）、卡里卡尔（1645）、钦苏拉（1653）、卡锡姆巴札尔、巴拉纳戈尔、巴特那、巴拉索尔、尼加帕塔姆（1658）和柯钦（1663）。

荷兰人排挤了葡萄牙人以后，在整个17世纪事实上保持着对东方香料贸易的垄断。他们也成了印度和远东各岛屿间的运输商。

在苏拉特，荷兰人得到在中印度和朱木拿河流域制造的大量靛蓝的供应。他们从孟加拉、比哈尔、古吉拉特和科罗曼德尔海岸输出生丝、纺织品、硝石、大米和恒河流域出产的鸦片。

1690年以后，尼加帕塔姆代替普利卡特成为荷兰人在科罗曼德尔海岸的主要活动中心，成为荷兰人在印度的总部。

17世纪时荷兰人和英国人的竞争，要比葡萄牙人和英国人的竞争更为激烈。荷兰人在东方的政策为两个动机所支配：一个是对他们的独立的敌人、信奉天主教的西班牙及其盟国葡萄牙进行报复；另一个是在东印度群岛从事殖民和建立殖民地，以垄断殖民地区的商业。

由于葡萄牙势力的逐渐衰落，荷兰人的第一个目的达到了。为了实现他们的第二个目的，他们便和英国人展开激烈的竞争。

荷兰人的海军优势，加之1609年西班牙和荷兰达成21年休战的协议，使他们得以从欧洲战争的危险中和在香料群岛的若干限制中摆脱出来，从而鼓励了荷兰人比以前更猛烈地反对英国人在东印度群岛的贸易。

在这个时期，荷兰人的活动主要限于爪哇和东印度群岛。不过，他们在科罗曼德尔海岸站住了脚，并于1610年在普利卡特建立了设防的商馆，为他们自己提供棉织品，这些棉织品在东印度群岛可以找到现成的市场。

1623年10个英国人和9个日本人在安汶岛被残忍杀死，标志着在东方荷兰人对英国人的“仇恨达到了顶点”。虽然荷兰人开始以在马来群岛活动为限，而英国人则在印度活动，但前者对后者在印度的商业竞争并未中止。

虽然战争、饥荒和官方掠夺不断地困扰着他们，而且还与米尔·朱姆拉偶尔发生冲突，但在1630—1658年间，还是荷兰人在科罗曼德尔海岸扩张和把他们的贸易扩展到其他地区的时期。

在1672—1674年间，荷兰人不时侵扰苏拉特和英国在孟买新殖民地之间的交通，并在孟加拉湾掳去3艘英国船。直到1759年为止，荷兰人和英国人的商业竞争一直是激烈的。

英国王室和大商人早就怀着羡慕和嫉妒的心情注视着葡萄牙和西班牙的海外扩张。荷兰人在东方新近取得的成功刺激了英国商人，荷兰人在欧洲提高香料价格也惹恼他们，促使他们下决心以有组织的力量直接来东方与之竞争。

英国国王曾派航海家探索来东方的航路，但失败了，也曾派商人从海路、陆路来东方要求贸易，但多半中途受阻。

1580年英国船长弗朗西斯·德雷克环球航行的成功和1588年英国击败西班牙“无敌舰队”的胜利，使英国商人和航海家空前活跃起来。这时，东方海路的垄断已被冲破，荷兰人在打破葡萄牙人的垄断后，自己也无力垄断，这使英国人来东方不存在障碍。

英国通向印度的第一个重要措施，是在1600年12月31日采取的。在那难忘的一天，东印度公司获得了伊丽莎白女王颁发的特许状，授予它15年东方贸易的专利权，后来把15年期限改为永久性的授予。

东印度公司不是普通的商业公司，除有垄断贸易权外，在其成立后的数十年中，还逐渐从国王那里得到贸易以外的特权，而且范围越来越宽。不但国王授予，议会后来也授予。

第一，是对公司职员的立法和司法权。公司可以制定法律，对违犯者处以罚款和监禁，以至死刑。

第二，是建立要塞、武装防卫、任命官员的权力。公司可设防、建立武装力量、派遣战船、运送弹药、任命官员和指挥官。

第三，建立军队的权力。允许英国军官士兵为公司服役，允许招募陆军和海军。

第四，允许公司建立铸币厂，铸造印度货币，供公司在印度使用。

第五，允许公司对非基督教民族宣战或媾和，即享有对东方民族发动侵略战争权。

第六，有权自行处理通过战争得到的领土，包括交还、占有及其他处置，即享有占领领土权。

第七，有权建立市政府和法院，即享有统治权。

东印度公司既然具有这么多贸易以外的权力，就不再是纯商业组织，而是一个商业、政治、军事、司法四合一的组织了，其特权比荷兰东印度公司广泛得多。这样一个机构正是英国对东方进行殖民侵略所需要的工具。

英王和英国议会这样做一举数得，东印度公司在前台活动，政府在幕后指挥。

英国东印度公司最初试图在印度建立商馆是在1608年。当时，“赫克托尔”号船长霍金斯奉命把船驶到印度西海岸的苏拉特，由那里前往阿格拉晋见莫卧儿皇帝贾汉吉尔，递交英王书信，要求通商。这是东印度公司第一次来印度。

1609年，霍金斯才见到皇帝，受到皇帝的友好接待，在宫廷住到1611年11月。贾汉吉尔有意答应，但遭到葡萄牙人的反对而作罢，霍金斯一无所获。

1612年，东印度公司第十次航行中有两艘船在苏拉特附近海面打败葡萄牙人，公司得到贾汉吉尔允许，1613年在苏拉特设立商馆。这是在莫卧儿帝国范围内的第一个英国商馆。此前，1611年公司在高康达王国统治下的马苏利帕塔姆建立了商馆。[①]

1615年，英王詹姆士一世任命托马斯·罗为大使，常驻莫卧儿宫廷。托马斯·罗是一个足智多谋、能言善辩、博学勤勉而仪表堂堂的人物。他于1616年年初晋见贾汉吉尔，建议英印签订友好通商条约。贾汉吉尔没有同意，但允许英国人在莫卧儿帝国境内自由贸易和开设商馆，但需照章纳税。托马斯·罗于1619年回国。

① R. C. 马宗达，H. C. 赖乔杜里，K. 达塔 . 高级印度史［M］. 张澍霖，等译 . 北京：商务印书馆，1986：686.

托马斯·罗离开印度之前，英国人已在苏拉特、阿格拉、艾哈迈达巴德和布罗奇建立了商馆。在布罗奇开商馆，目的在于直接购进当地制造的布匹，在阿格拉开辟商馆，目的在于向帝国朝廷的官吏推销上等厚呢与购买靛蓝。

所有这些商馆，都受苏拉特商馆的总馆和参事会的控制，这个总馆还拥有对公司同红海诸港口波斯贸易的控制权。

东印度公司抓住每个机会，在印度海岸甚至内地大量建立商馆。

在科罗曼德尔海岸，1626年在高康达王国的阿尔马冈建立商馆。1639年以每年600英镑的代价，从昌德拉吉里罗阇手中租得沿海一块地和一个小岛，建立圣乔治堡，后发展成为马德拉斯市（1653年，现已改名为金奈），成为东印度公司在科罗曼德尔海岸的殖民地总部。

在孟加拉湾沿岸，1633年在奥里萨的哈里哈普尔和巴拉索尔开设商馆。1651年得到莫卧儿皇帝沙·贾汗允许在孟加拉胡格列建立商馆，以后又在比哈尔的巴特那和卡锡姆巴扎尔开设商馆。1658年，所有孟加拉、奥里萨、比哈尔以及科罗曼德尔海岸的商馆都被置于圣乔治堡管辖下。1690年在孟加拉胡格利河口的苏塔纳提建立商馆，1698年在这里建立威廉堡，后发展成加尔各答市。从1700年起，处在孟加拉、奥里萨、比哈尔的商馆不再归圣乔治堡领导，而是转归威廉堡管辖。

在西海岸，1688年，英王乔治二世把王后陪嫁品的一部分——孟买，以每年10英镑的租金转让给了东印度公司。后来，孟买的商业便活跃起来，不久即取代了苏拉特，成为英国人在西海岸的主要居留地。

这样，经过九十余年的经营扩张，英国东印度公司在印度建立了一大批商馆和居留地，形成了孟买、马德拉斯和加尔各答三个管区，为后来建立英属印度奠定了基础。

这个时期，东印度公司主要是通过印度商人和高利贷者，用金银收购印度的香料、棉布、硝石、靛蓝等商品，运到欧洲市场，高价出售，牟取暴利。

17世纪80年代，莫卧儿帝国越来越衰败，英国殖民势力越来越发展，随之东印度公司便改变了早期的和平贸易政策。70年代末，苏拉特的总经理兼孟买总督奥恩基尔，给东印度公司董事会写信说："现在形势要求阁下要手中持剑来安排总的贸易。"

董事会批准了东印度公司的新政策。1687年12月在给马德拉斯长官的信中要求他们建立一个拥有军政力量的政体，创造一个充足的财源，保证这两者，将成为建立一个永世长存、幅员广大、组织健全、安定牢固的英属印度的基础。

这就是英国殖民者侵略印度的新战略。

随即，英国派出10艘战舰和1000名士兵，炮轰胡格利、希季里、巴拉索尔，封锁孟买和西海岸的莫卧儿港口，劫掠莫卧儿的船只和去麦加朝圣的香客，试图占领吉大港。

但是，英国人低估了莫卧儿的军事力量。奥朗则布大怒，下令对英国商馆发动总攻击，占领了巴特那、卡锡姆巴扎尔、穆苏里帕塔姆、维札伽帕塔姆、苏拉特等商馆，使英国人陷入困境，逼令他们不得不向奥朗则布求和。

英方答应交出全部劫获的船只和15万卢比的罚款，并保证今后只从事和平贸易。这是莫卧儿王朝给英国入侵者的第一次打击，之后仍允许英国人继续留在印度经商。

1707年，奥朗则布去世，王朝内部矛盾重重，面临崩溃的危机。

东印度公司乘机要求得到更多特权。1715年，东印度公司派约翰·苏尔曼觐见皇帝法鲁赫·西亚尔，提出种种要求。

法鲁赫·西亚尔本身地位堪忧，怕出现动乱，加之随苏尔曼前来的医生又治好了他的病，就于1717年颁布敕令，允许公司每年缴付3000卢比即可在孟加拉自由贸易，允许英国人在孟加拉的任何地方居住，在加尔各答周围租借领地，还允许公司每年缴纳1万卢比就可以在古吉拉特免除一切关税，还授予公司自制铸币、收税的特权，还可雇佣当地民兵保护其领地。①

莫卧儿皇帝轻易地把这么多特权拱手相送，十足地表现了封建统治者的昏聩。东印度公司从经济到政治，实力不断增长，政治野心也越发膨胀，导致与当地统治者和法国殖民者的矛盾日趋尖锐。

虽然法国人很早就表示希望从事东方贸易，但他们在印度登场却很晚。法国的统治者如亨利四世、黎塞留和科尔贝尔都认识到东方贸易的重要性，但法国东印度公司迟至1664年才成立。

法国东印度公司与荷兰和英国东印度公司不同，是由国家控制，贷给资金，是专制制度的产物。宫廷集团的严密监督，妨碍它在印度的代理人发挥主动性和灵活性，来自巴黎的指挥常常是过时的、脱离实际的，所以公司早期活动进展比较迟缓。

《高级印度史》中写道："法国东印度公司虽然是由国家创办和供给资金的，但最初的活动既欠仔细考虑，也不顺利，因为当时它的精力浪费在拓殖法国人已经去过的马达加斯加的无益尝试上。"②

---

① R. C. 马宗达，H. C. 赖乔杜里，K. 达塔 . 高级印度史［M］. 张澍霖，等译 . 北京：商务印书馆，1986：691-692.

② MAJUMDAR R C，RAYCHAUDHURI H C，DATTA K. An Advanced History of India［M］. New Delhi：Macmillan India Limited，2004：635.

1667年，弗朗索瓦·卡隆和伊斯法罕人马卡拉率领远征队从法国出发，抵达印度。1668年，弗朗索瓦·卡隆在苏拉特建立第一个法国商馆。1669年，马卡拉从高康达苏丹那里取得专利权，在马苏利帕塔姆建立第二个法国商馆。

法国人看到自己在印度的角逐中远远落伍，急于赶上，于1672年用武力占领高康达王国的圣·托梅，但第二年，被高康达与荷兰人的联合武装击败，只得放弃。

在此期间，弗朗索瓦·马坦和贝朗热·勒斯皮奈，于1673年从瓦利孔达普拉姆的穆斯林总督那里，得到沿海一小片土地和村庄，在达里建立了据点，奠定了法国人后来在印度的基地——本地治里的基础。

弗朗索瓦·马坦从1674年起主管这块殖民地，以他的勇敢、坚毅与机智，在一些没落王国的武装冲突和扰攘中，将它发展成为一个重要的地方。

1690—1692年，法国人在孟加拉建立了有名的昌德纳戈尔商馆。18世纪二三十年代，又在马拉巴尔海岸的马埃和科罗曼德尔海岸的卡里卡尔建立了商馆。

荷兰与法国在欧洲的角逐对法国人在印度的地位起着不利的影响。本地治里于1693年被荷兰人占领，1697年才因《利斯威克条约》而归还法国人。

弗朗索瓦·马坦再度受命治理本地治里，很快恢复了本地治里的繁荣，到他1706年去世的时候，本地治里人口已达约4万人，而加尔各答这一年的人口才2万人。

不过在其他地方，法国人很失势。18世纪初，他们放弃了在班塔姆、苏拉特和马苏利帕塔姆的商馆。这时，法国东印度公司财源实际上已经耗尽，直到1720年，它所经历的都是十分倒霉的日子，甚至把执照也卖给别人了。

从1707年到1720年，曾在本地治里任职的5个总督中，没有一个能遵循弗朗索瓦·马坦的精明强干的政策。

1720年6月，东印度公司改组为“永久的印度公司”。1720—1742年间，在勒努瓦和迪马精明的治理下，本地治里又重新繁荣起来。法国人于1721年占领了毛里求斯，1725年占领了马拉巴尔海岸的马埃，1739年占领了卡里卡尔。

不过，这一时期法国人的目的纯粹是商业的。“在勒努瓦或迪马的行为中，我们找不到理由认为公司抱有政治上的目的，更说不上征服的念头；它的商馆多少也是有设防的，而动机只是为了保障安全，不受荷兰人和英国人的侵犯；它虽也征募军队，但只是作为防御之用。”①

1742年后，政治的动机开始超过商业利益的考虑，迪普莱克斯开始抱有在印度建立一个法帝国的野心，这种想法遭到英国人的挑战，终于爆发了延续20年之久的英法之战，揭开了印度历史的新篇章。

六、英法争霸：帝国的衰落

长期以来，英国和法国既在欧洲处于敌对状态，又在印度次大

① 尚劝余 . 莫卧儿帝国［M］. 西安：三秦出版社，2001：231.

陆上各怀霸权野心。莫卧儿帝国的衰败，为他们提供了厮杀争霸的条件。

18世纪中叶，英法殖民者激烈争霸的主要战场在卡纳蒂克，即科罗曼德尔海岸及其狭长的腹地，这是欧洲人的叫法。他们先后在这里进行过三次战争，最后英胜法败，使英国垄断了印度的商业霸权，并为建立殖民统治准备了先决条件。

第一次卡纳蒂克战争起因是欧洲的奥地利王位继承问题。1740年，奥地利国王查理六世逝世，由其女玛丽亚·特蕾莎继位，普鲁士拒绝承认，并兵戈相向，奥普之间爆发战争，英国站在奥地利一边，法国则站在普鲁士一边。

奥地利王位继承战争（1740—1748），本来是奥普之间的王朝战争，由于英法等国卷入，而演化为一场国际争霸战争，战区由欧洲扩展到印度和北美。第一次卡纳蒂克战争即是奥地利王位继承战争的扩大，其实质是英法争夺欧洲霸权和扩大在印度的势力范围。[①]

战争在欧洲进行的头几年，在印度的双方，因各自的原因按兵未动。后来，巴尼特指挥的英国海军捕获了法国船只，法国驻本地治里总督迪普莱克斯召来了法国驻毛里求斯总督拉·布尔东奈的援助，硝烟突起。

法国本地治里总督迪普莱克斯是一个野心勃勃的殖民主义者，早就想称霸印度，趁印度内乱之机，在南印度建立一个殖民帝国。他认为只要有一支按欧洲军队方式训练的印度雇佣军，就可以征服或控制混乱中出现的印度小封建国家。

① 培伦.印度通史［M］.哈尔滨：黑龙江人民出版社，1990：281.

早在1740年，他就开始建立由法国军官指挥的土著队伍，是为印度土兵之始。他认为在诸侯纷争的情况下，最有效的扩张法国势力的途径是设法干预其内政，利用其纷争。他首先把这种策略用在海得拉巴，果然奏效。他使法国东印度公司在印度的活动发生急剧转向，建立殖民帝国的目的超过商业利益考虑，成为首要任务。

当英国人准备行动时，突然发现法国人已走在他们前面。英国人立即仿效法国人建立印度土兵队伍，时间为1746年，并且也开始插手印度的内争。英法殖民者有同样的野心，又决不愿让对方占据优势，这就不可避免地发生尖锐冲突，演化为战争。

法国毛里求斯总督拉·布尔东奈是一个诡计多端、精力充沛的人，他已将毛里求斯和路易港变成印度洋的牢固要塞。在接到迪普莱克斯的求援后，立即率领8艘军舰来到印度。

1746年7月6日至7日，法国舰队和英国舰队交锋，英方失利，向胡格列慌张逃去，马德拉斯海岸处于法国舰队控制之下。

于是，法国人乘胜从陆地和海上两面包围马德拉斯。当法国人乘胜进攻时，英国人呼吁当地纳瓦布（相当于总督）援助。纳瓦布虽然向法国人发出了警告，但法国人置之不理，只是伪称攻占马德拉斯后将它归还给纳瓦布。

于是，纳瓦布袖手旁观，保持中立。围困了不到一个星期，法军攻占了马德拉斯，9月21日逼英军签署了投降书，法军仅阵亡6人。到这时为止，英国人在陆地或海上同法国人的作战，都表现出一种惊人的无能。

后来，纳瓦布要求法军实现诺言，交还马德拉斯。但迪普莱克斯拒绝交还。纳瓦布在盛怒之下，派其长子马法兹·汗率领1万大军封锁马德拉斯，然而法军突围，并重创纳瓦布军队，迫使其撤往圣·托梅。纳瓦布不甘心失败，又在阿迪瓦尔河岸与法军激战一场，又遭惨败。

这是印度军队与欧洲军队第一次大规模的正面交战，印军失败了，其影响是深远的。这次法国人轻而易举获得的胜利，被认为是印度历史上的决定性事件之一。

当代历史学家奥尔梅写道："自从上次任何一个欧洲国家在和伟大的莫卧儿军队作战时获得过决定性的胜利以来，到现在已经一百多年了。以前经营失败的经验和军事力量的薄弱（由于长期废弃武备，这在当时各殖民地普遍如此）早已使他们相信摩尔人是勇敢的劲敌，这时法国人却以一营人击溃了全军，因而立刻打破了那种胆怯的说法的魅力。"①

法国暂时似乎大获全胜，他们的重大收获和威望的增长，似乎超过了他们最大的期望。

法国人获胜增强了迪普莱克斯从科罗曼德尔海岸驱逐英国人的信心。这时迪普莱克斯和拉·布尔东奈产生了分歧，拉·布尔东奈主张在得到一大笔赎金后将马德拉斯交还给当地纳瓦布，而迪普莱克斯坚决反对。

就在这时，法国舰队遭到了一次飓风侵袭，损失惨重，拉·布尔东奈被迫将他的船只撤出印度海面。迪普莱克斯可以放开手脚大干了，他正式废除拉·布尔东奈和马德拉斯参事会达成的协约，彻底地

① 辛哈，班纳吉．印度通史［M］．张若达，冯金辛，王伟，译．北京：商务印书馆，1964：501.

洗劫了马德拉斯。

不久，在卡纳蒂克纳瓦布的支持下，迪普莱克斯对本地治里以南25公里的圣大卫堡发起攻击。但由于拉·布尔东奈的撤离，英国人重新获得了制海权，法军长达18个月的围攻，以失败告终。

1748年6月，海军少将博斬科恩率领的英国庞大舰队从英国赶到印度，以报复马德拉斯的失守。英国人从陆上和海上两路包围了本地治里。由于英军缺乏军事技术，久攻不克，只好在10月雨季到来之时解除了对本地治里的围攻。

正当英国人准备再度包围本地治里之时，在欧洲签订的《亚琛条约》，结束了奥地利王位继承战争。根据条约，英法双方同意在印度停止敌对行动，法国把马德拉斯交还英国，英国在北美把路易斯堡交还法国。

第一次卡纳蒂克战争至此结束。

这次战争虽然没有使英法的领地发生根本变化，但仍有重大影响，特别是对印度历史产生了重大影响。

战前，纳瓦布是卡纳蒂克的主人，英法殖民者只不过是外来者或属下，其活动必须服从纳瓦布的意志，战后则发生了很大变化。法国把马德拉斯交还英国后，英国人却不再向纳瓦布缴纳战前一直缴纳的1200金币的年金。

另外，战争期间，英法双方的军事力量都有很大的扩充，停战后这些军队并没有解散，成为英法殖民者奴役印度人民和进一步争霸的工具。这次战争只不过是英法争霸印度的序幕，为迪普莱克斯开始的扩张计划做了一次预演而已，激烈的争夺战还在后面。

英法第一次卡纳蒂克战争没有解决双方矛盾，因而发生第二次较量就是必然的了。他们利用印度王公的王位继承纠纷，各自扶植自己的傀儡，进行激烈的争夺政治霸权的斗争。

第一次卡纳蒂克战争证明了制海权的至关重要性。它表明，无论是法国人还是英国人都不能获得决定性的永久胜利，除非他们能够控制海洋。英国人在海上的优势举世公认，这使法国人的前途非常暗淡。此外，法国人的势力实际上只限于卡纳蒂克一地，而英国人在孟买和孟加拉都有重要的殖民地。

因此，在任何争夺霸权的斗争中，法国人都处于很不利的地位，从本国供应物资或在印度就地取得物资，都是如此。法国人对英国人最后胜利的机会，看来确实渺茫。对于这种暗淡的前景，别的什么人都一定会感到沮丧，但迪普莱克斯聪明机智，他看到了克服困难的出路。

纳瓦布在马德拉斯败北的一幕，给予他深刻的印象和启示。纳瓦布的大军被少数法军在陆上彻底击溃，证明在战争中，新式的装备和良好的军纪，要比单纯的人数优势重要得多；而且还说明，庞大的亚洲军队已不能再同即使是一小股的欧洲军队相匹敌了。

迪普莱克斯从中认识到，有了这支装备精良、军纪严明的军队，他就拥有了一件有效的武器。在印度王公之间的纠纷中，这件武器可成为一种决定性因素，因此会得到处于动荡之中的封建王公的竞相争宠。有了印度当权者的威望与资源的支持，法国人对付英国人终将绰绰有余。

于是，迪普莱克斯头脑中形成了一种新的大胆的政策，即利用印度王公纠纷捞取政治霸权，这种政策的最后结果改变了整个印度历史的进程。

第二次卡纳蒂克战争（1749—1754），发生在德干和卡纳蒂克政局混乱的情况下。当时在德干的首府海得拉巴和卡纳蒂克首府阿尔科特的宫廷里，王位继承权的纠纷屡见不鲜。

1748年，海得拉巴的创立者尼扎姆·乌勒·穆勒去世，他的次子纳西尔·姜格继位，然而他的孙子穆扎法尔·姜格，却以莫卧儿皇帝已任命他为德干的总督为由，要求继承王位。

类似的王位之争也发生在卡纳蒂克。卡纳蒂克的纳瓦布多斯特·阿利去世后，安瓦尔·乌德·丁被任命为纳瓦布，但前任纳瓦布的女婿金达·萨希卜企图夺回他岳父的王位。

法国迪普莱克斯支持反对者，并与之签订密约，组成3.84万人的三方联军。1749年8月3日，联军在韦洛尔东南的安布尔战役中，将对方军队击败，并杀死了卡纳蒂克纳瓦布安瓦尔·乌德·丁，其子穆罕默德·阿利逃往特里奇诺波利避难。

法国人的胜利使英国殖民者感到局势严重。于是，他们决心支持另一方，即支持纳西尔·姜格和穆罕默德·阿利。然而，英国人缺乏迪普莱克斯的魄力，他们未能结成一个有效的同盟。

结果，在1750年12月16日的维林马达帕特战役中，纳西尔·姜格战败被杀，他的军营遭到劫掠。法国人获得了非常多的战利品，“以至从参事到录事，从上尉到一等兵，每个人都得到了一份，而那些后来入伍的军官，只得遗憾地回顾当时连一个小小的旗手都得到6万卢比的幸福日子。从来没有在本地治里见过这么多黄金。它敌得上普拉西战役的全部战利品”。[①]

① 辛哈，班纳吉.印度通史［M］.张若达，冯金辛，王伟，译.北京：商务印书馆，1964：502.

这样，法国人支持的反对者分别夺取了王位。穆扎法尔·姜格任海得拉巴尼扎姆（意为君主），金达·萨希卜任卡纳蒂克纳瓦布，分别在海得拉巴和阿尔科特登上了王位。

感恩的新国王对法国盟友施以优厚的报酬，封迪普莱克斯为克里希那河以南莫卧儿帝国全境的总督，并将本地治里附近的奥里萨海岸领土割让给他。从此，迪普莱克斯在卡纳蒂克扩大了法国的势力。

迪普莱克斯政策的胜利，超过了他最乐观的期望。不到两年的时间，一个微不足道的外商团体，在德干和卡纳蒂克提高到了“太上皇”政府的地位。不论对盟友或敌人来说，迪普莱克斯的成功都简直是一个奇迹。

到这时，连思想最迟钝的人也能看出，要是让迪普莱克斯放手完成他的计划，英国人将会无可挽回地丧失其在马德拉斯的地位。英国政府和东印度公司都认识到局势的严重性，于是，它们委任桑德斯为马德拉斯新总督，与法国人进行全力斗争。

这样一来，虽然英法两国当时没有在欧洲正式宣战，甚至也没有公开承认敌对，但它们却在印度从事一场公开的战争；名义上它们是印度地方势力的助手，实际上则是一场生死存亡搏斗中的主角。

为了支持避难于特里奇诺波利的穆罕默德·阿利反夺王位，英国政府派来了尉官罗伯特·克莱武，以加强东印度公司的力量。

1751年8月26日，克莱武率领500名士兵（200名欧洲人，300名印度士兵），携带3门小炮，从圣大卫堡出发，以调虎离山之计，奇袭卡纳蒂克首府阿尔科特，迫使纳瓦布和法国人放弃对特里奇诺波利的包围。

克莱武轻而易举地占领了阿尔科特，金达·萨希卜赶忙从特里奇诺波利调来精锐部队，收复他的首府。克莱武英勇地守卫了这个城市达53天之久，一直到围攻部队于1751年9月撤离为止。

占领阿尔科特，是英国人在这次战争中最突出的成就。这次辉煌的成功，标志着战局出现了转机。它提高了英国人作为一支战斗兵力的声誉，并给法国人的威望以致命的打击。①

分散兵力对迪普莱克斯的计划是一个致命伤。虽然在德干他获得了无敌的荣誉，并占有了几乎令人难以置信的领土所有权，可是他由于保障卡纳蒂克而失去了战斗力，因此使英国人既有时间又有机会打开一个缺口，他们想利用这个缺口来推翻整个机构。

负责指挥包围特里奇诺波利的法国将军贾克斯·劳，由于克莱武的胜利而顿失勇气，放弃围攻特里奇诺波利，逃往斯里朗加姆岛。

英军穷追不舍，包围了斯里朗加姆岛。迪普莱克斯派去援军增援，但援军于1752年6月9日向英国人投降。3天后，贾克斯·劳和他的部队也成了英国人的俘虏。

金达·萨希卜也投降了，并被一个坦焦尔的将军斩首，穆罕默德·阿利被英国人扶植为纳瓦布。整个卡纳蒂克便这样落入了英国之手。

迪普莱克斯的强烈期望顿成泡影。由于他的将领们出奇的愚蠢和无能，他丧失了几乎已经到手的战利品。但面对挫折，他仍然勇敢地继续努力。

1752年12月31日，迪普莱克斯开始了积极的军事行动，重新包围特里奇诺波利。在整个1753年中，发生了许多小规模的交战，双

① 培伦．印度通史［M］．哈尔滨：黑龙江人民出版社，1990：283.

方互有胜负。直到最后，迪普莱克斯都没有放弃攻占特里奇诺波利的希望。

但是，法国国内当局对迪普莱克斯已感到十分厌倦，决定将他召回。他们根本不了解这位才华出众的总督高明政策的全部内容，却为他这种政策所造成的法军的挫折和沉重的财力损失感到忧虑。法国政府要求不惜一切代价结束印度的战争。

1754年，法国东印度公司董事戈代厄奉命前来印度接替迪普莱克斯，并与英军签订《本地治里条约》，停止冲突。按照条约，双方同意：

第一，放弃印度统治者所给予的一切职位和官衔；

第二，不再干预当地统治者之间的纠纷；

第三，保证双方所占土地的所有权；

第四，调整双方在某些河流上的航运。

这一条约标志着迪普莱克斯在印度所获得的权益基本丧失了，而且新任纳瓦布是英国殖民者的傀儡，他的活动不再受法国的干预。这正如马克思所指出的："这是法国在印度统治结束的开端。"[①]

迪普莱克斯失败的原因，历来是学界争议的热点，归纳起来，有如下分析。

迪普莱克斯失败的直接和主要原因，是他的本国政府没有正确评价他的计划的价值，并给予足够的帮助以实行这些计划，这是显而易见的，也是大家公认的。

与此相关，有人认为，迪普莱克斯有一种固有的信念，认为法国

① 马克思．印度史编年稿［M］．张之毅，译．北京：人民出版社，1957：71.

政府不愿也不能认真关切印度问题，总是将其视为他们总的政策中微小而附带的部分，因此他从不注意争取其上级的信任，也没有能够取得法国东印度公司的信任，没有及时使上级知道他的全部计划，为时已晚才向他们详细吐露他的计划。

英国东印度公司是私营机构，它的全部利益都与英国在印度的商馆息息相关，而法国东印度公司直接受政府控制，它的政策为更大的政治问题所支配。他们之所以抛弃迪普莱克斯的计划与英国人在印度和解，其中一个主要原因是考虑到法国在美洲的利益，担心在美洲的纠纷。

有人认为，迪普莱克斯最大的缺点之一是兵力分散，把兵力分散于德干和卡纳蒂克，是他失败的真正原因。如果布西和他的军队已经从海得拉巴到了特里奇诺波利，他就有可能占领那个地方，并稳定卡纳蒂克，可是迪普莱克斯非常急于要保持法国在海得拉巴宫廷中的势力。后来卡纳蒂克情势的发展使得布西被召回，而法国人在海得拉巴的势力因之瓦解。

由于战争旷日持久，军费日益缺乏。迪普莱克斯总觉得要求法国东印度公司寄钱是不体面的，并一直对他的国内当局粉饰太平，为此他花费了35万金镑的私款。最终，由于没有军费，他的军事计划在很大程度上流产了。

有人认为，迪普莱克斯失败的真正原因并非兵力分散，而是由于如下两个主要原因：

一是他没有认识到，他所玩的花招是双方都可以干的，英国人在挽回他们失去的地位时，也可仿效他的策略。要是他认清了这一点，他一定会在英国人准备好给予有效支援以前，就想办法将穆罕默德·阿利彻底解决掉。在1754年初期，迪普莱克斯有足够的兵力归他支配，即使在英国人进兵支援穆罕默德·阿利以后，也没有理由认为，英国人无论在兵力上还是在谋略上能胜过法国人。

二是法国将领不可救药的无能，使迪普莱克斯无法纠正他原先的错误。卡纳蒂克接着发生的事情，在很大程度上是人，而不是由环境决定的。一方面是克莱武的杰出才能和大胆进攻，而另一方面是贾克斯·劳及其同僚们所表现的优柔寡断和萎靡不振决定了胜败之数。

要是迪普莱克斯手下有克莱武这种军事天才供其使用，那么法国人在印度的历史可能会完全不同。如果迪普莱克斯能够在1751年初或者哪怕在年底胜利地结束战争，法国政府就会把他捧作在印度的帝国的奠基者，并向他提供充分的人力和财力。然而他未能做到这一点，使自己失宠并遭非议。

他所从事的是一种冒险事业，成则被尊为英雄，败则被贬为固执任性的狂人。虽然他失败了，但他还要算是欧洲人征服印度土地的先驱。就是他的这种精神鼓舞了他的对手英国人，他们在孟加拉建立了英国的政权。

英国殖民者进入印度有三个主要渠道，最早的渠道是西北部的沿海地区，其次是南部科罗曼德尔海岸的沿岸地区，最后也是最重要的是孟加拉。

据《往世书》记载，金德拉族国王巴利有5个儿子，分别叫恩格、温格、羯棱伽、崩德拉和宋木赫。兄弟5人各自建立了自己的王国。恩格王国在今天比哈尔邦东的乔塔那格尔普尔地区；羯棱伽王国在今天的奥里萨邦；其余3个王国都在孟加拉邦境内。其中温格王国位于帕德马河南岸的帕格尔蒂河和布拉马普特拉河的古道之间。“孟加拉”

这个名字就是由这个王国的国名而来的。

12世纪时，森那族国王巴拉尔统治了几乎整个孟加拉地区。当时只剩下帕格尔蒂河口的一点地方还叫“温格”，其西部地区叫“拉拉”，这个词后来变成“拉尔”，“温格”和“拉尔”两词合在一起，组成了“温格拉尔”或“崩格拉尔”。穆斯林统治孟加拉之后，按他们的发音习惯，叫成“崩伽尔”或“崩伽拉”。英国人又按自己的发音特点，把它叫成“班伽尔”或“班高尔”。①

孟加拉有许多宗教圣地。蒂利维尼是恒河、朱木拿河和斯尔斯瓦蒂河汇流的地方，是印度教徒、佛教徒和耆那教徒的著名圣地。古时候，这里有许多庙宇，早晚钟声回荡，整日旗幡飘扬。

13世纪末，伊斯兰教徒扎法尔·卡吉用长矛和宝剑征服了这个地区，将蒂利维尼的庙宇摧毁，并用印度教寺庙的砖瓦修建了一座卡吉清真寺，这座清真寺屹立至今。

不过，这座清真寺很奇特，其外形既像清真寺又像印度教寺庙，寺内有毗温奴、罗摩、哈奴曼、夜叉等无数印度教男女神像。寺有四门，皆为印度式建筑。

迦利卡特是加尔各答附近又一圣地。12世纪以前，这里是没有人烟的大森林，是豺狼虎豹出没的地方，也是土匪的藏身之所，来往过客常遭抢劫。大约在12世纪巴拉尔·森那王朝时期这里才成了圣地。

这里有一座迦利女神庙，长一百多米，用8年时间建成，花了3万多卢比。庙的庭院叫迦利布利，东部是迦利衮德，西部是恒河渡

① 刘国楠，王树英 . 印度各邦历史文化［M］. 北京：中国社会科学出版社，1982：105.

口，东北是那吉奈希瓦尔庙，前面是那特庙，庙内有一尊迦利女神石像。像的上身露出地面，下身埋在地里，腰以上部分佩戴着许多首饰，头上戴着金冠，手腕戴着金镯，舌头和眉毛都是金制的，头顶上还有一把大银伞。

这座庙香火旺盛，全国各地都有人来敬神。每天人都像赶庙会一样多，日收供品大米三百多斤，白糖二十多斤，糖果四十多斤，面粉十多斤，香蕉八百多个，此外还有无数其他物品。每逢重要节日，以上供品要比平时多几十倍，仅牛羊就有四五十头。

德钦奈希瓦尔庙是孟加拉的圣贤罗摩克里希纳苦修的地方，坐落在恒河岸边。这座庙之所以有名，是因为它和罗摩克里希纳有关。

罗摩克里希纳是一个目不识丁的文盲，但是他很有天赋，能简洁明了地讲解玄妙的宗教道理，对当时社会影响很大。他认为有多少主张就有多少道路，但是江河虽多，终归大海。

他还说，阳光普照大地，只有铺洒在水中和镜面的阳光看起来更明显；同样，老天爷存在于每个人的心里，只不过他在和尚的心里更闪闪发光罢了。

在他看来，宗教虽多，但殊途同归。所以清真寺、基督教教堂、佛教寺院、印度教寺庙他都进。结果，他受到孟加拉人的爱戴，成了家家户户崇拜的偶像。

白鲁尔庙建在恒河对岸一个幽静的地方，是由印度著名哲学家辩喜的美国弟子为他建造的，庙里有他的墓。这座庙的建筑奇特，从不同角度看，似乎庙中有庙，既像清真寺又像教堂。

恒河入海处甘伽萨加尔是孟加拉的大圣地之一，每年入秋时节举行盛大庙会，四五十万人前来参加。甘伽萨加尔地处海边，经常受风暴威胁，虽然每年都采取措施预防，但举行庙会时仍然常常出事。

甘伽萨加尔有恒河女神像、迦比尔仙人像、海神像，还有古代国王帕格尔特像。有迦比尔仙人庙和别的庙，每逢节日，都举行庙会，游神车。[①]

孟加拉地处喜马拉雅山南端、印度东北部的恒河下游，除达吉岭和贾巴尔古里属于山区外，其余地区则是一马平川，直接天涯，江河纵横，土地肥沃，物产丰富，交通发达，是印度最富庶的省份。英国人对它早已垂涎三尺。

孟加拉像德干一样，处在一位总督的统治下。他名义上承认德里莫卧儿皇帝的宗主权，但实际上却是一个独立的国王。孟加拉也像德干一样，缺少任何政治的实力和安定。阴谋和政变成风，贪污和无能损伤了这个国家的元气。

英国人于1651年在胡格列设立了第一家商馆，开始入侵孟加拉，用金银收购香料、纺织品、靛蓝等货物。

后来，又设立了许多商馆，获得了许多特权，在孟加拉可以自由贸易，自由居住，免缴关税，自制铸币，甚至建立领地，直接收税等。

此外，英国人在孟加拉建立加尔各答这个侵略基地，管辖孟加拉的所有商馆，后来发展成为孟加拉的首府，也成为英国在印度的殖民地首府。

从前，加尔各答地区是一片树林和沼泽地带，长蛇鳄鱼横行，狐

① 刘国楠，王树英．印度各邦历史文化［M］．北京：中国社会科学出版社，1982：106.

狸野鸭成群，更有虎豹熊出没无常。这里只有3个茅舍小村加尔各答、苏塔纳提和戈文达普尔，十分孤独凄凉。

1696年，东印度公司的英国官员江布·贾尔那格花1300卢比买下这块地方，用500万卢比修了一座福特成廉大城堡，即威廉堡。城堡里可以驻扎1万军队，有教堂、游泳池、摔跤场、运动场、打靶场、电影院、市场以及军用物资仓库等。

后来这里被定为英国在印度的首府，专门开辟了英国人居住区。当时英国人寥寥无几，但男女家奴众多，出门坐轿，前呼后拥，火炬引路，一派太上皇的威风。

后来又开办了福特威廉学院，修建了市政厅大楼，成立了加尔各答公司，兴建了喀迪尔布尔码头，从拜拉格布尔到巴吉巴吉，修建了一排排厂房，于是加尔各答逐渐变成了一个国际大商埠，各种各样的人涌进了该城。

18世纪中叶的时候，东印度公司不仅拥有众多的商馆和职员，而且拥有自己的军舰和军队，还与孟加拉商业高利贷集团建立了紧密的联系。它不再满足于商业掠夺，而企图直接控制这个富饶的地区，因此它与当地官吏之间的矛盾越来越尖锐。

英国人在南印度插手王公内争的成功，使他们非常希望在孟加拉故技重演。孟加拉的纳瓦布阿利瓦迪汗无子，指定小女儿的儿子西拉杰·乌德·道拉为继承人。两个大女儿不满，要争王位，各有一些追随者。英国人求之不得有这种机会，便插手其中，支持他们的阴谋活动。

此外，英国人以防备法国人为由，在加尔各答的旧炮台上架起了大炮，而且未经纳瓦布允许，甚至没有让他知道，就擅自在加尔各答增修新的炮台。阿利瓦迪汗鉴于南印度发生的事件，对外国人的侵略野心有一定认识，一再要防范英国人的不轨。

1756年4月，阿利瓦迪汗去世，23岁的西拉杰·乌德·道拉就任孟加拉纳瓦布。英国人依仗经济势力强大，拒不执行纳瓦布关于拆除私建炮台的命令，拒不缴纳赋税，拒不交出窝藏的反对新纳瓦布的旧贵族。这使西拉杰十分恼火，他决心把英国人赶出孟加拉。

1756年6月初，西拉杰率军攻占了英国在卡锡姆巴扎尔的商馆。6月16日，又统率5万大军包围了加尔各答。三天之后，德雷克总督、守军司令及许多英国人放弃了加尔各答，逃到船上避难，后到富尔塔。6月20日，威廉堡经过微弱的抵抗后，向西拉杰投降。

这时，英军将领霍尔韦尔声称，西拉杰的军官把146名俘虏塞进了一间长5米、宽4米的被称为“黑洞”的黑房子里，第二天早晨6点当房门打开时，123人因窒息而死，只剩下23个可怜的幸存者诉说那个悲惨夏夜的故事。这就是历史上有名的“黑洞事件”。[①]

许多人怀疑“黑洞事件”传说的真实性，认为这很可能是那个叙述故事细节的、爱好虚荣的霍尔韦尔以此来表现他自己。当天晚上不可能有多到146个英国人留在加尔各答，真正的人数只有60人。或许，有些俘虏被关在“黑洞”里，其中有一些受伤者死在了那里，但在叙述悲剧细节时，有意夸大俘虏的人数，当系霍尔韦尔的想象。此外，加尔各答经过近一星期的围攻和混战才投降，在此期间的伤亡者可能也被算在了“黑洞”的头上。

无论这个事件的真实性如何，它都被英国殖民者用作煽动民族仇

---

① 培伦 . 印度通史［M］. 哈尔滨：黑龙江人民出版社，1990：285.

恨，发动侵略战争的借口。

这时，马德拉斯参事会已做好了战争准备。当他们一得到加尔各答被占领的消息，就立刻决定派遣一支庞大的远征军。凑巧有一支预备征讨法国人的、配备齐全的陆军和海军可以马上动用。经过一番商讨后，决定派遣克莱武和沃森海军上将指挥这支远征军。

克莱武不光要收复加尔各答，他的野心更大。他在10月11日写给东印度公司董事会的信中表示：他认为这次征服不只以收复加尔各答为目标，而要永久性地巩固公司在那个地区的地位。他希望能把法国人从昌德纳戈尔驱逐出去，使加尔各答成为设防城市。

克莱武和沃森率领由500名欧籍士兵和1500名印度籍雇佣兵组成的大军，于10月16日从英国启航出发，12月到达加尔各答。克莱武收买了守将，于1757年1月2日一举攻占了加尔各答，同时还劫掠了胡格列城及其周围地区。

英国远征军的侵略行动激怒了西拉杰，他调集4万军队，向加尔各答进发，试图把英国人永远地驱逐出去。1月19日，西拉杰抵达胡格列，2月3日进抵加尔各答郊区。克莱武表面上佯作谈判姿态，暗地里却策划突袭纳瓦布的军队。

2月5日夜晚，英军2000人兵力倾巢出动，突袭印军。印军奋起抵御，给英军以沉重打击，使之仓皇逃回加尔各答。英方死97人，伤137人，而纳瓦布死伤1300人。这时，西拉杰接受了他的军官的劝告，于2月9日与英国殖民者签订了和约。

和约确认莫卧儿皇帝过去给予英国人的一切特权，纳瓦布赔偿一切损失，英国人还可以在加尔各答建造防御工事，并拥有铸币权。作为这些让步的条件是：英国人与纳瓦布订立了攻守同盟。

西拉杰的这种温和态度和他早先的政策恰成一个奇异的对照，令人难以理解。

有人认为是克莱武对他营寨的夜袭，吓得他俯首就范。也有人认为是他的官员的背叛阴谋和担心来自西北方面的入侵，导致他不惜任何代价与英国人取得和解。还有人认为是出于西拉杰反复无常的性格。虽然我们可以不相信所有关于他残酷和放荡的故事，那些大部分是他的敌人捏造的，但我们不能不认为他是一个刚愎自用、爱好声色和反复无常的年轻人，是他那个时代的典型产儿。

只需回忆他生平的几桩事情，便可证明这一点：如他仅仅是个15岁的儿童时，便有意违抗他的父亲；屡在莫蒂杰希尔狂饮；在光天化日之下的大街上，杀害胡赛因·库利汗。尽管我们可以原谅这些，但这些的确不能引起人们对这位年轻纳瓦布的爱戴和信赖。

不管正确的解释如何，十分明显的是，从那时起，西拉杰所采取的几乎每一步骤都表现得萎靡不振、优柔寡断。

克莱武并没有因签订2月9日和约而停止在孟加拉的扩张。1757年3月14日，克莱武和沃森出其不意地向法国在孟加拉的主要居留地昌德纳戈尔发起猛烈进攻，经过7天战斗，英国人获胜，进一步在孟加拉排除了法国人的势力。

当英国人准备派兵征讨昌德纳戈尔的时候，纳瓦布谴责他们破坏了2月9日和约，并断然宣布他决不牺牲法国人。可是，他并没有采取什么行动保护法国人。英国人自己承认，纳瓦布在昌德纳戈尔附近有一支大军，要是他不把它调走，他们是无法攻下那个法国人的城市的。

但是，克莱武仍担心西拉杰和法国人重新勾结起来，有把英国人赶出孟加拉的危险，于是，他决心要废黜西拉杰。西拉杰内部争权夺利的矛盾斗争，正好给克莱武提供了有利之机。

1757年4月底，西拉杰的反对者密谋与英国人一道推翻他的统治，另立米尔·贾法尔将军为纳瓦布。克莱武立即表示同意，双方签订了秘密条约。

密约共14条，主要内容有：米尔·贾法尔当上纳瓦布后，立即批准西拉杰曾给予英国人的一切补助金和特权；赔偿在西拉杰进攻加尔各答时英方所受的损失和军费，总数为1770万卢比；向东印度公司割让一些领土；在胡格列城以下的胡格列河上不设防御工事；与英国人订立攻守同盟；把孟加拉、比哈尔和奥里萨的法国人及其财产一律交给英国人，并且永远不许法国人在这些地区重新定居。

这是一个推翻西拉杰另立傀儡政权的行动计划。

一切准备就绪以后，克莱武写信给西拉杰，指责他与法国人勾结，违反了2月9日和约，并且不等答复就于6月22日午夜把军队开到普拉西。

克莱武的军队包括713名步兵，171名炮兵，另外还有印籍雇佣兵2100名，总兵力近3000人，装备10门野战炮和2门榴弹炮。

英军迅速占领了河堤上纳瓦布的猎舍和附近的杧果园。由此往北约1.5公里处，西拉杰设置了军事大营。

西拉杰有步兵约3.5万人，大部分未经训练，武器粗劣，纪律松弛；骑兵约1.5万人，绝大部分是来自西北阿富汗族的优秀骑手，配有大刀和长矛。炮兵装备了53门野战炮，由法国军官圣弗莱为首的四五十名法国军人负责指挥。

这支庞大的军队，西拉杰能够直接指挥的只有2000人，其余4.8

万人均由米尔·贾法尔等4名军事长官指挥。

西拉杰占据着有利的地形。军营前有条堑壕，堑壕转弯处有装备大炮的防御工事，堑壕前方有座满布丛林的小山，小山的南边有一大一小两个人工湖。战役便是在这两个地点进行的。

印度军队人数众多，地形有利，但西拉杰觉得自己处于阴谋包围之中，忧心忡忡，对部下毫无信心。

6月23日凌晨，纳瓦布的军队走出堑壕，摆开阵势。指挥印度炮兵的法国军人把4门陆战炮架在较大的湖旁，离英军阵地最近，只有半公里多。在他们与科西姆布扎尔河之间布置了两门重炮。

在他们的后面是纳瓦布最强的部队——他唯一的忠诚的军事长官米尔·马丹指挥的5000名骑兵和7000名步兵。旁边是纳瓦布的亲信印度教徒莫汗拉尔。其余的部队约有3.6万人，部署在一个新月形的阵地上，对英军形成一个包围的态势。

克莱武在猎舍屋顶上监视着纳瓦布军队的调动。他采取相应的行动，以对付纳瓦布的强大阵势。

上午8时，战斗打响了。激烈的炮战持续了3小时。

米尔·贾法尔、拉伊·杜尔拉布、亚尔·拉蒂夫汗等指挥的印军一直按兵不动。

不久，下起了瓢泼大雨。大雨持续了1小时。英军备有油布，把弹药藏好。印军没有准备，弹药全被淋湿。

这时，炮声越来越稀。

米尔·马丹误认为英军弹药也已潮湿，率一支骑兵向杧果林扑去，结果遭到猛烈的炮轰，骑兵被击退了，米尔·马丹阵亡，军帐中一片混乱。

米尔·马丹的牺牲对西拉杰说来是无法弥补的损失，他只得求助于其他将领。他摘下头巾放在米尔·贾法尔面前，哀求道："你必须保护这块头巾。"①

这是纳瓦布对臣属所能使用的最谦卑的请求方式。

他们假惺惺地表示忠诚，并劝说西拉杰撤退，把战场交给他们处理。西拉杰接受了他们的劝告，带着自己的2000名士兵，向穆尔希达巴德方向撤退。

克莱武的部将基尔帕特里克少校看到西拉杰的军队撤退，法国军人被抛弃在阵地上，立即集中炮火进行轰击，并派出一支小分队占领了法军阵地，接着开始全面进攻。

至下午5时，英军占领了整个堑壕和西拉杰的军营。

普拉西战役结束了。

西拉杰在撤退中被米尔·贾法尔的儿子米兰杀害，并游尸示众。

这次战役断断续续进行了不足4小时。据克莱武估计，印军死伤500人，英军死22人，伤50人。

战役刚刚结束的第二天，即6月24日，米尔·贾法尔就会见了克莱武，并按照克莱武的命令，立即返回穆尔希达巴德维护治安。28日，他登上了纳瓦布的宝座。

从此，纳瓦布便成为英国殖民者的傀儡。克莱武成为孟加拉总督，事实上掌握着废立纳瓦布的大权，直接干预孟加拉内部事务。

普拉西战役虽然只能算是一次小仗，但它的结果却比世界上许多重大的战役还重要。它标志着印度近代史或印度殖民地史的开端，因

---

① MAJUMDAR R C，RAYCHAUDHURI H C，DATTA K. An Advanced History of India［M］. New Delhi：Macmillan India Limited，2004：654.

为它对印度历史的发展和英国东印度公司性质的改变具有重大的影响，为英国人征服孟加拉，以至最后征服整个印度铺平了道路，给印度历史带来了一系列的变化。

首先，孟加拉独立王国的地位丧失了，开始变成英国的殖民地。战役前，纳瓦布是孟加拉拥有主权的独立统治者，战役后，一种新的因素出现在孟加拉的政治生活中。

米尔·贾法尔名义上是孟加拉的纳瓦布，实际上不过是英国殖民者手中的傀儡。在孟加拉出现了一个国家受着一个商业公司支配的前所未有的先例，它标志着印度开始逐渐地沦为英国的殖民地。

其次，英国东印度公司由一个商业组织变成了殖民统治机构。战役前，公司只不过是一个商业贸易组织，在孟加拉的纳瓦布面前，公司还处于比较谦恭的外商地位，其贸易活动要受纳瓦布的辖制。

克莱武原来不过是公司的小职员，因普拉西战役“功勋卓著”被任命为孟加拉的第一任总督，统管公司的孟加拉事务。但实际上，他却成了孟加拉的“太上皇”，掌握着废立纳瓦布的大权，直接对孟加拉的地方官吏发号施令，干预孟加拉的内部事务。只要没有他的同意，任何重要决定都不能通过执行。

公司还获得了征税权和铸币权。它不仅拥有军队，还建立了法庭，变成了印度领土上的“独立王国”。马克思在1863年深刻地指出：“七年战争使东印度公司由一个商业强权变成了一个军事的和拥有领土的强权。正是那个时候，才奠定了现时的这个东方不列颠帝国的基础。”[①]

① 马克思，恩格斯．马克思恩格斯全集：第9卷［M］．北京：人民出版社，1972：168.

再次，对英法争霸印度的斗争产生了深远的影响。战役前，英法争霸印度的主要战场是在南印度的卡纳蒂克地区，法军略占优势。英国在普拉西获胜的消息一传出，南印度的地方封建主纷纷疏法趋英。

英国殖民者从孟加拉掠夺了大量财富。英军进入穆尔希达巴德时，仅洗劫宫廷库藏一项，就为公司及其职员带来6000万镑的财富。就在7月3日西拉杰的尸体在穆尔希达巴德游街示众的时候，200艘装载金银珠宝的船只顺流而下，运往加尔各答。

正是孟加拉丰富的人力物力资源为英国殖民者与法国争夺印度提供了有利条件，有力地保证了英国殖民者在第三次卡纳蒂克战争中战胜法军，基本上结束了多年来两大殖民者争夺印度的局面。

第三次卡纳蒂克战争（1758—1763），是英法在欧洲进行的七年战争（1756—1763）在印度的扩展。

1758年，英法两国都派军队来到印度，开始了激烈的较量。

由拉利任统帅、达歇直接指挥的一支法国舰队于1758年5月抵达印度，不久便攻占了圣大卫堡，接着围攻坦焦尔，使这里的农村遭到严重破坏。

拉利对坦焦尔久攻不下，又转攻马德拉斯。他从海得拉巴调回布西，以加强进攻力量。布西是迪普莱克斯派驻海得拉巴的法军统帅，一直在那里左右着德干的局势。

布西离开后，德干形势急剧变化，各种不满力量纷纷起来，呼吁英军援助。从孟加拉派来的英军，轻而易举地击溃了布西留驻海得拉巴的军队。

英军还迫使尼扎姆签订条约，规定把原法军占领的北部各行政区的一部分转让给英军，并把法国人赶出德干地区，尼扎姆还必须保证不再和法国人发生关系。

于是，德干摆脱了法国人的控制，又转而归附于英国。这样，法国在继卡纳蒂克之后，又退出了德干。

大约与此同时，拉利率2300名法军和5000名印度土兵占领了距马德拉斯76公里的康吉维拉姆，然后从1758年12月开始围攻马德拉斯。后因法军发生粮荒，以及英国舰队开抵马德拉斯，拉利被迫撤回康吉维拉姆。

1760年1月，两军在万迪瓦什进行决战，法军大败，布西被俘，拉利逃到本地治里。由于英军的步步紧逼，拉利于1761年1月16日无条件投降。

战胜者们逞其凶焰，不仅拆毁了本地治里的炮台，连这个城市本身也给毁坏了。奥姆写道："这个一度美观而繁荣的城市，几个月之内连一间房子都不剩了。"

本地治里被英国夺去，这标志着法国在印度统治的结束。1763年的《巴黎和约》结束了七年战争，法国以不设防为条件收回了5个原来占有的城市，专事贸易活动。

英法长期角逐，以法国失败而告终。①

拉利失败的原因不难寻找。首先在于法国国内方面接济的不足，这一部分是由于作为政府一个小分支的东印度公司存在组织上的缺陷；一部分是由于国内当局没有认识到在印度取得政权的重要性。

此外，拥有孟加拉的兵源和财源，使英国人占绝对的优势。从这个可靠的基地，他们可以用人力和财力源源不断地接济马德拉斯，又

---

① 培伦．印度通史［M］．哈尔滨：黑龙江人民出版社，1990：284-285.

借出击北方各行政区的法国人以对其造成有利的牵制作用。可以说，普拉西战役已决定了法国人在印度的命运。

对于不幸的结局，拉利的性格和指挥也起着不小的影响。他具有军事才能，并表现出勇敢和魄力，但他既不具备一个领袖的成熟练达，也没有一个政治家的智慧。他太急躁，脾气很坏，不能协调作战机构的各个部分，他粗野而傲慢的行为激怒了部下，因而他们对他也不恭顺。

《印度通史》写道："拉利是令人讨厌的家伙，而且以脾气极坏被人咒骂，他是法国在东方的盛衰史中这个紧要关头上可能出现的最坏的领袖。本地治里参事会和法国领袖之间的纠纷使作战行动陷于瘫痪，他们不是共同协商，采取有力的行动，而是在陆上争吵，在海上毫无动作。"

拉利投降以后，他的总管德布阿为另一个法国人德弗所杀，因为德布阿持有证明官方贪污的文件。这位年老而几乎失明的总管已经拔出剑来，可也没有救得了自己的性命。这种决斗是"法国人在印度最后三年历史的一种恰当的描绘和鲜明的叙述"。

拉利的结局实在悲惨。他作为一个战犯，在英国被扣押了两年，直到1763年七年战争结束时，被允许回到法国。但更坏的命运在那里等待着他。他被监禁在巴士底狱两年多，之后又在凌辱中被处死。

尽管拉利有着不可置疑的弱点和短处，我们仍应公平地记住一点：他所面临的困难实在难以克服，即使在出色的领袖指挥之下，法国人也没有战胜英国人的真正机会。有位历史学家评论道："不论亚历山大大帝还是拿破仑，若要他们以本地治里为基地，向掌握着孟加拉与制海权的力量作斗争，都不可能赢得印度帝国。”[①]

英法殖民者在印度角逐的结果，从角逐者来看，一个失败了，一个胜利了。然而无论谁胜谁负，对于印度民族来说，其结果都是一样。它意味着印度民族的衰败，意味着丧失民族主权的开始，意味着莫卧儿帝国的没落。

七、卅年抗战：可歌可泣的迈索尔

18世纪60年代，英国确立了它在孟加拉的殖民统治地位以后，印度的大部分山河仍由印度当地的封建主统治着。其中，迈索尔、马拉塔、海得拉巴等邦国的势力都比较强大，但处于封建割据状态。莫卧儿德里政权早已有名无实。

英国殖民者充分利用了这一点。他们巧施政治手腕，挑拨离间，兼以武装干涉，联此伐彼，然后逐个击破。终于在不到一个世纪之内，使它在东方建立了殖民领地——“英属印度”和作为附属国而存在的王公土邦，从而使整个印度沦为英国的殖民地，将莫卧儿帝国送进了历史的博物馆。

18世纪中叶以前，迈索尔是一个印度教徒统治的小邦，地处德干高原中部，战略位置重要。1758年，出身行伍的海德·阿里（1722—1782，1758—1782年在位）夺取了政权。他掌权之后，利用马拉塔在

① MAJUMDAR R C，RAYCHAUDHURI H C，DATTA K. An Advanced History of India［M］. New Delhi：Macmillan India Limited，2004：661.

第三次帕尼帕特战役中被削弱，无力控制南方的有利时机，迅速使迈索尔发展成为一个较为强盛的国家，使之成为南印度抗击英国侵略者的中心和主要力量。①

海德实行了一系列的改革。

首先是改组军队。他解散了由个别扎吉达尔雇佣、发饷并且只服从扎吉达尔的部队，改为招募制，由国库发饷；废除扎吉达尔制度，军队由他统一指挥；加强训练，提倡新战术；学习欧洲式军风军纪，第一次穿上正规的制服；部队配有步兵、骑兵、炮兵和侦察兵。几年工夫，就建成了一支对当时印度来说是各邦国中最精锐、装备最优良的部队。

其次，海德通过战争或其他策略，兼并了一些小土邦，扩大了势力，增强了税源，使自己成为南印度一个举足轻重的邦国。

然而，在当时的南印度各国，还没有形成统一的民族意识，没有认识到英国殖民者是他们的共同敌人，而是把它看作印度诸多邦国中的一个而已，在彼此的攻伐中往往借助于英国人的力量，同它结成同盟。

可是，英国殖民者的意图却十分明确，印度任何一个土邦的兴起和壮大，对他们都是不利的。因此，对于日益强大起来的迈索尔国家，他们早已虎视眈眈，不肯放过。从18世纪60年代到该世纪末的三十余年中，英国殖民者先后同迈索尔进行了4次战争。

第一次英迈战争发生在1767—1769年。最初，英国人、马拉塔人

---

① MAJUMDAR R C，RAYCHAUDHURI H C，DATTA K. An Advanced History of India［M］. New Delhi：Macmillan India Limited，2004：674.

和海得拉巴的尼扎姆结成三角同盟，共同反对迈索尔。但是，不久，海德就瓦解了这个三角同盟，并把马拉塔和海得拉巴的尼扎姆拉过来，一起反对英国。

1767年8月，海德和海得拉巴联军进入卡纳蒂克，9月，在昌加马山口和特林诺马里与英军第一次交锋，结果被史密斯上校率领的英军击败。

海德得出两个结论：第一，他认为他的盟友海得拉巴的军队没有战斗力，只会打乱作战计划；第二，他看出在开阔地带的战斗中他不能抵挡英军。

由于迈索尔的骑兵和炮兵在几次小接触中显得比英国的土著雇佣兵部队有更大的机动性，所以当迈索尔军集中全力攻击英国人的薄弱阵地时，海德总是稳获胜利。

从此，海德的主要战术是：避免总决战，迅速地调动部队到新战场，打击敌人的个别部队、驻军和防御薄弱的地方。

而反复无常的海得拉巴尼扎姆则从失败中得出另外的结论：背弃海德，退出联军，与英国人单独媾和，将海得拉巴的几个州割让给英国人。

这时，英军占领了坎纳拉的两个大港埠哈纳瓦尔和曼加洛尔，并准备进攻贝德诺尔。海德立即把他的主力调往马拉巴尔海岸，在半年内收复了沦陷的马拉巴尔的阵地，并夺回几个主要的要塞和港埠。

英军由于远离自己的基地马德拉斯，逐渐丧失战斗力。英军几乎侵占了迈索尔三分之一的领土，但无力巩固自己的占领区。只是因为得到孟加拉省慷慨的援助，东印度公司才能继续进行这一不幸的战争。

1769年3月，海德采取了大胆的决定，亲自率领挑选出来的三分之一精锐部队深入敌后袭击敌人，而把其余军队交给他部下最优秀的军事长官指挥。

海德不久就收复了自己的全部失地，并一直推进到科罗曼德尔海岸，彻底破坏了卡纳蒂克，并焚烧乡村。他的攻势进展神速，很快就推进到马德拉斯近郊。马德拉斯当局惊慌失措，主动求和。

马德拉斯参事会的一个参事向他的朋友解释说："据说，这是印度敌人第一次战胜我们。怎么样也制止不了敌人焚毁和破坏庄稼以及农村的所有存粮。"

4月初，迈索尔和英国人签订了和约，规定双方相互归还各自占领的领土和擒获的俘虏；双方之一受到攻击时，另一方要予以援助；把储存在科拉尔的物资交给海德，作为赔偿他的损失。[①]

这样，第一次英迈战争以迈索尔的胜利而告终。

第二次英迈战争发生于1780—1784年。海德把1769年的和约当作他的外交政策的基础。但是，马德拉斯当局没有履行这个条约。

1771年，马拉塔人侵入迈索尔，海德按条约规定一再请求，但是，英国人没有给他任何援助，结果迈索尔遭受巨大损失。英国人的背信弃义极大地激怒了海德。

1779年，英国人占领马赫，切断了海德获得来自欧洲的军事援助的道路，这更加使他义愤填膺。海德认识到同英国人结盟是不可能的，迈索尔的主要敌人既不是马拉塔人也不是尼扎姆，而恰恰是英国人。

① 培伦．印度通史［M］．哈尔滨：黑龙江人民出版社，1990：298.

马克思在《印度史编年稿》中指出："海德·阿里和他的儿子铁普·萨希伯对着《古兰经》宣誓，永远不忘对英国人的仇恨，立誓毁灭他们。"

于是，海德捐弃前嫌，在1779年，和海得拉巴以及马拉塔人结成了联盟，目标是把英国人赶出次大陆。

诚如英国总督沃伦·黑斯廷斯所说，那是一场印度斯坦所有的力量都参加和遍及所有地区的战争，这场战争在有些地方已经进行，有些地方即将进行。当时的一位英国著名作家也说，大家公认这次战争的目的是要消灭英国在印度的统治。

1780年7月，海德率8万大军，装备百门大炮，南下卡纳蒂克平原，其声势如排山倒海，取得了一个又一个的胜利，先后占领了波托诺沃、康吉维拉姆、特赫诺马里、切特浦尔、阿尔尼等地。

他甚至击败了英国贝利上校的分遣队，占领了卡纳蒂克首府阿尔科特。局势对东印度公司来说相当危险，用艾尔弗雷德·莱尔爵士的话来说就是："英国人在印度的运气降到了最低水平。"

英国总督沃伦·黑斯廷斯调整了军事部署，派出艾尔·库特爵士前去迎击海德，并施展外交手腕，将海得拉巴、马拉塔联盟中的朋斯勒系争取过去，瓦解了反英同盟，削弱了海德的力量。

1781年，海德在波托诺沃被艾尔·库特爵士击败。然而，海德的儿子铁普在坦焦尔彻底地摧毁了英军。法国舰队也赶来支援他。这鼓舞了海德，使他转败为胜，占领了库尔达洛尔。

1782年12月7日，海德因患癌症在军营中与世长辞。[①]

---

① R. C. 马宗达，H. C. 赖乔杜里，K. 达塔 . 高级印度史［M］. 张澍霖，等译 . 北京：商务印书馆，1986：739.

海德是印度历史上最有能力的人物之一，在18世纪的混乱局面中，他由微贱出身而掌握大权。他是完全靠个人奋斗而成功的人，具有坚强的决心、过人的勇气、敏锐的智力及很强的记忆力，足以抵消他不会读书写字的缺陷。

他冷静、机敏，在战场上勇猛，在行政上练达，而且精力充沛，有条不紊和迅速地处理他面前的国家大事。他平易近人，有一种惊人的能力，能同时注意到各种问题，而不会被其中任何一个问题弄糊涂。

史密斯博士把海德说成是一个“绝对不讲理”的人，“既不信教，又无德行，缺乏同情”，这是不公正的。虽然海德没有严格遵守他皈依的宗教的表面仪式，但他具有一种虔诚的宗教良心，威尔克斯曾称他为所有穆斯林王公中“最宽宏大度”的人。

鲍林曾对海德作了一个公平的评价：“他是一位大胆的、有创见的、有进取心的统帅，策略巧妙，足智多谋，精力充沛，从不因失败而沮丧；他专心致志于他的事业，对于英国人，他的政策是明智的；尽管他对内统治严厉，甚至造成恐怖，但在迈索尔提起他的名字时，即使不加赞美，也对他尊重；他杰出的才能与成就，永久地留在人民的记忆中。”

现代印度的海德传记作者则将他视为“一个专制的军人统治者”“非常成功的行政官员”。

可以说，海德是印度近代史上一位杰出的民族英雄。他虽然没有完成把英国殖民者赶出次大陆的任务，但却为此顽强奋斗了一生。

32岁的铁普继承父业，高举反英旗帜，英勇善战，以把英国人驱逐出印度作为自己的毕生任务。

1783年，铁普打败并俘获了英国孟买军司令马修斯将军及其所率部队，收复了贝德诺尔。接着进军马拉巴尔海岸，击败英军，收复了许多要塞，5月包围了英国孟买军在马拉巴尔沿海的最后一个据点曼加洛尔。

1783年6月，英法在欧洲议和，法军奉命撤出战斗。铁普在失去一切盟友的孤立情况下坚持战斗。1784年1月末，铁普收复曼加洛尔。

马德拉斯总督麦卡特尼勋爵急于求和，铁普的财力和物力也发生了困难，于是双方根据维持现状的原则，在1784年3月签订了《曼加洛尔条约》。

条约规定铁普退出卡纳蒂克，英国交还他们所占领的迈索尔领土，双方交换战俘。另外，英国还要求在迈索尔进行垄断贸易，遭到铁普的拒绝。同年，铁普正式继任为迈索尔的苏丹。

第三次英迈战争发生在1790—1792年。虽然《曼加洛尔条约》恢复了和平，但是英迈双方都认为这只不过是一次休战，因为南印度的霸权问题并没有真正解决。

英国人认为铁普是他们在印度建立霸权的一个可怕的障碍，而铁普认为英国人是他在南印度的强大对手，因此，条约签订之后，双方都在积极准备下一次的较量。

在前两次英迈战争中，大量的事实证明马拉塔人和海得拉巴是靠不住的。而法国人在印度的势力早已遭到削弱，尚未进一步暴露其侵略野心。铁普为了寻求同盟，于1787年派使臣前往法国和土耳其求援，虽然受到了热情接待和鼓舞，但是没有得到有效的援助。

另外，英国总督康沃利斯勋爵也在积极准备，通过狡猾的外交手段，终于在1790年6月和7月，同马拉塔人和海得拉巴分别结成了反对迈索尔的联盟。康沃利斯的行动再一次撕毁了自己签订的条约，充分暴露了英国殖民者的侵略本质。

1789年12月，铁普苏丹进攻印度南端的东印度公司盟国特拉凡哥尔。一小队迈索尔先遣军突破了防线，从防线内部直逼城门，企图为自己的大军进攻开辟道路。

但特拉凡哥尔驻军得到了增援，铁普的先遣军被援军击溃，在撤退中，前面的队伍掉进壕沟里，后面的队伍从他们身上踩过去，迈索尔军阵亡1500人。

1790年4月，迈索尔军队在炮火的支援下，对特拉凡哥尔防线展开了猛攻，乘胜攻占克兰加诺尔、艾亚科塔和其他一些堡垒，打开了通往特拉凡哥尔首府的道路。

英国人决定保护自己的同盟者。英军从三面入侵迈索尔，并要求马拉塔人和海得拉巴破坏迈索尔的边陲，确保英军不受迈索尔骑兵的袭击。投入这次战斗的联军兵力一共有5.7万人。

铁普采用了父亲海德机动灵活的战术，出其不意地转而进攻个别敌军部队，使英军受到重创，并占领了卡纳蒂克的几个堡垒。康沃利斯勋爵哀叹道："我们已经错过时机，我们的敌人已赢得声誉，这二者在战争中是最重要的。"

1791年1月29日，康沃利斯亲自出马指挥，率援军从孟加拉驰援马德拉斯，两支英军会合，3月21日攻占并洗劫富庶的工商业城市班加罗尔。铁普率领主力部队撤离班加罗尔，并在井里下了毒，带着当地的居民，赶着牲畜，撤退到首府塞林加帕坦。

5月，英军抵达并包围了塞林加帕坦，铁普下令关闭城门死守。城下的英军由于供应不足，发生饥荒，痢疾蔓延，马匹和牲畜大批暴毙；又时逢雨季来临，不能再继续包围塞林加帕坦。

1791年5月，康沃利斯被迫撤退。笨重的大炮和一部分弹药毁掉或抛弃在当地。几天以后，英军与马拉塔军会合，立刻获得了大量粮食。

铁普虽然收复了科英巴托的一部分地区，但是由于英军的劫掠及马拉塔人和海得拉巴的骚扰，全国上下已被弄得残破不堪，元气大伤，很难恢复。

英军吸取了以往的教训，做好了充分的供应，开始有计划地围攻并占领从班加罗尔到塞林加帕坦沿途的一切堡垒。

攻占这些堡垒，就等于英军在通往塞林加帕坦的所有道路上都建立了据点。同时，两支马拉塔军和一支海得拉巴军大肆劫掠迈索尔边境的贝德诺尔、锡腊和古龙康达，并开始破坏这些地方的经济。

1792年2月初，英军开始围攻塞林加帕坦。虽然通过巧妙的军事和外交活动，避免了全军覆没，但是铁普看到不可能再继续抵抗下去了。

1792年3月，铁普与英军签订了《塞林加帕坦条约》。铁普割让了一半土地，支付赔款三百多万英镑，并在付清全部赔款之前把两个儿子作为人质交给了英国人。

康沃利斯并不想消灭迈索尔，他决定保留迈索尔作为可以同马拉塔人相抗衡的独立国家。

康沃利斯在总结这次战争时写道："我们终于成功地结束了我们的印度战争，获得了有理智的人都会考虑到的一切利益，我们粉碎了我们的敌人，但没有因而过分地加强我们的朋友的力量。"[1]

---

① MAJUMDAR R C，RAYCHAUDHURI H C，DATTA K. An Advanced History of India [M] . New Delhi：Macmillan India Limited，2004：680.

铁普在签订条约时，曾痛切地对马拉塔联盟军统帅说：“你应当明白，我并不是你的敌人，你的真正敌人是英国人，你必须提防他们。”可惜马拉塔人听不进去。

第四次英迈战争发生于1799年。铁普不甘长期忍受英国人强加于他的耻辱，领导人民艰苦奋斗，竭尽全力医治战争的创伤，积蓄力量伺机再起。

他加强了首都的防御工事，扩充了骑兵，增加了步兵，配备火炮，在法国军官的帮助下，建立军事工场，制造火枪和大炮，镇压叛乱的藩属，振兴农业，整顿财政。几年之内，充实了国库，恢复了经济繁荣和军事实力，再次成为英国人的劲敌。

当时，英法正酣战于欧洲，作为一名精明的外交家，铁普要争取法国作为在印度反对英国的盟友。他成立并加入雅各宾俱乐部，升起刚刚成立的法兰西共和国的旗帜，在首都栽了一棵“自由之树”，表示对自由法国的友好。人们庄严地给铁普戴上无套裤汉的尖顶帽，并向“公民铁普”祝福。

为了争取盟友，他向喀布尔、君士坦丁堡、凡尔赛和毛里求斯等地派出了使臣。法属毛里求斯岛的总督发出布告，为铁普招募志愿军。1798年4月，99名法国志愿者随同使臣在曼加罗尔登陆。

马德拉斯新任总督韦尔斯利勋爵很快就看清了铁普苏丹准备一举消灭英国势力的目的。他在1798年8月12日的《备忘录》中说：“铁普使臣的行事是经他自己批准的，加上法国军队在他的国土上登陆，这是一种公开的、不折不扣的、毫不含糊的宣战；更严重的是公开声明，战争的目的既不是为扩张、赔款，也不是为安全，而是要完全摧毁在印度的英国政府。如果对这样侮辱和危害的形势再有所误解，那就表明不是示弱，就是恐惧。”

因此，韦尔斯利决心要除掉铁普这个威胁英国霸权地位的危险人物。他在英国政府的支持下，于1799年2月向铁普宣战。韦尔斯利集结了他掌握的全部兵力，侵入迈索尔。

铁普苏丹领导迈索尔军民奋勇抗战。但是，以前首相普尼亚为首的一部分高级将领却在危急时刻纷纷叛变投敌，致使铁普苏丹先后两次被英军击败，不得不退守首府塞林加帕坦。这就注定了迈索尔军的失败。

迈索尔编年史家吉尔马尼写道："迈索尔的许多高级将领和大臣秘密地把铁普出卖给英国人，到处阻碍他的行动，其中有首相普尼亚、税务署长米尔·萨得克和轻骑兵司令卡马尔·乌德·丁，所有这些人对铁普隐瞒英军的调动情况，不执行他的命令，给他出些错误的主意，有意识地分散迈索尔的兵力，把铁普引到没有出路的死胡同。”

当迈索尔骑兵进攻英军的前卫，并把他歼灭的时候，他们不但没有得到表扬和奖赏，反而受到普尼亚的申斥和责骂。他咒骂他们，要他们回答为什么这样轻率地进攻。在这以后，大家明白了："他们的长官有意避免作战，因而不是松劲，就是不主动了。”

英军于4月17日完成对迈索尔首府的包围。4月28日，炮轰防御工事，5月4日，在城墙上打开了缺口。在叛徒的帮助下，英军冲入城市，并占领一切有利阵地。

铁普苏丹得知这个消息，立即放下餐具，赶赴战场。他手执军刀率迈索尔军与敌军展开了白刃战。叛徒下令关闭内城城门，使铁普没有退路，任凭敌人宰杀。

铁普受伤，仍策马奋战，战马被击毙，还宁死不屈，战斗到最后一息。一个英国兵将其杀害，并掠去了他镶嵌着贵重装饰品的腰带。

英军冲入堡垒，在城里大肆掳掠了3天。铁普的宫廷和国库被洗劫一空，连普通英国兵的背包里也装满了宝石。剩余的财物被当作礼物献给了英王，铁普和海德的一些镶满宝石的武器交给了总督韦尔斯利、康沃利斯和其他英国将军。

印度的一个主要强国，英国人最仇恨、最可畏的敌人之一，就这样倒下了。

在迈索尔有一种说法几乎人人皆知，即海德天生是开国之主，铁普是亡国之君。这简明地揭示了导致铁普失败的个人原因。

铁普在晚年的军事准备是加强塞林加帕坦的防御，并储备粮秣以应付围攻。他父亲曾经不止一次以坚守都城直到雨季而战胜敌人。但是他的战略绝不全然是防御性的。

铁普忽视了他的骑兵，而这在他父亲的战争中曾起过极大的作用，并曾使他失败的影响限于很小的范围。海德常常战败，但是他很少在战役中失败，他在政治上比在战争的军事行动上要高明。

铁普和海德不同，他头脑灵活，但把精力过多地用在琐事上，而且他不能以领袖的眼光考虑全局。由于他在革新上的不倦精神和对琐事的热情，作为一个行政统治者他是不成功的。

正如威尔克斯所说："海德是个进步的君主，很少表现革新。铁普是个革新的君主，可是没有什么改进。"①

还有一点不可忽视，如迈索尔宫廷史家所认为的，铁普最后不是

① 辛哈，班纳吉．印度通史［M］．张若达，冯金辛，王伟，译．北京：商务印书馆，1964：565.

败于战场，而是败于内奸集团的叛卖。

虽然如此，但在许多方面，铁普不失为印度历史上一个杰出的人物。

他具有健全的道德品格，没有他那个阶级所流行的恶习，他热烈信仰真主。

他受过良好的教育，能流利地讲波斯语、卡纳拉语及乌尔都语，并有宝贵的藏书。

他是一个勇敢的战士，有谋略的将军，也是一个相当高明的外交家。这从以下几方面可得到证明：

他深知敌人是英国，而不是任何印度政权和王国；

他研究政治，特别是英法在欧洲的关系；

他派使节到法国及其他地方；

他和喀布尔的扎曼沙保持通信；

他把独立看得比什么都重要，以至为了维护独立而捐躯。

铁普和他同时代的许多印度人物不同，是一个干练而勤奋的统治者。有些和他同时代的英国人，对他的行政管理有极好的印象，曾毫不迟疑地说他在王国内深得人心。

有些作家曾错误地把铁普描写成一个残忍而嗜血的暴君、一个压迫人民的专制君主、一个暴躁的狂人。其实他并不能负有一贯残忍的罪名，如德隆少校所说："他的残忍一般只打击那些他心目中的敌人。"

他也不是一个狂热而偏执的人。他知道如何慰抚印度教徒的意见，缺乏宗教宽容不是他毁灭的原因。虽然他是一个虔诚的穆斯林，可并不想使他的印度教臣民大批改宗。

有一方面，他不如他的父亲，就是在政治上他没有他父亲那样精明与老练。他常以改良的名义作一些无价值的革新。

托马斯·芒罗写道:“永不满足的革新精神和凡事都应由他发动的愿望,是他性格的主要特点。”[①]

迈索尔人民在杰出的民族英雄海德和铁普苏丹的领导下,为维护民族独立,坚持抗英斗争达三十余年,表现出崇高的爱国主义精神和坚韧不拔的英雄气概,为后来的反英斗争树立了光辉的榜样。

迈索尔的失败使南印度失去了抗英斗争的中流砥柱,为英国进一步征服印度扫清了道路。英国人在迈索尔的成功,把他们推上了与马拉塔联盟最后争夺德干地区和印度斯坦统治权的地位。

八、各个击破:英国的印度策略

第三次帕尼帕特战役之后,马拉塔分裂成5个较大的独立王朝,即浦那的帕什瓦、瓜廖尔的辛迪亚、印多尔的霍尔卡尔、巴洛达的盖克瓦尔和那格浦尔的邦斯拉。它们组成了松散的马拉塔联盟,以帕什瓦为盟主。

在干练的帕什瓦马达夫罗一世的领导下,马拉塔人在几年之内就医治了战争的创伤,使民族得到复兴。他先后击散了邻邦的进犯,克服了内部的不安定因素,政权进一步巩固。

1770年,他扩占了阿格拉和马土拉,恢复了在罗希尔坎德的势

① MAJUMDAR R C, RAYCHAUDHURI H C, DATTA K. An Advanced History of India [M]. New Delhi: Macmillan India Limited, 2004: 708.

力。1772年1月，又恢复了一直流亡在外、孤立无援的莫卧儿皇帝沙·阿拉姆二世在德里的皇位，并把他置于自己的控制之下。

这时，马拉塔已走向鼎盛时期。在迈索尔被征服后，南印度能够与英国殖民势力抗衡的力量就只有马拉塔了。

然而，好景不长，马拉塔联盟的杰出领袖马达夫罗一世于1772年底因患肺结核死于浦那。他死后，其叔父拉古纳特罗的篡位野心死灰复燃，宫廷的阴谋活动和联盟各国的内讧加剧。

新任帕什瓦纳拉扬罗执政仅9个月就遭暗杀，拉古纳特罗当上了帕什瓦。但是，他的统治并不稳固，不断受到以首席大臣那拉·法德纳维斯为首的宫内反对派的挑战。

第二年，纳拉扬罗的遗孀生了一个遗腹子。反对派立即宣布遗腹子马德哈夫罗二世为帕什瓦，并以他的名义成立了摄政会议。拉古纳特罗被逐出成为亡命者，他向孟买的英国人求救。[①]

与卡纳蒂克等地的情况一样，印度王公和首领内部的矛盾为英国人提供了政治干涉和各个击破的机会。英国利用马拉塔内部的相互倾轧，先后经过3次英马战争，征服了马拉塔，完成了在印度中南部的殖民扩张。

第一次英马战争发生于1775—1782年。

由于孟买政府急于取得邻近的萨尔塞特岛和巴塞因港，以加强海上力量，因此，英国与被贬黜的拉古纳特罗在1775年3月签订了《苏拉特条约》，英国人答应给予军事援助，拉古纳特罗答应割让上述岛

① 辛哈，班纳吉．印度通史［M］．张若达，冯金辛，王伟，译．北京：商务印书馆，1964：530.

屿与港口。

为实施《苏拉特条约》，1775年5月，英军进攻萨尔塞特，在阿达斯击败马拉塔军，揭开了英马战争的序幕。

但是，加尔各答的英国最高当局不批准《苏拉特条约》和与马拉塔人之间的战争，因为条约和战争违背英国国会通过的印度管理法。加尔各答派出代表和浦那政府谈判，用《普兰达条约》取代了《苏拉特条约》。

《普兰达条约》规定不再支持拉古纳特罗，但保证他领得一大笔年金，萨尔塞特岛由英国占有。议案提到了伦敦的董事会，《苏拉特条约》获得批准，这样就改变了孟买当局的窘境。

英国殖民当局对马拉塔加强攻势还有两个国际因素。浦那热情地接待了法国的冒险家卢宾，答应在西海岸给法国一个港口。传言马拉塔已经与法国订立了针对英国的攻守同盟，为了引起孟买参事会的疑心。

同时，由于在北美独立战争中失去了北美殖民地，英国的尊严受到了损害，总督黑斯廷斯要在一定程度上弥补这个损失。

英国采取的军事行动是利用帕什瓦的老臣苏卡拉姆·巴普和那拉·法德纳维斯之间的斗争。巴普提出英国人如果支持拉古纳特罗，他将予以帮助。

1778年11月，孟买派出一支由600名欧洲人和3300名印度土兵组成的军队，向马拉塔进军。1779年1月9日，英国军队和一支庞大的马拉塔军队在西高趾山的台勒冈相遇，被马拉塔军击败，英军败退瓦德冈，被迫签订了《瓦德冈条约》。

根据该条约，孟买政府从1773年起所取得的领土都应交还，从孟加拉派来的部队应予撤回，布罗奇税收的一部分应归辛迪亚征收。黑斯廷斯拒绝接受这个屈辱条约，他写道："我们已经否认了《瓦德冈条约》。要是我们能轻易地洗刷掉我们民族声名蒙受的丑名，那该有多好啊。"①

黑斯廷斯派遣戈达德上校统率一支大军，从孟加拉出发，横跨印度中部，向马拉塔进军。1780年2月英军占领艾哈迈达巴德，12月占领巴塞因。然而，1781年4月向浦那进军受到了挫折，不得不撤回。

1781年8月，黑斯廷斯从孟加拉派来的波帕姆上尉，借云梯爬城，占领了瓜廖尔。

瓜廖尔是座历史古城，历代统治者，特别是马拉塔的辛迪亚统治者对它进行过精心点缀。

瓜廖尔有"城堡之城"之称。城堡宏伟壮观，有几十丈高，其历史悠久，有1500年以上。关于这个城堡，流传着一个有趣的神话故事。

> 传说离这里25英里有个叫科特瓦尔的地方，那里有个国王，名叫苏尔吉森，他是一个麻风病人。
>
> 一天，他外出打猎，不久与随从们走散，他爬上一座高山去寻找。到了山上，他碰到一位名叫瓜里亚的和尚。
>
> 和尚让这位口干舌燥的国王喝了附近一个池塘里的水，结果，麻风病奇迹般地不治而愈。国王非常高兴，对和尚说："高

① MAJUMDAR R C，RAYCHAUDHURI H C，DATTA K. An Advanced History of India［M］. New Delhi：Macmillan India Limited，2004：670.

师，你给了我第二次生命，你对我有什么要求，尽管提吧！”

和尚要求国王把那个池塘扩大，再修一条讲究的堤坝，并且在山上建一座漂亮的城堡。国王一一答应，全都照办了。

城堡建成后，取名为瓜里亚尔·沃尔，意即“瓜里亚的恩赐”。和尚给池塘取名为苏尔吉衮德，意即“苏尔吉王池”。

和尚嘱咐国王，只要王族的人都在自己名字后面带上“巴尔”这个字，就可以永远保持自己的王位。

从那天起，苏尔吉森就改名为苏尔吉·巴尔。传说苏尔吉·巴尔家族，在瓜廖尔统治了相当长的时期。

后来，有一个叫戴兹格兰的国王，把自己名字后面的“巴尔”勾去了，结果，巴尔王朝覆灭了。

这个传说不管是不是真实，这座城堡确是公元525年建造的，它在历史上曾经发挥过重要作用，被誉为印度“城堡中的一颗明珠”。

瓜廖尔先后由几个国王统治过，多摩尔王朝的国王曼辛哈就是其中一个。曼辛哈在城堡内又修建了一个大城堡，取名曼·孟迪尔宫，富丽堂皇，超乎想象。

曼辛哈还修建了古吉利宫。传说古吉利宫同国王有趣的爱情故事有关。

一天，国王曼辛哈去森林打猎，在一个村庄附近，看到一位美丽的古贾尔族姑娘。她长着一双水汪汪的大眼睛，像鹿眼一样迷人，人们叫她摩里格那耶尼，意即“鹿眼姑娘”。

鹿眼姑娘十分勇敢。有一次，她赤手空拳抓住了一头野水牛。国王曼辛哈想娶她为妻，她提出条件：如果国王能把拉依河的河水引到宫里，让她每天喝到拉依河流进来的新鲜水，她就同国王结婚。

曼辛哈依照她的要求，修建了古吉利宫，并且通过隧道把古吉利宫同拉依河连接起来，然后，娶鹿眼姑娘为妻。[①]

瓜廖尔城堡高大雄伟，宽窄不一，宽处足有150米以上，窄处也有80米左右。站在城堡上俯视全城，景物尽收眼底。城堡顶上还有许多建筑。

瓜廖尔城也是音乐和艺术的堡垒。音乐大师坦森的歌声曾在这里回荡。坦森是阿克巴大帝宫廷的9个乐师之一，人们形容他的歌声有"呼风唤雨的神力"。

瓜廖尔城里有坦森陵墓，每年在他诞辰那天，全国的音乐家都云集在这里举行音乐会，演奏他的乐曲，哀悼这位伟大的音乐奠基人。

黑斯廷斯不仅于1780年8月派兵占领了瓜廖尔这座"城堡之城"，而且于1781年2月由卡马克将军率军在西帕利击败了辛迪亚。

英国人的胜利，使马哈达杰·辛迪亚改变了态度，开始寻求与英国人结盟，答应协助英国人和浦那政府之间缔结和约。1782年5月19日，双方正式签订《萨尔培条约》。

1783年2月，那拉·法德纳维斯批准了这一条约。该条约承认了英国对萨尔塞特的占有权，承认了马德哈夫罗二世为合法的帕什瓦，拉古纳特罗领取年金引退，辛迪亚收回朱木拿河以西的全部领土。

《萨尔培条约》虽然没有使英国取得更多的权益，但它是印度史上的一个重要条约，是英国征服印度过程中的转折点。它使英国与马

① 刘国楠，王树英．印度各邦历史文化［M］．北京：中国社会科学出版社，1982：267.

拉塔之间的和平相对地维持了20年，这就使英国人能集中力量对付其他的敌人，如铁普苏丹和法国人，并把海得拉巴和奥德置于自己的控制之下，为征服整个印度准备了条件。

第二次英马战争发生在1803—1805年。

《萨尔培条约》签订以后，马拉塔的政治舞台由两个杰出的人物——那拉·法德纳维斯和马哈达杰·辛迪亚统治着，成功地巩固了马拉塔人在印度中部的统治地位。

1800年，那拉·法德纳维斯逝世。他是一个伟大的政治家，是一个值得高度赞扬的忠心耿耿的爱国主义者。他深知英国人干涉马拉塔人事务是危险的，所以反对和他们建立任何同盟。

他尊重英国人，称赞他们的真诚；但作为政治上的敌人，他对待他们比任何人都更恐惧和更戒备。

他的死意味着曾在很大程度上阻止马拉塔酋长们分裂活动的藩篱被拆除了。马拉塔政府的一切明智和持重都随他消逝了。

辛迪亚和霍尔卡尔的军队在浦那开始火并，优柔寡断的巴罗吉二世不断策划阴谋，使事态更加恶化。

1802年10月，霍尔卡尔在浦那打败了辛迪亚和巴吉罗的联军，占领了浦那，立巴吉罗的弟弟阿姆利特罗为帕什瓦，巴吉罗逃往巴塞因避难。

走投无路的巴吉罗请求英国人保护，在1802年12月与东印度公司签订《巴塞因条约》。他以承认英国的最高统治权为条件，换取英国的支持，恢复了他在浦那的王位。这样，他“牺牲了他的独立，作为得到保护的代价”。[①]

---

① 辛哈，班纳吉．印度通史［M］．张若达，冯金辛，王伟，译．北京：商务印书馆，1964：569.

《巴塞因条约》是英国在印度征服史上一个重要的里程碑。赫顿教长曾说："这无疑是改变我们在西印度立足点的一个步骤。它在顷刻之间把英国的责任加重了两倍。"

然而，其他的马拉塔首领拒绝承认这个条约。辛迪亚和邦斯拉联合起来，对英宣战，第二次英马战争在1803年8月初爆发。

马拉塔军队除法国人训练的4万人外，总数为25万人；而英国人在印度各地的军队约55万人。

韦尔斯利对第二次英马战争做了周密的准备，他决定先进攻辛迪亚。他的外交手腕获得了成功，霍尔卡尔在战争初期袖手旁观，盖克瓦尔保持中立，使得韦尔斯利能够倾其全力进攻瓜廖尔王公。

英国人决定全力出击，南路德干英军2.4万人，由韦尔斯利将军指挥；北路印度斯坦英军1万人，由莱克将军指挥。

在德干，韦尔斯利于1803年8月占领了艾哈迈德纳加尔，9月在阿萨伊战役中打败了辛迪亚和邦斯拉的马拉塔联军，大获全胜。格兰特把这一仗描写成德干历史上最漂亮的胜仗。

英军于10月占领布尔汉普尔和阿西尔加尔，并于11月在阿尔冈彻底打败邦斯拉的军队，12月占领加维尔加尔要塞，与邦斯拉在迪奥冈签订条约，那格浦尔土邦丧失了独立。

在印度斯坦，莱克将军率北路军占领了阿利加尔堡垒，攻克德里和阿格拉，在拉斯瓦里的决战中歼灭了辛迪亚的北路军，并把已经双目失明的莫卧儿年迈皇帝沙·阿拉姆二世置于自己的保护之下。

这样，在战争爆发5个月内，两个马拉塔首领都遭到了致命的打击。《迪奥冈条约》中邦斯拉被迫交出了克塔克省，使英国人把孟加拉管区和马德拉斯管区连接起来，另外还交出了瓦尔达河以西的全部领地。

辛迪亚被迫交出了恒河和朱木拿河之间的河间地及其他大片的领地和重要堡垒。辛迪亚还被迫接受英国军队的保护。两个马拉塔首领都在自己的宫廷接受了英国驻扎官。

霍尔卡尔由于与辛迪亚有矛盾没有和他联合抗英。但霍尔卡尔为了自己的利益，于1804年4月单独与英国开战。战争起初进展顺利，在穆坎达拉山口击败英国蒙松上校的军队，迫使其退回阿格拉。

巴拉特普尔的罗阇与霍尔卡尔联合进攻德里，但是没有攻克。莱克进攻巴拉特普尔，遭受到了巨大损失，但巴拉特普尔的罗阇却令人意外地与英国人签订了和约。

由于英军的失利，1805年8月，总督韦尔斯利被召回国。他的后继者对马拉塔人采取了安抚政策，辛迪亚收回了瓜廖尔和高哈德，霍尔卡尔收回了大部分失地。

但是，第二次英马战争，极大地削弱了马拉塔人的力量，英国人成了从孟加拉到德里的广大领土上的事实上的主人。芒罗曾断言：“我们现在是印度十足的主人了，只要我们采取适当措施使其更加巩固，那就没有什么东西能动摇我们的权力。”[①]

第三次英马战争发生在1817—1818年。

在第二次英马战争中，帕什瓦巴吉罗二世与英国人建立了同盟关系后，他时刻想摆脱英国人的控制，于是试图与辛迪亚和邦斯拉建立新的联盟。1815年7月，他又将英国使臣盖克瓦德暗杀。

---

① MAJUMDAR R C，RAYCHAUDHURI H C，DATTA K. An Advanced History of India［M］. New Delhi：Macmillan India Limited，2004：698.

巴吉罗二世的这种态度引起浦那英国驻扎官的注意。1817年6月，巴吉罗二世被迫签订了《浦那条约》，承认放弃马拉塔联邦首脑的地位。英国人先后与王公阿帕·萨希布·邦斯拉和道拉特罗·辛迪亚签订了新的不平等条约。

浦那、瓜廖尔和那格浦尔这三个条约，大大加强了英国人的势力，而损害了马拉塔人。第一个条约严重打击了帕什瓦的权力与威望；第二个条约制止了辛迪亚对拉其普特族各土邦的要求，它们已落入英国人的控制之下；第三个条约牺牲了那格浦尔的独立，把它置于军事援助同盟体系之下。

英国人把这些屈辱性条约强加在马拉塔人的头上，激起了马拉塔首领的极大愤慨。他们不甘心于这种处境，正密谋采取统一的反英行动。

1817年11月，帕什瓦举行反英起义，第三次英马战争爆发。帕什瓦纵火焚烧了英国在浦那驻扎官的官邸，驻扎官狼狈逃脱。他乘胜攻击基尔基的英国驻军，但遭到敌军的抵抗，被迫撤回浦那。

英军反攻，占领了浦那。帕什瓦南撤，英军穷追不舍，在科雷冈（1818年1月）和阿什塔（1818年2月）等地猛击马拉塔军。

1818年6月，帕什瓦投降，领地被吞并，头衔被正式取消，他本人只是作为东印度公司的年金领取者退居坎普尔附近的比图尔，享受殖民者提供的8万镑年金生活费，聊度残年。

帕什瓦起兵反英不久，邦斯拉和霍尔卡尔也对英宣战。1817年11月，阿帕·萨希布在锡塔巴尔迪战败，失去王位，纳巴达河的领地被兼并。12月，霍尔卡尔在马希德普尔战败，被迫放弃对拉其普特诸邦的要求，割让了一部分领地。

第三次英马战争以马拉塔人彻底失败而告终，其结果是作为南印度的第二号封建王公强国全部沦为殖民地。而英国殖民者在次大陆的霸主地位得到了进一步的加强，成为南起科摩林角、北至萨特累季河畔的广大印度领土上的殖民统治者。

九、全境沦陷：完全的殖民地生涯

19世纪40年代，英国完成了工业革命。为了推销急剧增加的工业品，英国资产阶级加强了对印度的殖民扩张政策。地处印度西北边陲的信德，首先成为被征服的对象。

长期以来，信德是莫卧儿帝国的一个省，以有阿克巴大帝的诞生地阿尔科特而闻名。

18世纪末，信德由来自俾路支的塔尔普拉家族控制，分为凯尔普尔（上信德）、海得拉巴（下信德）和米尔普尔三支，分别由阿米尔统治，这些阿米尔又结成一个联盟。

英国对信德的商品市场垂涎已久，但由于交通不便，贸易发展不快。19世纪初，出于政治上的考虑，英印当局调整了它的西北边境政策。

为排除法国在信德的影响，英印当局1809年与阿米尔签约，不许法国人在信德留居。1820年又把这个禁令范围扩大到欧洲人和美国人。

1831年，东印度公司的官吏亚历山大·伯恩斯溯印度河而上，调查了各地的市场和贸易情况。他的调查结果使英国政府第一次注意到信德政治和商业的重要地位。

一位有头脑的信德人预言道："现在信德完了，因为英国人已经看到了这条河流。"[①]

1831年，关注信德已久的旁遮普统治者兰吉特·辛格向印度总督威廉·本廷克建议瓜分信德，遭到了拒绝，企图独霸信德的英国却逼着阿米尔在1832年4月与它签约，规定印度河开放通商，但是不准战舰航行或运送军用物资。

1838年4月，英印总督奥克兰德伯爵又迫使阿米尔签订新约。条约规定阿米尔在海得拉巴接受英国的驻扎官，并允许他及其卫队在信德自由行动。阿米尔接受英国人为仲裁人，调解与锡克人的纠纷。

这个条约的直接后果是把阿米尔置于英国人的保护之下。阿富汗战争爆发时，英国公然违背1832年条约，通过信德调遣军队。

1839年2月，在武力威胁下，阿米尔签订了新的不平等条约，同意在希卡普尔和巴卡尔驻扎英国辅助军队，每年为其开支30万卢比作为维持费用；在卡拉奇为英国军事物资提供仓库，在必要时为阿富汗战争提供军队；取消英国商品通过印度河的一切税收；不经英国同意，阿米尔不能与任何国家谈判。

这实质上等于将信德变成了英国殖民者的藩属领地。

为了进一步推行殖民扩张政策，新任总督埃伦巴勒同好战的查尔斯·内皮尔取代了乌特拉姆，接任海得拉巴的驻扎官。

查尔斯·内皮尔爵士性情急躁，感情冲动，他的所作所为根据的

---

① 辛哈，班纳吉．印度通史［M］．张若达，冯金辛，王伟，译．北京：商务印书馆，1964：597.

是这么一个道理，就是兼并信德虽然行为恶劣，但不失为一件慈善之事，因此他的工作就是要找一个借口，使一件强盗行为做得好像很有道理。

因此，即使英国人在阿富汗遭到惨败的时候，阿米尔也没有在后方制造任何麻烦，但一心要兼并信德的英国殖民当局仍寻找借口，指控他们敌视英国人，迫使他们接受屈辱的条约，割让领土，为航行在印度河上的轮船提供燃料，交出铸币权。

在阿米尔接受这些苛刻的条件之前，内皮尔就出兵占领了要求割让的领土，并把著名的城堡伊曼加尔夷为平地。

与此同时，接任司令官的乌特拉姆“劝告”阿米尔签订条约，以免造成更严重的后果。阿米尔不得已接受了“劝告”。

民众了解真相之后，情绪激动，立即攻击了乌特拉姆的寓所，使他不得不逃到汽船上避难。这为英国殖民者正式发动战争提供了口实。

1843年2月17日，内皮尔率领3000人的军队在米亚尼重创由3万人组成的信德军，占领了海得拉巴。

3月，米尔普尔陷落。8月，信德被正式并入英帝国，那里的阿米尔被放逐。内皮尔获得了7万英镑的奖金，并被任命为信德第一任总督。

内皮尔的高压行为受到大多数作家的指责，英尼斯说：“如果阿富汗事件是我们历史中最不幸的事件，那么信德事件在道义上就更不能使人原谅。”

内皮尔却煞费苦心地想出种种荒谬的理由替自己的政策和行为辩护。他说：“我们没有权力攫取信德，但我们要这样做，这将是一件很有利、很有用、很人道的坏事。”[1]

就这样，英国殖民者先施展外交手段，通过一系列的不平等条约，继而进行军事占领，兼并了信德，为最后完成印度全境的征服迈出了重要的一步。

锡克王国统治下的旁遮普是英国征服印度的最后一幕。

16世纪初，那纳克创立锡克教团。在反对莫卧儿人和阿富汗人的斗争中，锡克教团逐渐发展成为军事社团，即12个类似王国模式的“米斯尔”，拥有7万骑兵，其中最强大的是班奇，占有拉合尔、阿姆利则和旁遮普西部大部分地区。苏克查基亚属于较小的米斯尔，军事力量有限，封地狭小。

它们之间的联系只是每两年在阿姆利则召开一次会议，实际上经常为争权夺利而互相倾轧。最后是兰吉特·辛格统一了旁遮普，建立了强大的锡克王国。如坎宁所说：“他按照相当明智的计划行事，把各色各样的原子和散乱不堪的分子统一与凝聚起来，将增长中的锡克民族构成一个秩序井然的国家或联邦，正如哥宾德曾将一个教派发展为一个民族，并应用那纳克的全部成规，而且获得成效一样。”

兰吉特·辛格生于1780年11月2日，小时因患天花，左眼失明。少年时，他没有受过正规教育，经常在军营中陪父亲征讨，是在戎马生活中成长起来的。12岁时，父亲去世，他成为米斯尔的统治者。17岁时，他抛开保护人，直接执政。

他英勇善战，在短短的几年间，就征服了萨特累季河以西的所有

---

① 辛哈，班纳吉．印度通史［M］．张若达，冯金辛，王伟，译．北京：商务印书馆，1964：598.

米斯尔，并开始向河东扩张势力，在1806年占领了卢迪亚纳。兰吉特的威胁引起了河东的米斯尔首领的恐惧，于是有些首领开始转向英国人，请求保护。

从战略和外交的角度，英国人认为必须阻止兰吉特向朱木拿河流域扩张，但又担心他和法国联合起来对英国构成威胁，因而不敢破坏与他的友好关系，因此，总督明托勋爵耍了两面派手法，派遣梅特卡夫与兰吉特谈判，订立反对法国人的攻守联盟。

兰吉特看到了英国人急需他的合作，就尽量占领萨特累季河左岸的领土，并要求承认他对全体锡克人的统治。但是，这时由于拿破仑忙于入侵西班牙，法国无暇东顾，因而英国的态度变得强硬起来。

明托勋爵派遣奥克特洛尼率军强迫兰吉特接受他们的要求。奥克特洛尼发表一项声明，称萨特累季河左岸的诸邦处于英国的保护之下。

最初，兰吉特不肯接受这项要求，但由于顾虑英国军队强大的战斗力和可能受到锡克首领们与英国人的联合进攻，最后作了让步。1809年4月，他与英国在阿姆利则签订了永久友好条约。

这个条约把萨特累季河左岸的诸邦置于英国保护之下，把英属印度的边界从朱木拿河推进到萨特累季河，同时也使兰吉特向东扩张的雄图化为泡影。他的传记作者指出："未能合并萨特累季河这一边的诸土邦，是好战的锡克民族主义的悲剧；萨特累季河这一边的诸土邦成功地得到英国政府的协助，标志着古鲁哥宾德·辛格的伟大创造的解体。"

兰吉特在东方的扩张受阻后，便加强其他方向的扩张。从19世纪20年代到40年代的20年间，他先后占领了康拉、阿托克、木尔坦、克什米尔、拉达克和白沙瓦，成功地建立起一个领域宽广、闻名遐迩的王国。若不是英国人出面干预，他也会占领信德。①

兰吉特是印度近代史上最重要的人物之一。虽然他的外貌并不特别俊秀，并因出天花而左目失明，他却有一种令人产生好感的态度、谈吐及感人的仪表。

兰吉特是一个天生的统治者，他所享有的盛名，主要是由于能将相互敌对的锡克诸土邦奇迹般地改造成为一个完整的民族君主国。他的传记作家之一莱佩尔·格里芬爵士说：

"要是我们打破成见，不重因袭的德行，熟察他之所以高出他的同辈的稀有品质，我们只能证实他为一个英雄，一个人君，一个置于圣祠最深处受人尊敬的地位，为历史所尊崇，并为人们所公认的有数的伟大人物。"

一个到过兰吉特朝廷的法国旅行家维克托·雅克芒，曾把他描写为一个非凡的人物，一个拿破仑的缩影。

兰吉特深知要想完成他向自己提出的任务，需要一支强大的军队，而锡克酋长所招募的士兵虽然英勇，但对战争技术一无所知，所以他要将他们彻底改变成一支坚强而有战斗力的国家军队，完全置于他的指挥之下。这支军队的坚定性与宗教热情，自克伦威尔"铁骑兵"以来，还没有能与它匹敌者。

兰吉特是一个强有力的统治者，对他的政府有绝对控制权，但他并不是一个执迷于过分集权思想的暴君。他的政府中保留有"下级职

① R. C. 马宗达，H. C. 赖乔杜里，K. 达塔．高级印度史［M］．张澍霖，等译．北京：商务印书馆，1986：798.

权”，民政方面也不过分严厉。

在兰吉特的王国内，工商业很繁荣。有些英国作家曾称赞这位锡克国王对东印度公司的实力有着政治家的认识，信赖英国人的诺言，忠于他的誓约，在这些方面与海德及铁普不同。

有些批评家认为，他和英国人交涉时，缺乏刚毅和大无畏的政治家魄力，他缔造了一个锡克王国，可是没有设法防止英国人的支配。

在地图上英国的版图是红色，兰吉特曾指着地图激动地说：“不久它将变成通红。”可见，他对于英国的支配已有一种预感，已经意识到英国人是他的国家的心腹大患，有朝一日整个印度地图会成为红色。他选择了最少抵抗的路线。

总之，兰吉特是印度近代史上杰出的军事家和政治家之一。在他执政期间对内实行了比较得民心的经济和宗教政策，为旁遮普的工商业发展创造了有利的条件。

他仿效西方的军事训练方法和战术，改造了自己的军队，大大加强了军事实力，不仅成功地保卫了印度的西北边境，而且结束了旁遮普封建割据的状态，建立了北起中国边境，南至信德的强大锡克王国。

虽然他对阻止阿富汗的侵略是成功的，但是他对英国扩张势力的防范却软弱无力，甚至在某些情况下，还助纣为虐，派兵支援英国对阿富汗的侵略。这是他一生中最大的污点。

1839年6月27日，兰吉特去世，时年59岁。[①]

---

① R. C. 马宗达，H. C. 赖乔杜里，K. 达塔 . 高级印度史［M］. 张澍霖，等译 . 北京：商务印书馆，1986：800.

当兰吉特去世的时候，锡克人正处在其势力的最高峰，但如戈登爵士所说："然后它爆裂了，在渐渐失去光辉的烈焰中消失了。"

兰吉特去世后，王室、朝臣和谋士各方力量早已结成党派，争权夺利，互相倾轧。王位之争迭起，4年之中更换了4个国王。由军官组成的拉合尔军人团委会成了国家的权力中心。

1844年，年仅8岁的兰吉特的幼子达利普·辛格被扶上王位，但国内的混乱仍然不止，最终导致了两次英锡战争。

英国征服信德之后，就开始准备对最后一个独立的印度国家——锡克王国发动进攻。他们把军队和大炮悄悄地调到萨特累季河沿岸和西北边境的新建防区。

在1838年，与锡克相对的萨特累季河边境还只有2500名英军，到1844年就剧增到3.2万名。英国在信德也部署了军队，准备进攻木尔坦。在萨特累季河上架设的船只已准备就绪，战争迫在眉睫。

早在1843年10月，英印总督埃伦巴勋爵在给惠灵顿公爵的信中扬言："旁遮普归由我们进行管理的日子不会太远了，我看这种情况明年不会发生，但是终究不可避免。"

拉合尔军人团委会反对与英国人开战，因为与英国殖民者发生冲突对于锡克王国来说是危险的。但是，拉合尔宫廷的大臣和谋士则极力主张军队和英国人开战，并希望在战争中削弱军队的力量，以摆脱他们对国家的控制。

为了收税，锡克军队越过萨特累季河，来到了拉合尔王室的领地，受到了英国殖民军的攻击。1845年12月11日，拉合尔军人团委会为了自卫派军队来到了萨特累季河左岸。

英印总督哈丁勋爵认为这是挑起战端的最佳借口，于12月13日正式对旁遮普宣战，并宣布达利普·辛格在萨特累季河左岸的领地并入英属印度。

到1846年1月，双方共进行了三次大会战。

第一次会战是在穆德基展开的。这是一场激烈的血战。起初，英勇的锡克步兵向英军发起猛烈攻击，打得英军丢盔弃甲，但后来，在紧要关头，锡克军队统帅拉尔·辛格逡巡不前，锡克人失去良机，终至败北，伤亡惨重。英军也伤亡很大，死伤872人，其中包括两位少将。

第二次会战是在费罗兹沙展开的。英军猛攻这里的锡克防御工事，锡克人顽强抵抗，将英军一队又一队击退。英军总司令后来追述："在那个恐怖的夜里，我们处在严重而危险的境地。"

但是，英勇的锡克战士又一次被他们的将军泰杰·辛格出卖，他突然离开阵地，无故下令退却。于是，锡克人终于退出战斗，使敌人大为欣慰。马勒森曾说："要是有一个有指挥才能的主将指导锡克军队的行动，精疲力竭的英国人是无法得救的。"

双方损失都很惨重。英方死694人，内有103名军官，伤1721人；锡克人方面伤亡8000人，还有73门大炮被毁。

第三次会战是在阿利瓦尔展开的。起初，锡克军队在布德瓦尔的一次小接触中获胜，后来在阿利瓦尔会战中，被英军打败，丧失大炮67门，并被赶出萨特累季河。

1846年2月10日，双方在萨特累季河畔的索布拉昂进行了决战。锡克军战士表现出惊人的坚定和决心，"以英雄的勇猛、十字军的热情与犹太教徒的拼死决心，发誓不战胜敌人，即持剑而死"。

但是，指挥官拉尔·辛格和泰杰·辛格不仅向敌人出卖了所有的情报，而且在战斗的关键时刻，临阵脱逃，并且拆毁了浮桥，使被逼到河畔的锡克军战士腹背受敌，几乎全军覆没。

英国人在索布拉昂的胜利是决定性的，它解除了来自“在印度所遇到的最勇敢、最坚定的敌人方面”的危险。英国当局在欢庆锡克人失败的时候，授予总督哈丁和总司令休·高夫以贵族爵位，各级官员都得到优厚的封赏。

2月20日，英军占领了拉合尔，由于英军力量不足，当时哈丁没有宣布吞并旁遮普。

1846年3月9日，双方签署了《拉合尔条约》，规定把萨特累季河左岸的所有领土，比阿斯河和萨特累季河之间肥沃辽阔的河间地区割让给英国；战争赔款1500万卢比，三分之一用现款支付，三分之二用出卖克什米尔和查谟地区所得款项支付；裁减锡克军队，步兵减至2.2万，骑兵减至1.2万，36门大炮交给英国人，不经英国人同意不得雇用外国人。

1846年年末，双方又签订了补充条约，规定成立由英国驻扎官亨利·劳伦斯爵士控制的八人摄政会，辅佐国王达利普·辛格执政。

这样，英国殖民者实际上不仅控制了锡克的军队，而且控制了全国的财政。第一次英锡战争后，锡克不仅疆域缩小了，而且还成了英国的被保护国。

1848年1月，新上任的总督大贺胥是个十足的极端扩张主义者，他不放弃一切扩张领土的机会。他不满足英国对旁遮普的政策，时刻准备吞并旁遮普。在这种形势下，英国发动第二次英锡战争已是不可避免的了。

第二次英锡战争的导火线是木尔坦起义。由于税收的减少，木尔坦省督穆尔拉杰陷入财政困境。而英国驻扎官指使拉合尔摄政委员会仍要他交出200万卢比，作为他任职的代价，并要他交出拉维河以北的全部领地。

1848年3月，穆尔拉杰愤然辞职。摄政会任命新的省督，并由两名英国军官陪同前往木尔坦。这一举动损伤了木尔坦人民的尊严，4月20日，愤怒的民众杀死两名英国军官，宣布起义。

穆尔拉杰接受了起义的领导权。8日，哈扎拉省督恰特·辛格起义；9月，被英国驻扎官派往木尔坦参加围城的恰特·辛格之子舍尔·辛格率部倒戈，加入了穆尔拉杰的行列，使局部起义发展成为锡克全国规模的起义。

1848年10月10日，大贺胥宣战。他说："锡克民族不接受以往的教训，自行要求战争，先生们，我保证，他们将会遇到一次猛烈的战争。"

11月16日，英军司令高夫勋爵与舍尔·辛格在拉姆纳加尔进行了第一次会战。1849年1月13日，在奇连瓦拉的战斗十分激烈，锡克军奋勇作战，英国人以高昂的代价，取得了"皮洛士式"的胜利，死602人，伤1651人，3个团的旗帜与4门大炮被俘获。董事会被迫派内皮尔接替高夫。

但是，在内皮尔到达之前，高夫却在2月21日古吉拉特的决战中取得了决定性的胜利。古吉拉特战役"以炮兵活动为主，并被称为'炮战'"。在这次战役中，锡克士兵作战和以前同样骁勇，但由于缺乏有力的指挥而失败。

锡克人遭到巨大的损失，他们的失败是彻底的，已经没有再行抵抗的希望了。英国人的牺牲比较少，死69人，伤670人，而他们的胜利是决定性的。

大贺胥说道："古吉拉特战役，必须被看作是英国历来在印度的战史中最值得纪念的一次。从大好的时机上，从光辉的和决定性的战果上，都是值得纪念的。"

3月21日，舍尔·辛格和恰特·辛格缴械投降。

3月30日，大贺胥宣布兼并旁遮普。他声明说："虽然这可能和大家过去的见解，还和大家现在的见解相违反，但是兼并旁遮普是供我们选择的最有利的政策。我坚信我们不应建立一个友好的锡克强国。"①

那位不幸而年轻的国王达利普·辛格被废黜，只得满足于每年50万卢比的年金。他和他的母亲拉妮·钦妲被送往英国，他最后信奉了基督教，作为英国地主在诺福克住了一个时期。后来他回到旁遮普，恢复了他过去的信仰，但没有恢复他过去的职位，拉妮·钦妲则客死于伦敦。

这样，印度最后一个能与英国抗衡的王国消失了。这是英国殖民者征服印度的重大步骤，它不仅把英属印度的边界推到了阿富汗的边境，使英国统治的疆域达到了印度的天然边界，而且使英国最后完成了对印度的征服。

十、王朝覆灭：帝国的寿终正寝

从18世纪中叶起，英国殖民者利用印度分裂状态，巧施政治手

① R. C. 马宗达，H. C. 赖乔杜里，K. 达塔．高级印度史［M］．张澍霖，等译．北京：商务印书馆，1986：806.

腕，利用内讧，收买内奸，挑拨离间，兼以武装干涉，联此伐彼，分化瓦解，各个击破，到19世纪中叶，在不到一个世纪之内，征服了印度，使整个印度沦为英国的殖民地，莫卧儿帝国名存实亡。

从此，印度人民同英国殖民统治者的矛盾就成为印度社会的主要矛盾，英国对印度全面占领的完成，也正孕育着它统治印度危机的爆发，最终导致了1857—1859年的印度民族反英大起义。这次高举莫卧儿帝国旗帜的民族起义遭到英国殖民者的血腥镇压，名存实亡的莫卧儿帝国也寿终正寝。

1. 英国殖民治下的帝国灾难

英国的征服打乱了印度社会的正常进程。英国殖民统治者为了剥削的需要，把印度拖入世界市场，强行改变它的经济结构。这固然促使印度封建关系瓦解和资本主义因素发展的过程加速了，但是这个发展不是正常的、健康的，而是畸形的、依附于英国的，是以残酷榨取印度财富和人民的血汗为代价的。

其结果是印度发展起来的资本主义，不是印度资本而是英国资本占统治地位；印度不是变成独立的资本主义社会而是变成了殖民地半封建社会；不是随着资本主义发展变富了，而是变得更穷了。正如马克思所说：

“不列颠人给印度斯坦带来的灾难，与印度斯坦过去的一切灾难比较起来，毫无疑问在本质上属于另一种，在程度上不知要深重多少倍。内战、外侮、政变、被征服、闹饥饿，所有这一切接连不断的灾难，不管它们对印度斯坦的影响显得多么复杂、猛烈和带有毁灭性，只不过触动它的表面，而英国则破坏了印度社会的整个结构，而且至今还没有任何重新改建印度社会的意思。印度失掉了它的旧世界而没有获得一个新世界，这就使它的居民现在所遭受的灾难具有了一种特殊的悲惨的色彩。”①

首先，英国的殖民统治彻底破坏了印度原有的农业，将印度变成了它的粮食和工业原料供应地。印度广大农民，在外国殖民者和国内地主、高利贷主的双重压迫下，生活十分贫困，许多人失去了土地，成为新兴地主的佃户。

在普拉西战役后的58年时间里，英国从印度榨取了约10亿英镑的财富，其中，三分之二是用田赋的形式从农民手中搜刮来的，这些财富的每一块钱从头到脚都流淌着亿万印度人民的斑斑血泪。

为了向农民收税，英国使用了种种凶残手段：欠税者常常被捆绑起来，上手铐、戴脚枷；关在上无遮盖的囚笼里，放在中午炎日下暴晒，或当着亲人的面鞭笞毒打；在他受折磨时，他的茅屋被搜抄一空，甚至连茅屋也被夷为平地。

英国殖民者的残酷统治和掠夺，造成了农村田园荒芜，十室九空，哀鸿遍野，满目荒凉，饥荒灾荒连年不断，农民被迫卖儿鬻女，成群结队地逃亡，殖民当局却调来军队捕捉逃亡农户。原来非常富庶的孟加拉地区，在一次饥荒中就有1000万人饿死，占该地区人口的三分之一。

连总督哈斯丁斯都承认，18世纪末孟加拉有三分之一的耕地成了野兽出入的草莽。背井离乡、流离失所、无法生存的悲惨遭遇，逼得

① 马克思，恩格斯．马克思恩格斯选集：第2卷［M］．北京：人民出版社，1972：64.

广大农民拿起武器反抗英国殖民统治者，他们成为民族大起义的主要动力。

其次，英国的殖民统治也严重摧残了历史悠久的印度手工业。17世纪许多欧洲旅行家和商人，都以仰慕的心情描述印度织造品的精细，赞美印度的细纱布织得太好了，拿在手上简直感觉不到它，穿在身上就像没有穿衣服似的。仅孟加拉就有95种棉织品、丝织品和混纺织品出口。

印度生铁和钢的冶炼、锻造质量也较高，东印度公司职员常运回一些印度钢材，作为礼物送人。造船的技术也很发达。在一个时期内，英国人只能拿金银块来购买印度的产品。爱德华·托利访印后说："大量银子像无数溪流涌向印度，就如同河流注入大海。"

然而，英国殖民统治使这一切都成了往事。为了得到廉价手工业品，英国殖民者以武力强制广大手工业者为他们服务，直接奴役手工业者，后来又用立法手段将廉价的英国工业品潮水般地涌入印度，摧残并挤垮了印度的手工业。

大批手工业者纷纷破产，陷入绝境。英国殖民者像海绵一样从恒河边上吸取了财富，又挤出来倒在泰晤士河中。广大手工业者对英国的殖民统治极为痛恨，也积极参加了反英民族大起义。①

2. 奢靡的土邦印度

此外，英国的殖民统治也触犯了印度封建王公贵族的利益。在英国人统治下，事实上有两个印度，一个是由各省组成的印度，另一个

① 林承节. 殖民统治时期的印度史［M］. 北京：北京大学出版社，2004：101.

是由565个土邦组成的印度。

土邦王公作为世袭的、拥有至高无上权力的君主，统治着印度三分之一的领土和四分之一的人口。某些王公，如海得拉巴和克什米尔的王公，统治的领土和人口与欧洲最大的国家不相上下。其他王公，如位于阿曼海之滨的卡提阿瓦半岛的王公，居住在破旧不堪的马厩内，管辖的地盘仅仅略大于巴黎郊区的游览胜地布洛涅树林。其中四百多个土邦的面积不超过30平方公里。

王公组织内既有财宝无数的稀世巨富，也有家产微薄、低于孟买集市商人收入的君主。但是，一项统计资料表明，每个王公平均拥有11个封号、5.8个妻妾、12.6个孩子、9.2头大象、22.9只被打死的老虎。

不少王公统治下的土邦，臣民们生活条件之优越远远超过英国人管辖下的印度人。其他为数不多的王公是十足的暴虐君主，他们横征暴敛，恣意搜刮王国的财富，满足个人穷奢极欲的生活，而对臣民们的生计漠然视之。

土邦王公构成了特殊的贵族阶层，以致拉迪亚德·吉卜林写道："上帝造就了这些人，世界为之充满景色如画的装饰物、有关老虎的迷人趣闻以及蔚为壮观的场面。"

无论是强大者或是平庸者，无论是富有者或是贫寒者，王公们均属于特殊的世系，其成员们赋予印度无穷无尽的离奇传说。他们的罪行和美德，荒唐不经的行为和骄奢淫逸的生活，异想天开的念头和怪诞离奇的作为，在人世间引起种种传闻，丰富了人类的民间传说，激起渴望领略异国情调和梦幻世界的人的翩然遐想。

土邦王公们乘坐东方世界神话故事中的飞毯度过一生。他们富有无涯、饱食终日，富于想象，声色犬马，无所不及。这些怪诞的贵族们，无一例外地酷爱狩猎、运动、宫殿和女人，尤其是崇拜各类首饰。

王公们视首饰为怪物，几乎达到宗教狂热的程度。在他们的心目中，宝石具有神奇的作用和巨大的威力。他们相信，钻石富有女性的魅力，可以增强人的性能力。宝石的选择和琢磨，必须根据他们的属相和性格由占卜家亲自确定。

巴罗达邦王公对黄金和宝石顶礼膜拜。在全邦中，仅有一户人家有幸为他用金丝制作礼服。织布工人的指甲被剪成梳齿状，以确保织造品达到完美无缺、天衣无缝的水平。

在他珍藏的钻石中，有举世闻名的第七大钻石“南天之星”和“欧仁妮”钻石。“欧仁妮”钻石起初属于俄国女皇叶卡捷琳娜二世的宠臣波将金，后来由拿破仑三世馈赠给他的妻子。

但是，在他的财宝中，令人叹为观止的算是他的挂毯收藏品。一块块挂毯全部由珍珠织成，红宝石和绿翡翠组成的各种图案点缀其间。

巴拉特普尔邦王公收藏有无数条地毯，其瑰丽之程度更是令人拍案叫绝。所有地毯由象牙雕刻组成，每条地毯由一户人家经过多年辛勤劳动制作而成。

卡普塔拉邦王公的缠头巾上饰有世界上最大的黄晶玉，宛若希腊神话中独眼巨人的眼睛闪闪发光。

斋浦尔邦王公将其珍宝埋藏在城堡附近的拉贾斯坦尔小山上，世世代代由尚武骁勇的拉其普特人的一个部落日夜看守。高贵的王朝继承者们，一生中仅有一次机会参观宝库，选择宝石，以使其统治闪耀异样光彩。五光十色、光怪陆离的家珍中，一条由三圈红宝石组成的项链令人眼花缭乱，每颗宝石大如鸽心，周围镶嵌三颗翡翠，其中最大者重达90克拉。

巴地阿拉邦王公珍藏品中的佼佼者是一条珍珠项链，以5亿旧法郎的高价由伦敦劳埃德保险公司保险。在其宝藏中，最为珍奇的物品是一件饰有1001个浅蓝色钻石的护胸甲。

他的祖先们每年一次穿上这件绝无仅有的胸甲会见臣民，显示刚健有力的男性气概。通过这样的活动，他们将个人与湿婆神的创造力量联系起来，而钻石闪烁的光芒则能驱妖灭灾，安抚民心。

巴罗达邦王公乘骑巨象外出旅行，大象打扮得花枝招展，举世无双。这头上百岁的庞然大物，在二十余次决斗中，以其令人望而生畏的巨牙将20只敌手厮杀成血肉模糊的块状之物。

华丽的象轿、象铠，笨重的脚环和悬挂在耳朵上的链条等全套鞍辔饰物，均由整块的黄金制成。每件饰物价值高达3000万旧法郎，足以显示这头巨象的身份价值。

长期以来，大象是王公们心爱的运输工具。在他们的眼里，大象由罗摩神亲手造就，象征宇宙的秩序，是整个世界的顶梁柱以及天体和云际的支撑之物。

一位王公财富的多寡，往往根据其宫殿象厩内大象的数目、年龄和体重的统计来确定。某些王公的象厩有时喂养300头大象。

迈索尔邦王公每年一次在大象前跪拜祈福，借此重申与大自然的神奇力量结下盟约，保证其臣民们来年丰衣足食，六畜兴旺。

在迈索尔邦，每年庆祝印度教除十节之际，都要举行规模空前的象队游行活动。自从汉尼拔率领象队越过阿尔卑斯山以来，人们大概从未观赏过规模如此壮观的大象队伍。上千只巨象身饰各种图案、花环、首饰、鞍辔和赤金甲胄，浩浩荡荡地穿街过巷。

身材高大、力大无比的公象，荣幸地驮带王公的象轿。象轿是铺有天鹅绒软垫的赤金宝座，宝座之上，华盖亭立，象征王公的权势。公象之后，两只巨象打扮得光彩照人，环佩叮当，身驮空轿，象征王公祖先的亡灵。顿时人群肃然起敬，鸦雀无声。

在巴罗达邦，斗象为王公的节日增添了欢乐气氛，同时也常常引起一场场令人毛骨悚然的厮杀。两只躯体庞大的公象，在长矛的刺激下怒不可遏，疯狂地向对手扑过去。

它们厮杀得飞沙走石，吼声震天，直至一头巨象死在另一头象的脚下。优胜者方可有幸步入王公的象厩。

其他动物在某些王公的心目中占有与大象同样重要的地位。朱纳加德邦王公爱狗成癖，爱犬被安置在舒适的房间内，屋内设有电灯电话，由专门的用人侍候照料。

他还为爱犬罗莎娜和猎犬鲍拜举行“结婚”典礼，邀请印度各邦王公和社会名流光临。15万来宾你推我挤地参加“结婚”仪式，王公的执矛骑士和象群为前导，走在迎亲队列的最前头。

欢庆之后，王公设宴款待“新婚夫妇”，然后带领年轻的伴侣进入洞房，为它们结下百年之好。这次庆典耗资达3000万旧法郎，足以使1.2万贫苦臣民饱食一年。

为狗举行的葬礼同样盛大壮观。在肖邦《安魂曲》的哀乐旋律中，死者结束了生命的最后历程，然后被安放在专门为它建造的大理石墓穴中。在朱纳加德邦，人尚不如一条狗幸福。

各显贵王公的宫殿建筑规模宏大，豪华壮丽，虽然在建筑风格上略逊一筹，但足以和泰姬陵等雄伟建筑物并驾齐驱。

迈索尔邦王公的宫殿是印度规模最大的建筑物，整个宫殿拥有屋宇600间，其中二十余间专门用来珍藏王国三代猎人从莽莽丛林中猎取的战利品：虎、豹、象和野牛标本。

每当夜幕降临，数万只华灯齐明，将建筑物的屋顶和窗户照耀得如同白昼，整座宫殿犹如一艘大型客轮停泊在印度的中心。

在斋浦尔邦的首府，迎春宫的观景台背向953扇窗户，每扇窗户由镂空的大理石组成。

比卡内尔邦王公为了使沙漠内的强烈光线变得柔和悦目，在宫殿的窗户上安装上彩绘玻璃，每扇窗户饰有玉石、大理石、黄玉和琥珀。

在乌代普尔邦，宫殿的白色大理石墙壁终年泉水淙淙，好似一艘梦幻中的巨轮漂泊在波光粼粼的一泓池水之中。

卡普塔拉邦王公参观凡尔赛宫后，欣喜若狂，把太阳王路易十四的穷奢极欲的生活搬入他的宫廷之中。他从法国请来一批建筑师和装饰师，仿照凡尔赛宫在喜马拉雅山山麓修建了一座小型宫殿。

宫殿内摆满塞夫勒瓷器，四周墙壁上悬挂戈贝兰壁毯，室内陈设古色古香的家具；法语被规定为宫廷的正式语言，餐桌上红葡萄酒和埃维昂矿泉水琳琅满目；侍从头戴香气袭人的假发，身着镶有花边的襟饰和丝绸短裤，脚穿法国贵族们镶有金光闪闪环形饰物的拖鞋。

某些宫殿的宝座华丽绝伦，盖世无双。迈索尔邦王公的御座由赤金铸成，重达1000公斤。璀璨夺目的9级赤金御道通向宝座，象征毗湿奴神走向真谛。一把赤金莲花形华盖高高举起，立于王座之上，宝座上铺金绣细珠御垫。

兰普尔邦王公的宝座放置在一间大如教堂的厅堂内的壁墩上，白色大理石雕刻的古希腊廊柱和裸体女人雕像环绕林立，宝座之上悬挂着一尺高的鎏金巨型王冠。

宝座仿照路易十四的御座建造，设计别致，造型奇特。在绣着金丝的天鹅绒坐垫上，开着便桶椅子口。这样，这位东方世界的小国王像大国王路易十四一样，可在大庭广众之中大便如常，无所顾忌，一如平日处理政务。

对于这些奢华宫殿的主人来说，时间有时显得难熬。为了排忧解闷，他们普遍地沉湎于女色和运动，以消遣度日。不管王公是印度教徒还是穆斯林，其宫殿无一例外地设有闺房，数百名年轻美貌的舞女和妃嫔，专门供他一人享乐。

各土邦的丛林，同样属于王公们私有。森林中的野兽，尤其是老虎，是他们狩猎的主要对象。当时印度全国拥有2万余只猛虎。

巴拉特普尔邦王公8岁那年打死第一只老虎。35岁时，用他亲手打死的野兽兽皮缝制的地毯，铺满了他的所有客厅。他的王国创造过捕杀野鸭的惊人纪录：在一次狩猎活动中，3小时内打死4482只野鸭。

瓜廖尔邦王公独自一人打死1400只野兽，他曾撰写一部名叫《猎虎指南》的书，然而读者寥寥无几。

巴地阿拉邦王公普平德尔·辛格可谓好猎贪色之佼佼者，素有“华丽公子”之称。他腰圆膀阔，身材硕伟，体重130公斤，髭须傲然上翘，宛若一头粗壮公牛的尖角，秀丽黑色长髯整齐地卷成两撮，按照地道的锡克人打扮，盘结在脖子的后面，他双唇肥厚，目光森严，咄咄逼人，好似莫卧儿王朝时代的一尊雕像。

他食量过人，每天轻而易举地吞下20公斤食物，饮茶时刻，尚能吃两三只鸡。他酷爱马球运动，经常带领他的“巴地阿拉邦猛虎队”驰骋球场，在印度各地取得一场又一场的胜利，战利品摆满了他的宫殿。

他从少年时代起即与女人耳鬓厮磨，显示出王公寻欢作乐的超人天赋。他醉心于扩大后宫，以致他对狩猎和马球的狂热相形见绌。他根据女人的姿色和情欲能力，亲自为闺房遴选宫女，他的后宫拥有350位妻妾和妃嫔。

每当盛夏季节来临，宫女们每天晚上端坐在游泳池旁。天姿国色的水神，酥胸裸露，春心荡漾，注视着王公在池中嬉水击浪。巨大的冰块清凉着池水，君王周身通泰，惬意酣畅，时而畅游，时而登岸，或抚摸宫女们的娇体，或呷上一口美酒。

王公卧室的天花板和墙壁上，装饰有根据庙宇的色情浮雕像绘制的巨幅壁画。印度各地的庙宇以其色情雕刻闻名于世，充斥形形色色的妩媚画面，以致最富有想象力的人，也只能望尘莫及，难以抗衡。王公殿下躺在宽大的丝织吊床上，仿效天花板上的壁画寻欢作乐。

为了满足他那贪婪的欲望，他不断赋予妻妾们摄人魂魄的媚态。他敞开宫殿大门，邀请成群的化妆品制造商、首饰匠、发型师、美容师和时装师进入他的宫邸，为爱妃们美容。他将宫殿的一隅变成实验室，制造香水、化妆品和春药。

他求助媚药，嗜药成癖。御用药师为他配制灵丹妙药，药剂含有胡萝卜、麻雀脑、金粉、珍珠粉、香料、银粉、草根和铁粉，然而，收效甚微。

穷奢极欲的变态生活，只能掩饰王公想象中的东方世界荒淫糜烂阶层的失败。试想，纵使像这位“华丽公子”那样生就一副骨健筋强的汉子，终难以满足350位独守空闺的绝色女郎的芳心。

神秘莫测的印度，赋予声名显赫的王公们神圣的身世。迈索尔邦王公自诩为月神之子，每年秋分时刻，这位君王变成该邦臣民们活着的神灵。

他仿照喜马拉雅山岩洞中的沙陀，离群索居，闭门不出，蛰伏在宫殿内一幽暗斗室。他不剃胡须，不洗手脸。在神灵附身的日子里，任何尘世凡人不得触碰他，任何凡胎肉眼不得注视他。

第九天，活神仙走出暗室，下凡人间。一头巨象在宫殿门口迎候，全身披挂饰有金器和宝石的天鹅绒垫，头戴镶嵌翡翠的象胄，在一队执矛骑士的护卫下，将王公送往尘世间的邦府跑马场。

那里人山人海，臣民云集，婆罗门神父一边高唱经文，一边为其净洗手脸，刮剃胡须，呈献食物。红日西沉时分，一匹黑色骏马来到君王面前。但见他纵身跃马，同时数千枚火炬在跑道周围猝然点燃。

王公扬鞭策马，风驰电掣，绕场一周，激起雷鸣般的掌声。月神之子终于回到庶民中间来了。

乌代普尔邦王公认为自己出生于太阳。他的御座有两千年悠悠岁月，是印度最古老、气势雄伟壮丽的宝座。他每年也变一次活神仙。

举行仪式之际，在宫殿内鳄鱼如织的湖面上，他伫立在一艘酷似古埃及女皇克娄巴特拉的舰艇的双桅战船船首上，仪态威严地检阅仪仗。

甲板上面，宫廷百官身穿白色细软长袍，神情俨然，虔诚至极，在王公身后排班侍立，犹如古时悲剧中的咏歌狂。

圣城贝拿勒斯地处恒河之滨，该邦君主虽不自命不凡，但虔诚有加。传说，每天只有当印度教中象征宇宙永生之物神牛显圣时，圣地的王公方才起床。

为此，每天拂晓时分，人们牵领一头母牛来到他的卧室窗下，然后猛刺牛的肋部，哞哞的吼叫声惊醒了虔诚的王公。

一天，王公前往兰普尔邦王公府上作客。如何遵守客人的传统习俗，这件事给主人出了难题，因为客人的卧室安排在宫殿的三层楼上。

主人最后专购了一辆吊车，每天黎明时刻，将牛送到客人卧室的窗下。可怜的老牛被奇怪的升高吓破了胆，一个劲儿地发出撕心裂肺的吼叫声，惊醒了整个宫殿和贝拿勒斯的王公。

3. 土邦兼并与大起义

英国基本完成对印度的武力征服后，对印度封建土邦实行了兼并政策。兼并土邦除了使用武力外，还提出所谓“权力丧失论”，即不承认没有男嗣的王公的立嗣权，王公死后其政治经济特权被剥夺，其领地被兼并。到大起义爆发前夕，英国共兼并了十多个土邦，领土占当时土邦面积的三分之一。

同时，英国殖民者还以清查免税土地持有者的合法资格为由，剥夺了新并土邦内的封建领主领地和各种免税土地。

另外，还有部分柴明达尔地主因完不成殖民者高得惊人的租额，也被剥夺了土地。

这就引起印度封建势力上下层的普遍不安，激起他们的不满，其中有些人，特别是那些被兼并的土邦王公和失去土地的地主，参加并领导了后来的反英大起义。[①]

---

① 林承节．殖民统治时期的印度史［M］．北京：北京大学出版社，2004：102.

英国殖民者在征服和统治印度的过程中，征募了一支印度雇佣军，即所谓的土兵“西帕依”。英国殖民者利用24万印度土兵统治着两亿印度人民，同时利用4万英籍军官控制着这些印籍土兵。

印籍土兵大多来自倾家荡产的农民和手工业者，他们为生计所迫，不得不到军队中卖命。在英印军队中，存在着严重的种族歧视和民族压迫。英国人在军队里以主子的身份对待印籍土兵，高级军官都由他们充任，印度人最高只能升到上尉。

英国军官任意克扣土兵的军饷，不尊重他们的民族风俗，下令印度土兵剃掉胡须，除掉种姓印记，大大伤害了土兵的自尊心。

在英国殖民者全面占领印度后，印籍土兵和英国殖民者的矛盾进一步激化了，他们原先享有的一些特权，如减免家中的捐税、战时多得一半薪金等，都被取消了。

殖民统治当局违反雇佣条例，把印籍土兵派到印度境外的阿富汗、缅甸作战，给他们增加了负伤和阵亡的机会，引起印籍土兵的极大反感和强烈不满。

此外，印籍土兵的宗教感情也受到严重伤害。殖民当局发给印籍土兵的子弹据说是用涂着猪油、牛脂的厚纸包装的；在使用子弹时，必须用牙咬破子弹的厚纸皮。由于伊斯兰教禁食猪肉，而印度教禁食牛肉，新子弹的使用在伊斯兰教徒和印度教徒中引起了强烈的反响和愤慨。

因此，这些不满英国人欺凌和歧视，有组织、有武装的印度土兵，便成为民族大起义的先锋和发难者。

就在这个印度各阶层人民反英力量迅速集聚的动荡年代，英国对外进行了一系列侵略战争，分散了兵力，放松了对印度的戒备，在印度的许多战略要地，没有英军驻防，这为武装起义的酝酿提供了有利的条件。

也就在这时，一种印度人通常食用的烙饼，在北印度广大农村地区秘密传递着。一个人来到村庄，把6个烙好的面饼交给村长，村长先咬掉一口，再分给全体村民吃，然后烙制同样6个面饼，派人送到邻村。就这样，面饼以惊人的速度从一个村庄传递到另一个村庄。

英国殖民者对此事虽有察觉，甚至还把截获的面饼搓碎，放到水里，但费尽心机也没有追查到面饼的出处和秘密，然而接到面饼的人心里明白，这是准备武装起义的信号。

与此同时，作为起义的另一个信号，红莲花也在印度士兵中从一个团队到另一个团队秘密传递着。在印度，相传莲花是从观音菩萨的肚脐眼儿里长出来的花卉，它象征着希望和光明。

相传，佛祖释迦牟尼的母亲摩耶夫人白璧无瑕的身体因一道来自白象的神光而怀孕。妊娠期间，摩耶夫人通过一块透明的宝石，观察她身上的孩子。结果，她发现，胎儿是从一朵开放的莲花上汲取甘露滋养的。

满月时，摩耶夫人毫无痛苦地从右肋分娩出佛祖。佛祖一生下来就能站立行走，他每走一步，脚下就生出一朵莲花，连走7步，生出7朵莲花。莲花也象征着奇迹。

这样，红莲花成为民族大起义酝酿成熟的联络信号，成为准备武装起义的信物。

1857年春，活跃在全国城乡的印度教游方僧和穆斯林高僧到处预言：英国统治在普拉西战役100周年那天，即1857年6月23日就要结束。社会上还流传着《薄伽梵歌》中黑天王的一句名言：为此，准备战斗吧！

在德里和马德拉斯等大城市，甚至贴出公开号召起义的文告。这时印度士兵已开始跃跃欲试，印度教徒士兵手捧恒河水，穆斯林士兵面对《古兰经》发誓，永远忠于起义军，消灭英国人。①

1857年5月10日，驻扎在德里附近的米拉特的印籍师团首先发难，举行起义。起义的导火线是涂油子弹事件。

1857年5月6日，米拉特一个骑兵连的90名印籍士兵领到新的涂油子弹，其中85名士兵坚持拒绝使用亵渎宗教信仰的涂油子弹。结果，这些士兵被交付军事法庭审判，在违抗命令的罪名下所有人都被判处8年至10年的苦牢徒刑。

5月9日清晨，这85名骑兵被押到操场，英兵和大炮面对着他们，兵营里的所有其他印籍士兵也被召集到操场上以儆效尤。85名犯人一个个被剥掉军服，当场戴上脚镣手铐，在宣布判刑后被拖着脚镣押往监狱。

那些跟他们一起的几千印籍士兵被内心中交织着的苦痛和愤怒左右着，但是，他们奉命必须再保持三周的安静，只好压住心头的怒火，向营房走去。

下午，米拉特的这些印籍士兵去城里散步时，城里的妇女都围上来羞辱他们："去吧！你们的弟兄们在监牢里而你们却跑到市场上来闲逛！真不知羞耻！"妇女们的这些话像钢刀一样刺在他们的心上，他们忍无可忍。

晚上，士兵们在营房里举行秘密会议，决定第二天即9月10日

① 林承节.殖民统治时期的印度史［M］.北京：北京大学出版社，2004：102.

进攻监狱，向英国殖民者发难。就这样，印度民族大起义的第一枪打响了。

起义士兵趁星期日英国人在教堂祈祷之机，杀死英国军官，冲进监狱，放出囚犯，一面袭击英军兵营，一面号召民众闯入市区，不管男女老幼，看见英国人便杀。

顿时，全城枪声大作，刚刚从教堂出来的英国军官和民政官员，不是被打死，就是躲在阴沟里。他们的住宅被焚毁，“杀死白种人”的呐喊声响成一片，电线被切断，铁路被封锁。

驻在米拉特的1500名英军也仓皇不知所措，无法应付，直到当天深夜，司令官才集合一团龙骑兵赶到兵营。但是，起义的印度土兵早已向古都德里进发了。英军没敢追击，只向空无一人的兵营中打了几炮之后，撤回自己的营地。

米拉特由起义的市民和农民控制。这样，米拉特印度土兵起义的枪声，拉开了印度空前规模起义的序幕。①

起义军当天就进发德里。

当时，德里城中没有任何英国部队。城堡附近有一所很大的军火库，其中约有90万发子弹、10万支枪以及无数的炮弹和火药。起义军向军火库进攻。

军火库中有9名英国兵和少数印籍土兵。印籍土兵看到起义者之后，全都投到自己的兄弟们这边了。9名英兵对起义军进行了短暂的顽抗，看到大势已去，就放火烧掉军火库。

---

① DALRYMPLE W. The Last Mughal［M］. London：Bloomsbury Publishing，2006：193.

军火库爆炸之时，犹如千门大炮齐鸣，全德里城的房屋都摇摇欲坠。9名英国兵葬身火海，25名印籍士兵和附近的300名居民也被炸得粉碎。枪支全落到了起义军手中，每人分得4支。

德里于5月11日举行起义。起义者杀死都城内大部分殖民官吏，烧毁东印度公司办事机关。幸免一死的英国人都逃出了德里，许多英国人把自己的面孔涂黑，穿上印度服装。不少人死于天气炎热和途中的艰苦，许多人被附近村民所杀。

起义者控制了德里市区，在红堡上升起了莫卧儿王朝的绿旗，将徒有虚名、“权力超不出宫墙范围”、“像家兔一样听其自然地繁殖着”的82岁的莫卧儿王朝的末代皇帝巴哈杜尔·沙二世推上了王位，宣布恢复莫卧儿帝国，号召全体印度教徒和伊斯兰教徒团结在皇帝的旗帜下，进行反英圣战，设立军政管理委员会，发布各项法令。

德里是全国的政治中心，是莫卧儿王朝的古都，是亿万印度人民心目中的民族自由的象征。起义军在德里建立政权，发布各项法令，无疑增强了起义的民族意义，大长了人民的革命志气，大灭了英国殖民者的威风，形成了全国起义的中心。

德里起义的消息迅速传遍印度各地。面对已成燎原之势的民族大起义，英国殖民者惊恐万分。在英国总督府的所在地加尔各答，殖民者处于草木皆兵的状态，到处流传着将要发生起义的消息。总督坎宁也掩饰不住自己的恐惧心理，于6月的一天夜里，只穿了一条短裤就仓皇溜到英国军舰上去了。

从5月10日米拉特首先发难，到8月中旬，在3个月的时间里，印度北部和中部的许多城市，都发生了印籍士兵和农民以及市民联合起义，民族起义的熊熊烈火，迅速燃遍了整个印度大地。从东部的加尔各答的近郊到西北边城白沙瓦，起义的热浪此起彼伏，规模越来越大，斗争浪潮一浪高过一浪。

席卷印度中北部的民族大起义，动摇了英国的殖民统治。殖民当局不甘失败，开始调兵遣将，镇压起义。

民族大起义虽然在短短时期内取得辉煌胜利，但是在起义胜利之初，就暴露出许多弱点。

各地的起义军缺乏统一的领导，行动分散，不能很好地配合，也无法抓住战机，及时进行战略进攻，彻底消灭敌人的有生力量。

许多地方的起义军在取得胜利后，往往丢下根据地，奔向德里，虽然这使德里在7月上旬集结了4万多起义军，加强了德里的实力，但在战略上，削弱了各地对英军的牵制和打击，给英国殖民者以喘息的机会，使它在最初的慌乱中稳住了阵脚，调兵遣将，伺机反扑。

早在这年3月，英国急忙结束对波斯的战争，把那里的英军调往印度，同时，在新加坡截回一支开往中国的远征军。他们还从缅甸、锡兰和马来亚以及英国本土调来大批军队。

6月中旬以后，英国殖民者已从被动转为主动，赶来增援的几路大军，首先向起义的重要中心发动进攻。

英勇悲壮的城市保卫战开始了。①

英军围攻的矛头首先对准起义军首都德里。英军是从德里西北部的旁遮普进攻德里的。英印总督坎宁命令当时在西姆拉的英军总司令恩逊，从旁遮普调集军队前去重新攻占德里。

① DALRYMPLE W. The Last Mughal［M］. London：Bloomsbury Publishing，2006：257.

为了安抚印籍士兵，坎宁发表了一个文告，到处张贴。大意是：东印度公司当局从来没有，现在也不想干预任何人的宗教信仰，如果士兵们愿意，可以自己制造自己的子弹。

旁遮普的首席专员约翰·劳伦斯，也采取种种笼络旁遮普的手段，特别是笼络以好战著称的锡克人。他告诉锡克人，穆斯林皇帝和印度教王公曾经怎样欺负锡克教徒，现在借着英国人的帮助，去报复自己的宗教仇敌，把德里城踏平的机会到来了。

不仅如此，当时墙上到处张贴着以德里皇帝的名义发布的布告，说皇帝命令把所有的锡克人杀光。但事实是，就在发表布告的时刻，年迈的皇帝正骑在象背上，奔走于德里的大街小巷，亲口宣布：这次只是对白种人作战，绝不使任何印度人受到任何伤害。

这些阴谋手段产生了效果，在民族大起义中出现了一种奇怪现象：印度教徒和穆斯林联合起来反抗英国人，而一向反抗英国人的锡克教徒不合作了，反而帮助英国人镇压起义。

德里皇帝曾派遣特使去争取锡克人和锡克王公，结果一无所获。特使在给皇帝的信中说，旁遮普的锡克王公都是懦弱无为之徒，他们已经成了白种人手中的玩物，很难希望他们支持起义。

特使质问锡克人："你们为什么要支持白人？为什么要背叛祖国？难道独立对你们没有好处？就是仅仅为了自己的利益，你们也应该支持德里皇帝！"

他们的回答是："吃长官的盐，便不可伤害长官。我们不能违背誓言，我们是已经宣誓效忠英国的。"

除了笼络、收买锡克王公外，英国殖民者还解除了印籍团队的武装，杀害被缴械的手无寸铁的士兵。

在旁遮普，除了锡克和英国团队外，还有不少印度教徒和穆斯林的团队，他们早就立誓参加民族起义。此外，旁遮普的普通伊斯兰教和印度教人民也完全同情起义。

英国殖民者包围了这些团队，解除了他们的武装，并对他们实行惨绝人寰的绞杀和炮轰。一位目击炮轰这些手无寸铁的俘虏的英国军官描述当时的情景：

“那天在操场上的一幕，真是奇妙无比，操场上大约有9000名士兵；在一个四方广场的三面，排列着军队，另一面架着10门大炮。把前10名俘虏捆在炮口上，然后炮队军官挥动指挥旗，立刻响起了雷鸣般的炮声。

“烟雾之上，你可以看见手、足和头，在空中四处飞舞。这样重复了4遍，每一次都从军中传出一阵由于恐怖的情景所引起的骚动声。从这时起，每周都有一两次这样行刑的集会。”

英国殖民者还把他们最怀疑的旁遮普许多城市和乡村那些手无寸铁的、无辜的、定居了的外来居民“印度斯坦人”统统驱逐。这样，旁遮普就成为英国人和他们的走卒锡克人的天下，成为重征德里的桥头堡。

英军总司令恩逊5月25日带领英军和锡克军，从旁遮普出发，向德里进军，中途身染霍乱而死，亨利·伯纳受命代替总司令之职。

在进军德里的途中，英军一路大肆杀戮，残忍至极，骇人听闻。

几百个农村里成千上万的无辜农民被处以酷刑而死。他们的头发被扯掉，身上被刺刀戳穿，在最后断气之前，印度教农民还被用刺刀挑起牛肉塞进口中。一方面在施行这种酷刑，另一方面还当着他们的面准备绞索。准备好了之后，就把这些半死不活的人套在绞索上绞死。

德里的起义军为保卫战做了充分准备。

军政管理委员会采取一系列措施，整顿财政和秩序，为了加强城市设防，免除皇子莫卧儿总司令的职务，改任来自巴来利的炮兵上尉巴克特汗为总司令。

城里所有的青壮年人全部武装起来，开办兵工厂，制造武器弹药。德里皇帝也经常骑着大象，出去鼓励人民和士兵，并发表文告："印度斯坦的子孙们！如果我们抱定决心，立刻就能消灭敌人！我们要把敌人碎尸万段，要从危难中拯救我们爱之胜于自己生命的宗教和祖国。"

许多团队和财物从各省前来德里集中，向皇帝表示愿意誓死效忠的信件，从各地纷纷飞来。

在巴克特汗的指挥下，起义军不断袭击围城英军，使其遭受重大损失。在7月9日的激战中，起义军打得英军骑兵部队从阵前逃走，英军的大炮也哑了，许多英国军官被击毙。

历史学家约翰·凯写道："在那天的惨败之后，英军恼羞成怒，竟回到营中去打死了许多自己的穷苦无辜的挑夫和印籍佣工，因为在这些英国兵的心中，正在燃烧着对全体黑色亚洲人强烈的仇恨火焰。"

英军总司令伯纳将军，也患霍乱死去，里德将军接替了他的职位。

在以后的激战中，英军的损失更加惨重。里德将军惊惶万分，借病辞职，上山休养，威尔森将军接替了他的职位。

从6月到7月，在不足两个月的时间里，英军换了4个总司令，独立的旗帜在德里的高塔上飘扬了3个月，直至8月底，英军始终不敢攻城。

随着时间的推移，形势对德里起义军越来越不利。

由于英军不断得到增援并拦击德里周围各路起义军，德里日益陷于孤立无援的境地，城内粮食不足。

来自四面八方的各股起义军大都自行其是，再加上起义军中的语言隔阂、宗教和种姓间的矛盾，使起义军内部的裂痕加深。

土邦王公贵族同英国勾结，从内部瓦解起义军，逼走了大批起义战士。到9月初，德里城内保卫者只剩下两万人。

9月14日，英军在做好充分准备之后，分兵五路，向德里发动总攻。

在猛烈的炮火轰击下，有两路英军从城墙缺口冲进城内，双方展开激烈的巷战，经过六天六夜的反复争夺，英军死亡五千多人，4名司令官中有2名被击毙，2人负伤。

19日深夜，起义军在给攻城英军造成重大伤亡后，在巴克特汗率领下，撤出德里。

德里陷落后，英军纵兵3天，烧杀抢掠，尸体枕藉，血流成河，惨不忍睹。一位英军记述了那些恐怖日子里的一天的情景：

“早上，我们从拉合尔门到月光市场，我们觉得这座城市实际上已成了一座死人的城市。除了我们的马蹄声以外，听不到任何声响，看不见一个活人。

“到处躺着死尸，其中有些未断气的还在蠕动着。我们一边走，一边轻声说话，唯恐我们的说话声会把死人都惊醒。这一边野狗在啃着死尸，另一边尸体周围落满了兀鹰在争夺着啄食人肉。听到我们走来，它们只扑扑飞了两下，便在不远处的地方落了下来。

“总之，简直是无法形容这些死尸的惨象，不独我们见了为之战栗，就连我们座下的马都吓得连声嘶叫。尸体都腐烂了，那股腐臭的气味扩散到空气中，使人闻之作呕。”

许多人在施行种种酷刑之后，才被杀死。马詹地中尉记述了一件他亲眼所见的事件：“有一个受伤的印度人，被锡克兵和英兵在脸上用刀一点点地剜割，然后被搁在火上活活烤死，他的肌肉烧得吱吱作响，逐渐在火中变成黑色，焦臭难闻的气味在空中飘散。”

幸免于难者，在没收财物之后，被赶出城外，成千上万的男女老幼，无依无靠地终日披头跣足，忍饥受饿地流浪，无数小孩在哭叫饥饿声中，死在母亲的怀抱。

经过这场浩劫，德里变成了一座死城。

皇帝没有接受起义军的随军突围劝告，被英军俘获，三位王子王孙当即被砍下脑袋。

英军上尉翰德逊杀死王孙后，立刻捧了一掬热腾腾的鲜血喝了下去，喝完后丧心病狂地说：“如果我不喝他们的血，那我就会发疯。”

随后，他将王孙的头颅送给皇帝，说：“这是送给你的贺礼，久违了。”

皇帝看见自己年轻的儿子和孙子的头颅，令人惊异地克制住自己，把头转过去说道：“感谢真主！帖木儿的子孙没有玷辱自己的先祖！”

许多王孙被关押在狱中服苦役，一旦不能完工，便遭鞭挞，不到几天便被打死。

有一天，皇帝的一位儿子，蓬头垢面，骑着马出现在德里附近的森林里，翰德逊到处追捕他，这位王子从此不知去向，音信杳无。

许多王孙、公主离开德里，成为到处流浪的乞儿。一位公主为了活命，下嫁给一个伊斯兰教的厨师，另一位公主在基督教女子学校当了女佣工。

皇帝、皇后和太子，被押往缅甸囚禁，巴哈杜尔·沙二世后来在1862年死于仰光狱中。[①]

莫卧儿帝国至此寿终正寝。

① DALRYMPLE W. The Last Mughal［M］. London：Bloomsbury Publishing，2006：474.

下篇

成就与遗产

一、社会生活：别具一格的印度特色

莫卧儿帝国社会人口构成复杂，社会阶级阶层多元化。莫尔兰德先生指出，在莫卧儿帝国时期，印度教种姓制度像今天一样非常活跃，不过，英国人这个时期的文件和记载通常没有区分各种部落、种姓和阶级。正如他们将所有印度教徒统称为“金土斯”即“异教徒”一样，他们用“摩尔”一词泛指所有穆斯林阶级。然而，欧洲人的信函经常单独提到三个重要的印度教徒阶级：班尼亚、婆罗门和拉其普特。

班尼亚阶级自然大量出现在当时的商业通信中，因为荷兰商人和英国商人主要与这个阶级做生意；婆罗门多为旅行家和英国商人所提及，涉及他们在奥朗则布统治时期与西瓦杰的关系；拉其普特为许多欧洲作家所提及。7世纪访问莫卧儿帝国的英国商人未能区分印度教徒不同的部落和阶级，由于拉其普特以从事劫掠和袭击著称，所以他们用“拉其普特”一词不分青红皂白地泛指所有公路劫掠阶级。

阿克巴曾承认拉其普特的尚武品格，将他们招募进帝国军队之中。沙·贾汗统治时期的英国人信函谈到“拉什布特”对欧洲商人实施的公路抢劫，认为“拉什布特”可能是一个完全不同阶级的劫匪。

阿克巴统治时期，提到了锡克人，阿克巴主张赞同锡克教的教义。奥朗则布不赞成这种宽容观点，他命令取缔这些代理“古鲁”，拆毁锡克庙宇。

很少听说散塔尔人、比尔人和其他正规森林部落民，因为他们全部被排除在文明行列之外。但是，他们肯定是威廉·芬池在论述贾汉吉尔狩猎远征时所提到的那一阶级的人："他（皇帝）挑选一些人将一些森林或沙漠地方围圈起来，从而将他们自己限定在较近的范围，直到再次相遇；凡是在这个围圈里抓到的东西，不管是人还是兽，都叫作国王'什卡尔'（狩猎、打猎）或猎物；进入这个围圈的人要想逃脱，就会被国王无情地夺去生命。如果抓到兽，就卖掉，钱给穷人；如果抓到人，他们就成为国王的奴隶，每年被送往喀布尔换取马和狗。他们是住在森林和沙漠里的贫穷、悲惨和偷窃的人，与野兽没有什么区别。"①

可以看到，贾汉吉尔围圈大片丛林并逐渐紧缩围圈的制度，与蒙古人所使用的习惯非常相似。他对待丛林部落比马拉塔人对待丛林部落要仁慈一些，马拉塔人将他们当作有害动物和贱民来诱捕和杀戮。

当时的印度穆斯林被粗略地划分为西北地区穆斯林和沿海穆斯林。西北地区穆斯林不仅包括巴布尔及其继任者统治时期进入印度的莫卧儿人和波斯人，而且包括大量土生土长的穆斯林，即莫卧儿人到来之前的5个世纪里持续不断进入印度的移民后裔。

另一方面，沿海穆斯林主要是来自阿拉伯半岛和波斯湾的商人。在1500年之前的几个世纪期间，这些阿拉伯商人和波斯商人出现了大量的改教者，通过与沿海印度教徒结婚和正式或暂时联姻，兴起了混合出身的穆斯林群落，如西印度的"纳瓦亚特人"，马拉巴尔的"马

① FOSTER W. Early Travels in India，1583—1619［M］. New Delhi：Oriental Books，1985：154.

培拉人”或“莫普拉人”，半岛东海岸的“鲁百人”或“拉百人”。

这些阿拉伯人、波斯人、纳瓦亚特人和其他人在葡萄牙人到达东方之前已经建立了海上贸易。即使葡萄牙人控制了印度海洋之后，他们也无力将穆斯林商人阶级完全从商业领域赶出去。穆斯林商人阶级在沙·贾汗、奥朗则布和后期莫卧儿皇室代表统治期间继续在商业领域经营发展。

穆斯林人口中也包括相当数量的哈卜什人（阿比西尼亚人），他们最初主要是作为奴隶进口的。葡萄牙作家巴洛斯于1553年提到三个普里斯特尔·约翰国土上的哈卜什人，他们前来向葡萄牙船只兜售商品。差不多125年以后，福莱尔明确提到了这一穆斯林阶级。这些哈卜什人偶尔上升到高级职位，例如那位做过拉兹亚骑兵官的人，以及唯一统治过德里的女人。此外，建吉拉岛国首脑也是这些哈卜什人家族之一的后裔，他在印度西海岸历史上具有重要地位。①

莫卧儿时代的印度绝不是对世界其他地区封闭的国家。除了永久人口之外，16世纪，在印度沿海和偶尔在内地城市，可以发现来自欧洲、阿拉伯半岛、波斯、亚美尼亚、中国和日本的参观者和临时居民。这些外国人中有些为了贸易目的或长或短地定居在印度。

例如亚美尼亚人在苏拉特这样的贸易中心构成了人数不多但却非常重要的一部分。他们和一些土耳其商人在西瓦杰于1664年进攻苏拉特时，在“撒赖伊”中保护了他们和他们的商品，其中无疑有一位名叫科加·米纳兹的人。一位英国人在1663年写的一封信中提到

① EDWARDES S M，GARRETT H L O. Mughal Rule in India［M］. Delhi：S. Chand & Co，1956：298.

科加·米纳兹是有名的亚美尼亚商人。亚美尼亚人也在定居苏拉特的各种团体名单中被提及，包括在奥朗则布迪万关于西瓦杰袭击苏拉特城的命令中。爱德华·泰里将亚美尼亚人描述为印度的主要葡萄酒商人，伯尼尔提到阿比西尼亚国王向奥朗则布派遣了一位亚美尼亚特使。

与亚美尼亚人一样，犹太人也构成了印度贸易团体中人数不多但却非常重要的一部分。伯尼尔曾提到，其中一位犹太人来自君士坦丁堡，他在西瓦杰袭击苏拉特时表现出巨大的顽强性。他写道："西瓦杰知道这位犹太人拥有最值钱的红宝石，他打算将红宝石买给奥朗则布。虽然他三次被悬在他头顶上的剑击打膝盖跪倒在地，但是他顽强地保护红宝石，否认这个事实。"这一行为与犹太人相称，犹太人对金钱的热爱总是超过了对生命的热爱。

虽然帕西人（亦称拜火教徒、祆教徒、琐罗亚斯德教徒）团体人数相对较少，但是，他们在阿克巴统治时期获得了相当重要的地位。在16世纪初叶，他们还没有开始离开瑙萨里和其他古吉拉特地区，他们的祖先刚到印度时就定居在这些地区，他们主要以农业、木工业和类似职业为生。直到1578年他们才获得重要地位，这一年，印度帕西人牧师总部瑙萨里的主要"莫贝德"（琐罗亚斯德教的庙宇）达斯士尔·米合吉·拉那加入了阿克巴朝廷，给皇帝传授了琐罗亚斯德教的奥秘。

达斯士尔给阿克巴教授了琐罗亚斯德教的戒律、仪式和礼仪，对这位君主产生了非常大的影响，以至于人们认为他已经皈依了琐罗亚斯德教。据说他接受了每个帕西人穿戴的"萨德拉"（圣衫）和"裤斯提"（腰带），他肯定定做了火柱，按照琐罗亚斯德教规定点燃，放在皇宫里，由阿布勒·法兹勒负责它的永久维护。阿克巴授予达斯士尔200比加的世袭土地，1591年达斯士尔去世后，他将所赠土地增加到300比加送给他儿子，他儿子也拜访了皇帝。不管阿克巴是否完全真诚地皈依了帕西教，事实上从1580年起，他开始当众拜倒在太阳和火面前，并命令他的所有朝臣在黄昏点灯时肃然起立。[①]

关于人口中的欧洲人因素，唯一需要说明的是，直到16世纪末只有葡萄牙人占有重要地位，原因是他们占领了西海岸的果阿和其他地方以及东海岸的S.托姆。他们也占领了印度河和恒河口的贸易站，而在吉大港和孟加拉湾，他们以公开海上抢劫为生。

17世纪形势发生了变化，随着与西方新贸易关系的建立，日益增多的英国、荷兰、丹麦和其他欧洲国家的人来到莫卧儿帝国的海上和内陆城市。欧洲人口也不只是局限于商人和其他与贸易直接相关的人，因为据曼努西在1656年所说，就在沙·贾汗统治结束之前，米尔·朱木拉雇用了不下80个欧洲人，作为炮手和枪手。他们是在动乱时期为各种印度统治者服务的大批欧洲士兵和冒险家的先驱，这个动乱时期标志着由巴布尔所建立并由他著名孙子所组织的帝国的最终解体。

奴隶是莫卧儿帝国社会阶级的重要组成部分。虽然米加斯坦恩斯认为在公元前14世纪印度不存在奴隶，但是他显然论述有误。有充分证据表明，在印度大部分地区，各种形式的奴隶制从远古时代起就存在着。莫卧儿王朝的前任者，菲罗兹沙·塔格拉克非常勤勉于提供奴

① Vincent A S. Akbar：The Great Mogul，1542—1605［M］. Delhi：S. Chand & Co，1962：162-164.

隶，他非常关心此事，以至于命令他的采邑持有者和军官每当有战争就去俘获奴隶，挑选和遣送最好的奴隶为宫廷服务。在该城和各个采邑中，总共有18万奴隶，苏丹特别关心他们的供养和安适。这一制度在国土的最中心扎根，苏丹将对奴隶的适当管理视为他义不容辞的责任之一。

事实是，印度教和伊斯兰教法律都承认奴隶制和俘获奴隶。结果，在莫卧儿时期和莫卧儿以前时期，经常增加奴隶供应被认为是自然而然的和合情合理的事情。方法有三种：一是袭击村庄和掠走村民；二是将罪犯和无偿付能力的债务人变为奴隶作为对他们的惩罚；三是招募被父母在饥荒和匮乏季节出卖的孩子。这一过程无疑在阿克巴统治时期和他去世后两个世纪里一直被遵循。

然而，阿克巴的确努力限制奴隶贸易。阿布勒·法兹勒写道："皇家军队一直有一个习俗，他们在印度打胜仗时，强迫当地人出卖他们的妻子、孩子和受赡养者，并将他们沦为奴隶。但是，皇帝陛下受到他的宗教、谨慎和慈爱感情的激励，现在颁布命令，不许皇家军队士兵这样做。"这位编年史家将这个命令描述为"废除了奴隶状态"，这个说法是不恰当的，因为奴隶状态在整个阿克巴统治时期继续是一个公认的制度。另一方面，皇帝的确非常明智地禁止他的士兵参与这一已经导致严重弊端的制度。

值得质疑的是，这一禁令是否在他的后继者统治时期得到了遵守。如果我们相信威廉·芬池对贾汉吉尔统治时期的著名游戏项目"卡马尔加"的描述，那么我们就会发现原始森林部落和其他低等人被看作与野兽处于同一地位。这项游戏运动在于，由军事卫兵组成一条线或一个圈来包围一大片地区，并逐渐收缩这个包围圈，直到在合适的空间里进行大量比赛。这样，被俘获的野兽或者被杀死或者被处理，而“住在森林和沙漠里的贫穷悲惨的人和盗贼”则被送往喀布尔的市场换取马和狗。这可能指的是德拉维达和喀拉尔森林部落，如散塔尔人、冈德人、比尔人、米纳人或其他人。他们在莫卧儿时代被视为完全处于人类范围之外，在马拉塔统治下遭到无耻的诱捕和屠杀。在莫卧儿统治下，绑架也很盛行，特别是在孟加拉，据一些作家所说，大量宦官就是通过绑架提供的。[①]

但是，印度并非奴隶供应的唯一来源。非常昂贵的和被列为奢侈品的外国奴隶是从非洲和西亚进口的，特别是对阿比西尼亚人的需求量很大，同时也长期贩卖莫桑比克土著，大量奴隶也从波斯和更远的地区购买而来。在这个问题上，更应该谴责的无疑不是莫卧儿政府，而是当时的某些基督教国家政府。葡萄牙人的奴隶贸易在阿克巴统治结束时成为一个巨大的丑闻，以至于葡萄牙国王于1599年颁布了一项涉及残酷对待奴隶的命令。

他们的主要猎取地之一是桑德邦兹和孟加拉海岸的岛屿，这些地区在17世纪几乎被劫掠得空无一人。人们不禁觉得沙·贾汗在1629年将胡格利的所有葡萄牙人作为奴隶送往阿格拉的做法只不过是对葡萄牙人野蛮虐待他的印度臣民的恰当惩罚。荷兰人并不比葡萄牙人好到哪里去，但是他们主要贩卖阿比西尼亚奴隶，阿比西尼亚奴隶在西海岸的坎纳拉留下了他们令人好奇的混合人种的痕迹。

应该记住的是，与葡萄牙人不同，莫卧儿人通常对待他们的

① SMITH V A. Akbar：The Great Mogul，1542—1605［M］. Delhi：S. Chand & Co，1962：252.

奴隶不坏。伊斯兰教不是将奴隶当作要迫害的可怜动产，而是当作要善待的家庭成员，他们可能上升到富裕地位或担任职务。库特布·德·丁·阿伊巴克、亚尔杜兹、库巴查和伊勒突特米希的经历证明，奴隶并非不能追求省督的地位，甚至可以建立一个统治王朝。

除了家庭奴隶，还有农业奴隶，即农奴。农奴几乎肯定存在于“伟大莫卧儿人”统治时期的农村地区。村社农奴制可能是一个古老的制度，可追溯到16世纪以前的时期。可以设想，莫卧儿时期的农村人口构成和今天印度的农村人口构成之间的主要区别在于，莫卧儿时期存在大量无地劳动者和仆人阶级，他们没有选择自己主人的自由，而是必须为一个土地耕种者或许多土地耕种者工作，他们由于村社的习俗或传统而委身于这些土地耕种者。

莫卧儿时期农奴的地位很不乐观。在正常时期，他可能只能够获得聊以为生的报酬。而在匮乏和饥荒时期，他只能选择要么待在家里肯定挨饿，要么走上路边或丛林可能挨饿。他不能随意离开村社去找工作，只有当村社劳动力需求过剩时，才有可能获得主人许可而离开。

一方面，幸运的和工作卖力的农奴偶尔有可能上升到独立耕种者的地位。有证据表明，在后期，奴隶劳动者有时候被允许持有小块土地，当他们不需要在其他地方劳动的时候可以耕种他们自己的小块土地。人们也许可以假定，莫卧儿时期也存在着同样的情形，凭借节俭和良好经营，劳动者有可能逐渐扩大他的土地，直到获得足够的地位来证明他摆脱了农奴阶层。但是，考虑到当时的时代条件，这样的例子肯定不多。绝大多数无地劳动者就像他们生活在奴役状态中一样也必定死于奴役状态，他们也许寄希望于来生获取今生被否认的某些独立和安适。

莫卧儿帝国没有独立存在的职业阶级。伯尼尔指出，在德里，没有中间状态，一个人要么属于最高阶层，要么生活悲惨。换言之，那些从事医学实践，追求文学、艺术和音乐的职业阶级只能希望通过依附于帝国朝廷或省督周围来获取足够的收入，省督在周围环境方面效法君主。

职业阶级依赖中产阶级购买他们的艺术佳作或雇佣他们从事职业服务，然而这种大量的中产阶级人口并不存在。结果，莫卧儿帝国的从医人士和专业人士数量不多，对印度人来说，这一领域由于以下事实而受到进一步限制，即唯一能够保证其足够收入的皇帝赞助主要面向来自波斯和亚洲其他地方的外国人。

布拉克曼曾做过计算，阿克巴朝廷中的四分之三诗人和三分之一以上医生及乐师是外国人，他们的主要报酬来自他们幸运地从皇帝那里得到的“曼沙布”或“札吉尔”或现金薪水。他们中的一些人也从经验中得知，帝国朝廷中的职业生涯受到大量不稳定因素的干预。皇帝的恩惠来也匆匆，去也匆匆。薪水或“曼沙布”的分配由“萨德尔”部门负责，而“萨德尔”部门因腐败而声名狼藉，信誉扫地。一旦预算部门注意到要削减开支，那么这些赠予和薪水往往会被减少或取消。

除为朝廷和皇室服务之外，没有医生、文人和艺术家服务的市场。商人、农民、工人、仆人和奴隶等人民大众，大都没有文化或太贫穷，想不到雇用他们。在一些城镇，“维伊德”或“哈吉姆”（医生）过着朝不保夕的生活，因为一般民众都是用草药治病或者依赖巫术魔法治病。

道路和河流交通情况，构成了莫卧儿帝国社会生活不可或缺的一环。谈到当时的道路，人们必须记住，最好的道路也很不平整，没有铺碎石，不时有横跨小沟壑和小溪流的堤道，当道路穿过大一点的河流时一般都有渡口。苏拉特理事会在1666年写给东印度公司的信中说："这里没有砸平的道路或维修的公路，因此，最早的马车必须重新装上轮子，这使得早年的旅行非常困难和麻烦。"

像从加尔各答到旁遮普的现代"主干线"这样宏伟的跨桥和碎石公路，不管是在16世纪还是19世纪都没有被梦想过。威廉·斯里曼在1835年曾说："印度的所有道路不久就变成渠道，这些道路没有铺设碎石。由于每年有3或4个月不下雨，道路上的土因摩擦而变成了粉末，被风吹到周围的乡村。"①

印度大道不铺碎石的规定可以追溯到遥远的古代。旃陀罗笈多建立的孔雀王朝修建了许多大道，由一个行政部门来维持其正常运行。道路上每隔10"斯塔迪阿"（半印度"考斯"，1"考斯"约等于2英里）立一个柱子，标志着距离。佛教徒具有广泛的道路体系，赖伊斯·戴维斯充分论述了这一点。中国高僧法显留下的游记证明，笈多统治者完全接受了《政事论》中最初制定的原则，即道路建设是国王的职责之一。

舍尔沙·苏尔是莫卧儿时代第一位伟大的道路建设者，印度至少有4条大道归功于他。这4条大道将恒河三角洲与旁遮普和拉其普坦纳连接起来。他通过砍伐丛林、搬除障碍和修建"撒赖伊"（客栈、

① SLEEMAN W H. Rambles and Recollections of an Indian Official［M］. London：Cambridge University Press，2011：401.

驿站、旅馆），修建了现在从德里到阿格拉的道路（贯通马土拉到朱木拿河西的道路）。在此之前，这两个中心之间的旅客不得不穿过朱木拿河以东地带，这个地带位于朱木拿河与恒河之间。他为这些道路设置了不下1700个“撒赖伊”，在道路两旁种植了提供阴凉的树木。

因此，当阿克巴铺设了一条穿越萨特普拉山脉隘口从“上印度”到德干的公路，修建了拉合尔和阿格拉之间的皇家道路时，他只是继续了古代印度教政府理想所认可，并被胡马云能干的对手付诸实践的一项政策。拉合尔—阿格拉路长达四百多英里，它激起了后来的旅行家的赞誉。威廉·芬池在1611年提到了这条公路。汤姆·科尔亚特也谈到，在人们所旅行的这条道路的两边各有一排树，从拉合尔城尾延伸到阿格拉城尾，这是他所见过的同类景色中最无与伦比的景色。爱德华·泰里形容说，它是全世界最罕见和最有益的工程之一。

阿克巴统治时期建设和维修的大部分干道的特征是在道路两旁种植了树木，修建了有围墙的“撒赖伊”，供旅行者使用。威廉·芬池描述了位于查帕尔格哈塔的森古尔的“撒赖伊”：“与其说它们像留宿陌生人的客栈不如说更像漂亮的城堡，房间由非常漂亮的石头砌成，有锁子有钥匙，能够留宿1000人。”[①]

然而，除了干道，莫卧儿时期的道路不是很好，即使跨越小河的永久桥梁也不是很多。这类桥梁中最重要的是1564年到1568年之间由穆尼姆汗在乔恩普尔修建的10个拱门的大桥，这座桥仍然在使用。通常，必须通过津口、渡口或船桥过河，当河水泛滥时，通道就变成

① FOSTER W. Early Travels in India，1583—1619［M］. New Delhi：Oriental Books，1985：179.

主要难题之一。

据阿布勒·法兹勒说，道路和桥梁建设以及津口建设委任给了一个行政部门，在阿克巴统治时期，这个部门由身兼海军部首脑和工程部第一长官职务的官员来主持。这一双重职位由卡西姆汗担任，他主管阿格拉城堡的重建，特别熟练于建造供阿克巴军队通行的船桥。

阿克巴有关修建道路的政策似乎被贾汉吉尔所效法。伯尼尔谈到，根据贾汉吉尔的命令道路种植了双排树木，延绵150“里格”（1“里格”约为3英里），每“考斯”都建有小型金字塔和塔楼，用来指示不同的道路。负责道路保养的部门在贾汉吉尔时期一定存在，与阿克巴设立的道路保养部门相类似。可以肯定，奥朗则布由于长期处于行军作战当中，更加关注道路，通过这些道路，他的军队在与马拉塔人久拖不决的战争期间得到了给养。

除了道路和驿站之外，莫卧儿人很少投资于一般用途的公共工程。贾汉吉尔和沙·贾汗统治时期将大量金钱花费在宗教和个人目的的建筑上。虽然贾汉吉尔在布尔汉普尔建造了水路航道，主要用于他的军队调动，而沙·贾汗修建了拉维运河，但是，与花费10万卢比修建拉维运河、花费100万卢比在道拉塔巴德建造清真寺或花费600万卢比在德里修建皇宫相比简直是小巫见大巫。

贵族和富商效法皇帝所树立的榜样，建造陵墓、“撒赖伊”等成为时尚的花钱方法。然而，这些建筑物中有许多都在其修建者去世后塌毁，从而失去了它们所具有的作为建筑标本或公共便利的任何价值。

欧洲旅行家对莫卧儿帝国的城区津津乐道。阿克巴和贾汉吉尔统治时期的印度旅行家对城市和大镇的富有与繁荣留下了非常深刻的印象，而且没有理由认为城市居住条件在沙・贾汗和奥朗则布统治时期蒙受了很大的变化。拉尔夫・费奇谈到阿格拉是一个伟大的城市，人口众多，并对贝拿勒斯和巴特那的城市规模印象深刻。威廉・芬池将苏拉特描述成人口众多的城市，城里有许多公平商人的房舍，他访问了周尔纳普尔（加尔纳）宏伟而富有的城镇，并对艾哈迈达巴德、阿拉哈巴德和拉合尔评价很高。在他看来，阿格拉和拉合尔都似乎比伦敦大得多。他的评价被爱德华・泰里和芒瑟雷特所证实，他们断言在1581年拉合尔“不亚于任何欧洲或亚洲的城市”。[①]

与此同时，芒瑟雷特也指出了城区普遍存在的贫富分化现象。他曾从苏拉特旅行到阿格拉，并曾陪同皇帝进军喀布尔。他发现那里狭窄的街道和拥挤的人群使得每个城市的中心比郊区少了魅力，富人的奢华豪宅、悦人花园和装饰喷泉与大多数民众的悲惨茅舍和棚屋形成了鲜明的对比。他写道：“看到了一个城市，就看到了所有的城市。”

朝觐是莫卧儿帝国非常重大的社会生活内容。在印度教徒中，朝觐在当时与今天一样流行。但是，缺乏良好的快速旅行交通和设备肯定妨碍了许多人参加朝觐。而且，在阿克巴统治之前，穆斯林政府有征收朝觐税的习惯，朝觐税是一笔很大的收入。但是，1563年，阿克巴在马土拉征战期间，显然第一次听说了这一习俗，便下令在他的统治版图内废除朝觐税，理由是向聚集起来礼拜“造物主”的人征收税款违背了“神意”。据阿布勒・法兹勒说，废除该税意味着损失了数百万卢比的收入。虽然这一说法有点夸张，但是它表明朝觐印度教圣

① FOSTER W. Early Travels in India，1583—1619［M］. New Delhi：Oriental Books，1985：17、20、23、133、137、161、173、177、182、292.

地的人数肯定很多。

正是在德里以北的著名朝觐地坦尼萨尔，阿克巴于1567年目睹了两个山尼阿西斯教派之间的流血战斗，并命令他的一些好战侍从支持弱者一方。虽然奥朗则布对非穆斯林重新征收“季兹雅”（人头税），并奉行尽最大可能摧毁印度教寺庙的政策，但是，他显然没有重新征收朝觐税。他对印度教徒的态度得到了他的地方穆斯林官员的忠实效仿，这很可能导致了他统治时期朝觐“提尔塔”（圣地、朝圣）和印度教圣地的人数减少。

穆斯林去麦加朝觐自然是莫卧儿时代一年一度的重要事件，不过，从印度航行到吉达的人数不像我们在20世纪看到的人数那样多。早在15世纪，尼克罗·康提和其他旅行家就已经注意到，西海岸有大型的印度制造的船只，主要用于到红海的朝觐航海。其中，大约有6艘现存船只，非常巨大，仿效葡萄牙的大型帆船建造而成，但是不能在恶劣天气中很好地航行。它们每年从苏拉特和坎八叶湾其他港口出发，除了用作朝觐船外，还运载商品，红海贸易和朝觐交通就像在现代一样密切联系在一起。

巨型朝觐船似乎是整个莫卧儿时期前往希德加兹的交通特征。1612年萨里斯船长丈量了其中的两艘船“拉希米号”和“穆罕默德号”，每艘大约载重1500吨。而一两年后，爱德华·泰里在论述莫卧儿帝国时说，“通常从苏拉特到莫哈（莫克哈）的船只具有很大的载重量。我相信，其中一些至少有1400吨或1600吨，但是，由于建造得不好，虽然配有很好的军械，却不能很好地自卫。这些船只每年也运载大量旅客。例如，我们离开印度的那一年，在回来的一艘船上有1700人，其中大部分人不是去经商，而是出于忠诚去拜访麦地那的穆罕默德坟墓。”[①]

在阿克巴统治早期，阿克巴对麦加朝觐显示出相当大的兴趣，准备好为朝觐提供经济和其他各种帮助。大约在1575年，他颁布了一项总命令，任何想去朝觐的人可以从公共金库中支取他的费用。无疑他的大量穆斯林臣民利用了这个优惠政策。当时去麦加朝觐的名人中有阿克巴的姑姑古尔巴丹·贝甘姆和拜拉姆汗的遗孀萨里玛·苏丹·贝加姆，她嫁给了皇帝。这些女眷们被迫在苏拉特等待了整整一年，直到她们从葡萄牙人那里得到通行证，才最终顺利朝觐，并于1582年安全返回。

阿克巴也创建了有人带队的朝觐旅行队制度，为整个朝觐旅行队提供资金，任命苏丹·科瓦贾为“米尔·哈吉”（朝觐领袖）。他甚至表示愿意亲自参加1576年的朝觐旅行队。鉴于他的大臣们劝阻他不要这样做，他便抓住旅行队起程的机会，脱掉衣服，穿上“伊赫拉姆”（朝觐服），随着苏丹·科瓦贾开始他前往海岸的长途旅行，与苏丹·科瓦贾一起步行了一段路程。

与其他穆斯林君主一样，阿克巴偶尔也利用朝觐除掉大臣或贵族，出于政治原因，他们被认为不适合继续任职。这样的事发生在摄政者拜拉姆汗的身上，1560年，阿克巴通知拜拉姆汗，他决定自己掌握政府权力，因此拜拉姆汗应该完成他早已打算好的麦加之旅。

莫卧儿朝觐船每年往返红海航行自然与葡萄牙及其他欧洲民族建立了经常性的联系，这些人在竭力争取控制印度海洋。阿克巴继续与

---

① FOSTER W. Early Travels in India，1583—1619［M］. New Delhi：Oriental Books，1985：301.

葡萄牙人公平地维持友好关系，从而保证了麦加朝觐的安全进行。但是后来，葡萄牙人坚持要朝觐船像其他船只一样交纳执照费和贿赂，因此偶尔会制造一些麻烦。威廉·芬池描述了贾汉吉尔统治早期他们如何威胁要扣留一艘属于皇后母亲的朝觐船并将其运往第乌，除非给他们交纳10万“马赫穆迪”（4万卢比）。最后，他们将索求让步到约1000“里亚尔”（约2000卢比）和各种不同礼物，莫卧儿人很不情愿地满足了他们的要求。

有各种关于奥朗则布统治时期的朝觐记载。偶尔，欧洲船只也运载显要朝觐者去吉达，例如比贾普尔皇太后，她曾于1661年2月乘一艘小型荷兰船只航行。据曼努西记载，这位夫人曾朝觐4次。约翰·福莱尔博士记载，奥朗则布像作为正统派所应该做的那样，供养了4艘“巨大而粗糙的船只”，总是在苏拉特免费运输朝觐者，这些船只偶尔成为欧洲海盗的猎物。

最有名的例子是属于皇帝本人的“甘加·萨瓦伊号”朝觐船。该船1695年被臭名昭著的海盗约翰·阿无理（或爱无理）扣留。由于该船除了载有朝觐者外，还载有该季度红海贸易的收入约52万卢比，因此它价值不菲。该船被扣留的消息传到苏拉特后，激怒了苏拉特的穆斯林，莫卧儿省督被迫逮捕了所有英国居民，包括工厂厂长，给他们戴上镣铐，防止他们被暴民杀死。当然，英国商人在这个事件中是无辜的。但是，无疑，奥朗则布认为东印度公司在某种程度上对他们海盗同胞的错误行为负有责任，至少有一次，在1689年，命令西迪攻打孟买，以报复对莫卧儿朝觐船只的劫掠。

上述零散证据表明，去麦加朝觐是阿克巴和他的继任者统治时期穆斯林生活的一个经常性特征，不过，履行这一虔诚举动的人数无法与20世纪初印度所司空见惯的出国朝觐人数相比。

欧洲旅行家很少记载普通民众的社会生活。当时的作家特别是穆斯林历史学家实际上没有告诉我们任何有关普通人及其生活方式的事情，他们的记载局限于“国王、朝廷和征服的编年史，而不是国家和社会发展的编年史”。[①]事实上，从某种意义上说，帝国的历史可以仅仅看作是三个城市——拉合尔、德里和阿格拉——统治者的历史。

另一方面，也许农村人口的生活没有什么可记载的，由于贫困和缺乏教育，农村人口的生活肯定异常枯燥和单调。有关农村的更多信息是关于巨大灾难的，这些灾难不时地震荡着他们俭朴生活的平稳节奏。例如，饥荒经常横扫数千农村人口；霍乱、淋巴腺鼠疫和高烧等流行病也常常令人口减少；破坏性的洪水也很常见；由于莫卧儿统治时期森林广阔，因此由野兽攻击造成的人和动物丧生的可能性以及农田和作物受损的可能性比今天大得多。

可以肯定的是，霍乱存在于17世纪的印度，并且由于哈尔达尔、普拉亚格（阿拉哈巴德）和普里（奥里萨）等中心的朝觐聚会而或多或少地以流行病的形式在全国传播。虽然莫卧儿统治时期缺乏道路和其他交通，但是在伟大的“提尔塔”聚会的人数一定很多，虽然没有今天那么多。

1616年年初，即贾汉吉尔统治第十年快结束的时候，旁遮普突发瘟疫，症状与1896年孟买再次出现该病时非常相似。《伊克巴勒传》的作者莫哈马德汗记载，当该疾病即将发生时，老鼠像疯了似的冲出

① SMITH V A. Akbar：The Great Mogul，1542—1605［M］. Delhi：S. Chand & Co，1962：386.

洞穴，在房间的门和墙上到处乱撞，最后死亡。如果房主在看到这个信号之后立即离开房间躲到丛林中，那么他们的生命就得救了，否则，整个村庄的居民就会被死亡之手横扫。作者在400年前就确认了有关瘟疫的两个事实，这个事实现在被现代医学广泛接受，即老鼠与该疾病传播有关，必须立即疏散被感染地区。

1616年，当汤姆·科尔亚特抵达阿格拉时，时疫正在那里肆虐。贾汉吉尔在他的《回忆录》里也提到了，这场时疫几乎传播到了北印度和西印度的每个地区，持续了8年。该疾病的致命性以及医疗救护和救济制度的缺乏，肯定导致了非常高的死亡率。哈菲汗描述了第二次时疫的暴发，它于1689年发生在奥朗则布的比贾普尔营地，而第三次时疫于1703—1704年发生在德干。

关于其他形式的时疫，阿布勒·法兹勒描述了“毁灭性大风”，1575年流行于帝国东部各省。该疾病在高尔特别猛烈，用巴道尼的话说，事情来得如此突然，以至于活人无法掩埋死人，便将他们头朝前扔进河里。马尼穆汗、汗坎南和其他大量官员就死于这次流行病暴发，它可能属于某种致命的疟疾。

另一次严重时疫在贾汉吉尔1618年访问艾哈迈达巴德期间横扫了该城，在欧洲人和印度人中造成了惨重死亡率。这次时疫的确切性质无人知晓。一位现代作家建议将这次时疫确认为1918年在印度引起了惨重生命损失的所谓“流感”，但是这一确认一点也不准确。

印度容易发生严重的洪灾，在莫卧儿时期1584—1585年时，迈格赫纳三角洲发生了大洪水。受灾最严重的地区是巴格拉·萨尔卡尔，相当于现代巴卡尔干吉行政区的南部。据阿布勒·法兹勒所说，在这次洪水中，差不多有20万人畜死亡。

正如下层阶级居住的棚屋构成莫卧儿贵族豪华享乐大厅的一道灰暗风景一样，饥荒就像笼罩在帝国朝廷辉煌与奢华背后的一层阴影。阿克巴登基的那年，印度北部各省饥荒肆虐，特别是阿格拉和德里，首都荒芜一片。王位觊觎者阿达里国王的大臣喜穆完全漠视人民所受的苦难，当时，男人和女人相互为食，而他却用大米、蔗糖和黄油饲养他的大象。

古吉拉特于1573—1574年遭受了饥荒和瘟疫，结果居民不管富有与贫穷都逃离家园，流散外地。据阿布勒·法兹勒所说，严重而广泛的匮乏萧条盛行于1583年或1584年，它致使许多人失去了生计。但是，阿克巴统治时期的最可怕的饥荒开始于1594年，一直持续到1598年。像通常所发生的那样，它伴随着瘟疫，家庭、村社和城市人口锐减。一位当时的编年史家写道："人们以自己的同类为食，街道和马路被尸体堵塞，无法提供帮助将尸体搬走。"[①]

同样严重的饥荒于1630—1632年发生在德干和古吉拉特，当时是沙·贾汗统治的第四年和第五年。这场自然灾害的恐怖景象可以从官方史学家阿布杜·勒·哈米德的叙述中窥见一斑："捣碎的死人骨头与面粉混合在一起出售，宁愿选择儿子的肉而不选择他的爱。"英国旅行家皮特·芒迪也记载，在他从苏拉特到阿格拉之旅中，发现苏拉特和布尔汉普尔之间的大片地区遍野都是尸体，以至于他很难找到地方搭建一个小帐篷。

奥朗则布统治的第一年同样遭受了非常严重的饥荒，在北印度和

---

① SMITH V A. The Oxford History of India［M］. London：Oxford University Press，1981：362.

中印度造成了无以言状的灾难。托德描述了这次饥荒在马尔瓦尔造成的后果，他说："不再有种姓区分，首陀罗和婆罗门没有区别，水果、鲜花、各种蔬菜，甚至树木也被剥了皮，用以充饥，不仅如此，甚至人吃人！城市空无一人，家庭的种子丧失了，鱼儿灭绝了，所有的希望消失了。"

虽然印度容易发生周期性的灾难和严重的饥荒，但是，莫卧儿政府似乎没有作出任何全面或长期的努力提供救济。高死亡率、奴役儿童和同类相食是莫卧儿时代严重饥荒的正常伴随物，就像过去时代所发生的那样。

在1595—1598年的大灾难巡视中，阿克巴努力减轻灾难，他用天性热心的波哈拉代替谢赫·法里斯，担当主管救济措施的特殊职责。虽然没有有关他的安排的记录留传给我们，但是，可以肯定，他所做的只不过是给一些城镇饥民提供粮食而已。

《巴德沙本纪》(《帝王本纪》)的作者穆罕默德·阿民·伊·卡兹维尼断言："在1630—1632年的可怕饥荒期间，沙·贾汗开设了几个施粥处，20周的时间里施舍了15万卢比，豁免了十一分之一的土地税。"除此之外，就皮特·芒迪所见，政府没有对饥饿的人提供进一步的帮助。显然，豁免十一分之一的土地税意味着仍然要征收十一分之十的土地税。那么，从一个"处于极端不幸"和"失去任何生产力"的国家征收十一分之十的土地税是否妥当和可行值得质疑。无疑，死于饥饿和伴随而来得瘟疫的人无以计数。就连居住在城镇的织布工或其他产业工人也与农业人口一样遭受苦难。实际上，古吉拉特的织布业完全崩溃，以至于织布工弃家而走，英国代理商为他们的货船采办不到货物。

1658—1660年的饥荒显然同样严重，特别是信德。据苏拉特代理商在写给东印度公司的信中说，在信德饥荒横扫了大多数人民。他们在1660年4月13日的信中说，任何地方的饥荒都没有这里这么严重，活人无法掩埋死者。奥朗则布减轻他的臣民负担的努力只局限于颁布一项命令，即免除七十多项烦琐的税款和各种捐税，严格禁止征收这些捐税。即使这种计划中的救济也未能向人民兑现，因为据哈菲汗所说，皇帝的禁令没有生效，地方官员继续为他们自己的利益而征收几乎所有被禁止的捐税。①

同时代人记载的证据使我们相信，莫卧儿政府在这些定期巡视中没有提供实际上的救济，不管在由于缺雨而引起的一般季节性灾难还是上面提到的不幸而持久的饥荒中，农民都独自承受苦难，孤立无援。由于国家的需求阻碍了农民获得任何经济储备，而莫卧儿帝国官员的贪婪和腐化又加重了国家的需求，因此农民只能屈服于不幸。

缺乏适当的救济组织，缺少各地之间快速的交通工具，对世俗事务的宿命看法，所有这些结合在一起阻碍了拯救人的生命的任何认真努力。事实上，直到奥朗则布去世170年之后，纵使花费巨大代价也要保护人的生命才被接受为全面的国家救济政策的指导原则。

二、建筑生活：凝固的历史

斯里曼在他的《随笔与回忆》中引用了谢赫·萨迪的话："凡是

① SMITH V A. The Oxford History of India［M］. London：Oxford University Press，1981：423.

为了公众利益在身后留下庙宇、桥梁、水库和客栈等伟大工程的人，永远活在人们心中。”[①]诗人的话尤其适用于“伟大的莫卧儿人”建造的清真寺、宫殿和门廊。他们和他们的帝国、军事及行政机构已经被人遗忘，但是，象征着他们的天赋和个性的建筑成就却使他们永垂不朽。

印度的穆斯林建筑与其他国家的穆斯林风格一样，主要源于古代美索不达米亚（西亚的幼发拉底河和底格里斯河流域）的拱顶建筑，后来在萨珊尼德王朝统治下经历了某些发展变化，因此非常接近阿拉伯帝国阿巴斯哈里发时期（750—1258）巴格达所流行的风格。

圆顶是莫卧儿建筑的显著特征，印度教建筑没有这种特征，一些学者推测圆顶是中亚土库曼人钟形帐篷的模仿。但是，不管它的起源如何，圆顶与拱顶一样在巴格达非常有名，并从那里传播到整个世界。

当穆斯林第一次来到印度时，被迫雇佣来修建清真寺和其他纪念物的印度教徒工匠不会用真正的拱顶石建造穆斯林风格的拱顶。但是，到14世纪他们克服了这一难题，不再依赖于他们自己的建筑方法来实施莫卧儿统治者的设计。然而，印度教思想和建筑风格对穆斯林设计产生了逐渐但却稳定的影响，可能成为莫卧儿时代之前印度不同地区建造的各种穆斯林建筑风格的直接原因。

例如，塔格拉克王朝纪念物的简朴厚重与独立的孟加拉穆斯林国王统治时期发展起来的穆斯林风格没有共同之处；比贾普尔苏丹国和

① SLEEMAN W H. Rambles and Recollections of an Indian Official [M]. London: Cambridge University Press, 2011: 410.

高康达苏丹国的风格彼此不同；二者与华丽的古吉拉特地方风格有明显区别，对印度教和耆那教建筑产生了非常显著的影响。

印度教对建筑风格的影响一直贯穿于整个莫卧儿时期，主要表现在莫卧儿建筑的窄柱、壁柱、梁托和其他装饰特点。特别要注意的是，在阿克巴统治时期，他在对波斯文化和语言表现出某种偏爱的同时，在建筑问题上有意利用印度教资源。

的确，莫卧儿皇族逐渐屈服于印度环境的影响，这一点最清楚地表现在他们对自己的陵墓的处置上：祖先的陵墓在撒马尔罕；巴布尔希望他的遗体从阿格拉运回喀布尔；胡马云的陵墓在德里；阿克巴的陵墓在锡坎达拉；沙·贾汗的陵墓在阿格拉。

但是，虽然莫卧儿时期的建筑在装饰细节方面大量吸收了印度教理念，但它们的类型和建筑原则基本上是穆斯林的。这一点在仍然留存下来的巴布尔和胡马云时期的建筑上表现得特别明显：它们没有显示出任何印度影响的痕迹，不管是完整的还是半毁坏的，都是典型的穆斯林特征。

莫卧儿建筑的突出特征是显眼的圆顶、四角细长的角楼、由柱子支撑着的宫殿大厅和印度-撒拉逊（希腊人和罗马人对十字军东侵时期的阿拉伯人或伊斯兰教徒的称呼，泛指穆斯林）式大门。这种大门的形式是一个巨大的半圆顶，下陷在正面墙壁里，在整个建筑物里占有很大分量，但是实际入口是一个拱形下的小长方形开口。这种门廊最典型的例子是法特普尔·西克里的“布兰德·达瓦扎”（“大门”），建于1601—1602年，以纪念阿克巴征服古吉拉特。

除了奥朗则布之外，所有早期莫卧儿皇帝都是伟大的建筑家，奥朗则布热心于摧毁印度教庙宇甚于建造他自己宗教信仰的圣陵。巴布尔在印度的统治虽然短暂，但是他在空闲时召集著名阿尔巴尼亚建筑家锡南（奥斯曼帝国许多重要建筑都由他设计）的君士坦丁堡学生，让他们建造清真寺和其他建筑纪念物，以纪念他对印度斯坦的征服。

巴布尔在他的《回忆录》中提到，每天有680个印度石匠在阿格拉从事建筑工作，在西克里、比阿纳、瓜廖尔和其他地方，每天雇用近1500人从事建筑工作。巴布尔时期的建筑只有两处留了下来，即他于1526年在帕尼帕特战役胜利后在帕尼帕特修建的大清真寺和在罗希尔坎德的萨姆巴尔修建的贾米清真寺。

水彩画《法特普尔·西克里的布兰德·达瓦扎》

胡马云时期的建筑也历尽沧桑，因为在他风云变幻的生涯中抽空建造的建筑中，只留下了两处断壁残垣。其中一处是位于旁遮普希萨尔区法塔巴德的清真寺。这是一个巨大的、很匀称的建筑，装饰着波斯式的瓷釉砖，可能是胡马云1540年去信德的路途中建造的。

阿克巴统治之前，北印度所建造的设计最好和最高贵的印度-波斯风格建筑，可能是胡马云的对手舍尔沙的陵墓。它建造在孟加拉沙哈巴德区萨哈斯拉姆的一个湖中间的高柱上。这个建筑完全是伊斯兰教风格的，但是所有的内门廊都采用了印度教的梁托和横线脚，其风格一般被描述为介于“朴素的塔各拉克建筑和柔媚的沙·贾汗建筑”之间。①

随着阿克巴登上王位，莫卧儿建筑达到了无与伦比的辉煌程度。他留给后代的纪念物充分证明了阿布勒·法兹勒所说的话，即皇帝陛下设计了辉煌的建筑物，给他大脑和心灵的作品穿上了石头和泥块的外衣。可以肯定，阿克巴一贯一丝不苟，他掌握了公共工程部的每个工作细节，他本人提供理念，由聚集在他周围的专家将这些理念转变成实际形式。结果，无论是法特普尔·西克里的建筑、阿格拉的贾汉吉尔陵、瓜廖尔的穆罕默德·高斯陵，还是德里的胡马云陵，我们都会看到最高智慧和才能的印记。

阿克巴的活动不只限于使他闻名世界的伟大建筑杰作，他也修建要塞、别墅、塔楼、驿站、学校、池塘和水井。他规定了工匠的工资和建筑材料的价格。他一方面仍然坚持从他母亲那里继承来的波斯理念，另一方面印度教对他的吸引以及他有意实行将印度教臣民凝聚到帝国王权的政策，导致他将印度教建筑风格引进到他的许多建筑中。

① 爱德华兹，加勒特．莫卧儿帝国［M］．尚劝余，译．西宁：青海人民出版社，2009：238.

法特普尔·西克里全景图。法特普尔·西克里是阿克巴时代建筑折中风格的典范，被公认为是伊斯兰建筑与印度传统建筑融合的最佳代表，体现了阿克巴倡导的印度、伊斯兰文化融合政策，也体现了阿克巴刚烈雄奇的尚武个性

这个风格在阿格拉城堡的贾汉吉尔陵中体现得非常明显。阿格拉城堡的贾汉吉尔陵不妨被看成是印度教土王的宫殿，这个风格也在法特普尔·西克里的一些建筑中体现出来。法特普尔·西克里是一个坚决遵守被征服国家传统的城市，在这个城市，征服者只在唯一的建筑清真寺上坚持了自己的主张，因为在这个问题上没有选择的余地。

阿克巴的这一融合思想也体现在老德里著名的胡马云陵墓上，该陵墓建于1596年初。虽然人们通常认为这个陵墓受波斯艺术的影响，但是其外表与纯波斯风格有所不同。它随意使用白色大理石，而白色大理石在波斯建筑中是不常见的；它缺乏彩色砖装饰，而彩色砖装饰是波斯建筑非常喜欢使用的。这个建筑的不同寻常之处也在于它提供了一种印度最早的建筑形式，即“坐落在高颈之上、轮廓稍微隆起的双圆顶”，这个建筑形式出现在撒马尔罕的帖木儿陵墓和比比·汗纳姆陵墓中，最早可以追溯到建于11世纪末叶的大马士革倭马亚清真寺。

一般而言，阿克巴统治时期的建筑结合了印度教和伊斯兰教特征，有时候以印度教特征为主，有时候以伊斯兰教特征为主，因此，它被正确地描述为印度教-伊斯兰教的混合风格。法特普尔·西克里也许是阿克巴才华的最显著的证据。法特普尔·西克里是阿克巴围绕虔诚的谢赫·奇什提隐修地建造的，从1569年到1584年曾是帝国朝廷所在地。

维卡姆特·德胡米尔评论道：“在这个意义上，它是比凡尔赛更为完美的创造，后来的统治者没有为它增添任何新东西。凡尔赛暴露出一个审美缺点——唯一的缺点——它轻率地重复对人的奴性神化，这一奴性神化是被君权和显位强加的，它缺乏知识，缺乏哲学和人的渴望。阿克巴的个性是多么不同！他的折中主义为同时代的菲力普二世或一个世纪以后的‘龙骑兵’（法国国王路易十四使用的用来迫害新教徒的骑兵）君主提供了多么好的教训！”①

① EDWARDES S M，GARRETT H L O. Mughal Rule in India［M］. Delhi：S. Chand & Co，1956：307.

这是一座红砂石的五层高阁，从下向上逐层缩小，底层共有56根列柱，顶层只有一间四柱钟形小亭，是专供后宫佳丽游憩的“潘查玛哈尔”（五层宫）

这个荒废了的阿克巴城中的许多主要建筑几乎原封未动地保留了下来，但是大部分已经不可挽回地毁灭了。然而，存留下来的建筑——“克瓦布加”（“梦屋”）、案卷室、“迪万·伊·卡斯”（私人谒见厅、枢密殿）、“迪万·伊·阿姆”（公共谒见厅、勤政殿）、大清真寺，等等——足以使人们认识到从前主体建筑的恢宏气势，这些主体建筑使红砂石屋脊登峰造极，形成了世界上最富有的君主的卫城。

维卡姆特·德胡米尔描述了“迪万·伊·卡斯”，断言很难想象出比它更生动的画面：“在其中央，有一个柱子，柱子上的精美雕刻使人想起位于锡坎达拉的皇帝陵墓顶端的装饰，这也许是一种有意的巧合。人们也许会说，这个中央柱子本身是根据公主们经常前来睡觉的“潘查玛哈尔”（五层宫）的露台构想的，它延伸到一个巨大的圆形柱顶里。从这个圆形柱顶上，四个阳台岔开通向楼阁的四角，阳台带有低开口格子结构的石栏杆，楼阁的第二级平台通过楼梯与地面相连。皇帝宛如莲花萼中的神，坐在用翅托支撑起来的柱顶中央。每一个大臣占据一个角。通过壁柱之间的壁洞，眼睛可以看到宽阔和圆形的地平面整体，壁洞或者敞开或者用交错的石头组成的屏幕关闭。主人的意志在这里就像灼热的炉膛辐射到苍穹四角一样，射向帝国的边缘。我知道，权力和责任的意志的实现，没有比这更具有诗意的了。”

也许，阿克巴城最雄伟的建筑是“布兰德·达瓦扎”，它用大理石和沙石建成，是清真寺的南门。权威人士曾将它描述为全印度最完美的建筑成就之一。它在门外汉心目中的印象，可以从访问过法特普尔·西克里的维卡姆特·德胡米尔的描述中得到最好的了解：

> 这个大门有150英尺高，中间拱门开到半圆顶，形成轮廓的四边形的四个角上有四个尖塔，宽阔的台阶通向入口，台阶的斜坡一直持续到地面，使得这个大门成为这一类大门中无与伦比的不朽之作。从下面村庄的边缘来观察，效果非常雄伟，它下面的山脚下堆积着村庄的简陋茅舍。这一雄伟效果在于这个庞然大物和它周围环境之间形成的巨大反差，很不相称，也在于这个石头天篷壮丽的上升跃距。它的尖塔看起来就像从前在当地草原中向土邦征服者举起野兽皮或五颜六色地毯的旗杆。就我所知，只有另外一个不朽之作的竖杆达到了同样的恢宏程度，那就是比优瓦斯大教堂。它是同一首“天上的和撒那”！（“和撒那”是赞美上帝的话，“天上的和撒那”也翻译成“欢呼之声响彻云霄”，是天

主教弥撒曲中常见的歌词）。关于其他的，具有抒情风格的穆斯林碑文赞美道：

它的米赫拉布（清真寺建筑里面的穹隆部分，念“阿赞”之处）就像宽眉黎明女神，它的尖顶就像银河，它的大门大声疾呼！当你面对那个令人生畏的拱门，似乎会产生一种神奇的感情展现，一种富有灵感的感情转化，仿佛它是一种持续不断的胜利呐喊，它来自使它自豪地升起于印度斯坦地平线基座的顶端，比一百个有名的喇叭更嘹亮。伟大的、自豪的呐喊响彻富饶的平原、平静的城镇、未被征服的丛林，消失在南方海岸令人惊讶的低语声中。然后，人们想到了别的话，这些话写在三重丝带构成的丰富多彩的长方形中，根据几乎永恒不变的仪式，在这个长方形中，拱门的制作庄严朴素。

这些话是：世界是一座桥，从桥上走过，但不要在桥上建房。世界是一瞬间，在祈祷中度过它吧，其余一无所见。你的最大财富是你所给予的施舍物。要知道，世界是一个镜子，好运在那里出现了，接着又溜走了，不要将你的眼睛看不到的东西说成是你的。

对这些纯洁的话语、宏伟的物质、逼真的艺术奇迹的崇敬，混合着一种思想、敬仰和伤感的成分，它构成了这些珍贵的完美感情的一部分，时间不能将它从我们的记忆中抹去，我们会不惜任何代价拥有它。①

① EDWARDES S M，GARRETT H L O. Mughal Rule in India［M］. Delhi：S. Chand & Co，1956：307.

法特普尔·西克里的布兰德·达瓦扎。这座巍峨雄壮的清真寺大门是为纪念阿克巴征服古吉拉特而增建的凯旋门（一说是为纪念阿克巴征服德干而建），它融合了波斯式的刚健明快与印度式的浑厚奇拔，成为阿克巴时代建筑风格的杰出代表

可以毫不夸张地断言，再也不会创造出像法特普尔·西克里这样的奇迹。因为，用弗尔古森的话说，它完全是建造它的那位伟人思想的反映。虽然长期荒芜，布满岁月的伤痕，但是它仍然非常感人地展现了一位伟人的人格。

除了上面提到的建筑名作之外，阿克巴还建造了许多其他工程。例如，锡坎达拉的建筑、阿格拉的阿克巴宫、阿托克城堡、阿拉哈巴德城堡。威廉·芬池听说，阿拉哈巴德城堡的建造花了四十多年时间，一度使用了2万名各种宗教信仰的工匠。在威廉·芬池访问阿拉哈巴德城堡时，仍然有5000人在为此工作。

贾汉吉尔统治时期建造的建筑数量，与他父亲的建筑记录相比，似乎少得可怜。但是，其中有些建筑具有独特的趣味和价值。没有什么比阿格拉附近的伊提马杜·德·道拉陵墓更漂亮的，它由努尔·贾汉皇后于1628年所建。它完全由白色大理石建造，采用“皮特拉·杜拉”（彩石镶嵌）工艺用宝石装饰而成。

贾汉吉尔统治时期在拉合尔和其他地方还建造了其他一些有名的纪念物，如位于锡坎达拉的宏伟的阿克巴陵墓，它是贾汉吉尔皇帝下令于1605年至1612年建造的。这个陵墓的设计特色是有5个正方形露台，越向上越小，在某种程度上与法特普尔·西克里的阿克巴五层楼阁“潘查玛哈尔”很相像，一些权威人士认为它是从印度佛教“维哈拉”（寺院）模仿来的。然而，它与古代高棉建筑的两个主要类型之一很相像，至少非常接近。鉴于此，另一位权威人士认为，阿克巴陵墓的设计也许是由贾汉吉尔朝廷来自远东的工匠建议的。这个看法并非完全没有可能，特别是弗尔古森和另一位权威人士都一致认为，顶层的设计想必包括了衣冠墓上方的轻巧圆顶，这种建筑在印度从来没有见过——顶层呈拱状屋顶，这是古代柬埔寨高棉建筑的公认特征。

到了沙·贾汗统治时期，印度-波斯建筑风格的美轮美奂达到了登峰造极的地步。沙·贾汗建造的建筑造价巨大，据有人估算，光泰姬陵造价就约450万英镑。除了阿格拉的宫殿、花园、珍珠清真寺和泰姬陵，以及德里的宫殿、“尔德加”（伊斯兰教尔德节即开斋节会礼的地方）和“加马马斯吉德”（聚礼清真寺、大清真寺）外，他还在拉合尔建造了宫殿和花园；在喀布尔建造了城堡、宫殿和清真寺；在克什米尔建造了皇家建筑；在阿季米尔、艾哈迈达巴德和其他地方建造了各种建筑；在坎大哈和其他地方建造了城堡。虽然无法精确估算这些建筑的花费，但是其造价肯定以千万计。沙·贾汗所有主要建筑物的风格基本上是波斯式的，但与此同时，与大量使用白色大理石和精美装饰的波斯理念又有明显的不同。①

德里红堡斜对面的大清真寺。约建于1644—1656年，是沙·贾汗敕建的印度最大的莫卧儿清真寺，以红砂石与白色大理石混合修筑，庭院由红砂石铺筑，三面围以红砂石回廊，西侧的红砂石礼拜堂上方有三个白色大理石鳞茎状圆顶，正面中央有波纹状连弧大拱门，两侧较低的侧厅均为有五个波纹状连弧拱门的连拱廊，南北两端耸立着两座尖塔，在拱门和尖塔表面都饰有白色大理石嵌板或长条饰带，装饰端严，配色协调

沙·贾汗统治时期建筑作品的另外一个显著特征是，装饰最精美建筑物的透雕细工窗花格和“粗犷图案与阴柔雅致的恰当结合”，其

① EDWARDES S M，GARRETT H L O. Mughal Rule in India［M］. Delhi：S. Chand & Co，1956：309.

代表作是泰姬陵。泰姬陵被许多仰慕者描述为这个世界上无与伦比的美景之一，它也的确是这个世界上无与伦比的美景之一。

泰姬陵的修建始于1631年玛哈尔皇后去世几个月之后，直到1653年才最终竣工。每天雇用2万人从事修建工作。建筑师的确切身份一直存在争议，文森特·史密斯认为泰姬陵是“欧洲和亚洲天才相结合的产物”，这一结论受到茂尔维·莫伊奴·德·丁·阿赫马德的否定，他将泰姬陵的设计归功于一个叫作伊撒·阿凡迪的“突厥-印度人”，并列举理由认为法国专家或意大利专家参与了泰姬陵设计和修建的假设是不可信的。

泰姬陵白色大理石圆顶寝宫。泰姬陵是印度伊斯兰建筑最完美的杰作，是沙·贾汗时代典雅优美风格最典型的代表，堪称莫卧儿建筑的“皇冠”。泰姬陵反映了伊斯兰教描绘的复活之日的乐园意象，花园中心有一个凸起的白色大理石水池，四条红砂石砌成的长长的水渠笔直地通向四方，象征着从“伊甸园”流向世界四方的四条河流。泰姬陵花园里红砂石铺筑的甬道，成排丝柏夹峙着狭长的水渠，一直通向北侧中央白色大理石的圆顶寝宫

在沙·贾汗的最初设计中，要修一座雄伟的大桥横跨朱木拿河，将泰姬陵和同样辉煌的皇帝本人的陵墓连接起来。但是，这一设想一直未能实现。现在没有什么东西连接朱木拿河两岸，除了不时有一群飞翔的绿色长尾小鹦鹉从水面上掠过，从黄昏的金色箭筒中偷来的绿宝石箭头带着从欲望到死亡的信息在河水上空轻柔地漂过。

泰姬陵的名声掩盖了同样也是由沙·贾汗修建的另一个更早的陵墓的名声，即拉合尔附近沙达拉他父亲的漂亮陵墓。虽然它在兰吉特·辛格时期被严重毁坏，但仍然是一幅壮丽美景。正像泰姬陵遇到的情形一样，多年来也有谣言将贾汉吉尔陵墓归功于欧洲人。贾汉吉尔的著名配偶努尔·贾汉葬在附近的一个很不起眼的陵墓里，这表明她丈夫去世后她可能遭到了冷落。

关于沙·贾汗在阿格拉和德里修建的两个宫殿，据弗尔古森所说，阿格拉宫殿比德里宫殿更有情趣，而德里宫殿如果从整体来看则明显地展示了沙·贾汗的个性，就像法特普尔·西克里反映了阿克巴的个性一样。这两个宫殿都很宏伟壮观，特别是德里宫殿，塔维尔尼尔给德里宫殿中的“迪万—伊—卡斯”及其最初的银质天花板估价为2600万法郎。

但是，沙·贾汗统治时期最完美的建筑遗产也许是阿格拉城堡中的“莫提马斯吉德”（珍珠清真寺）。在这个建筑中，“伟大莫卧儿人”采用的风格达到了纯洁和高雅的顶峰。维卡姆特·德胡米尔写道：

“这些齿状拱门和这些优美外观所产生的神秘印象，比哥特式垂直阶梯更具强烈的冲击力。世界上最大的塔巨型泰米尔塔所产生的神圣感似乎混乱、奢华、浑浊，除了从这一信仰和恩典行为中散发出热情之外别无他有，这一信仰和恩典行为寓于中心火焰所产生的最完美的物质实体。希腊庙宇的宁静没有那种僵化于美丽之中的激情。一个欢迎由自然力的作用、云浪风的产物所产生的神性，这个神性源于原始神话，就像花朵源于花蕾；另一个认为神性不可想象，在富有诗意的炽热石头中呼唤它。它就像欢乐和狂喜之间的区别一样。但是，不要想象成珍珠清真寺给人的感觉中有任何的不安和哀伤。第一个感觉是平和与宁静。只是到了后来，人们才开始感受到信仰者纯洁冥想方能获得的那种热情。然后，一种仿佛由白热化的金属发出的热浪所引起的震颤掠过这些大理石。接下来，一切再次归于平静。圣殿活了，一个神秘的灵魂在欢乐与痴迷之间震颤。”①

随着奥朗则布登上王位，莫卧儿建筑风格迅速颓废。与他的前任者相比，奥朗则布很少兴土木，在他统治时期修建的还算有点价值的几个建筑物中，最好的也许是竣工于1674年的拉合尔清真寺。它是德里大清真寺的翻版，但是明显“不如那个高贵的建筑”。另外一个还有些特点的建筑物，是德里的济纳土·恩·妮萨清真寺。但是，总的来说，奥朗则布统治时期的印度-波斯建筑以逐渐衰退为特征，最后被18世纪奥德国王的粗糙建筑所取代。

马赛克（镶嵌工艺）是莫卧儿帝国常见的建筑装饰。莫卧儿时代的工匠精通马赛克和镶嵌装饰。在阿克巴统治时期，这种装饰限于由模仿罗马和拜占庭小型镶嵌物组成的马赛克，它结合了波斯几何图案。这些成为普通大理石镶嵌的补充，可以在法特普尔·西克里的大清真寺中看到。然而，到贾汉吉尔统治结束时，它们似乎已经

① EDWARDES S M，GARRETT H L O. Mughal Rule in India［M］. Delhi：S. Chand & Co，1956：311-312.

被技术上叫作“皮特拉·杜拉”的新奇镶嵌形式所取代。这种镶嵌形式由纯宝石或半宝石组成，如玛瑙、碧玉、肉红玉髓等，把它们切割成细片，整齐地镶嵌在磋好的大理石槽孔中。这种工艺的最早样品可以在乌代普尔的高尔·曼达尔和阿格拉的伊提马杜·德·道拉陵墓中见到。

虽然不能绝对肯定莫卧儿皇帝是从什么渠道获得“皮特拉·杜拉”知识的，但是它很有可能是由帝国朝廷雇佣的一些外国工匠从意大利引进的。一旦它为人所知，便得到印度教和伊斯兰教工匠的随意使用。沙·贾汗统治时期，它已经完全取代了旧的马赛克装饰。这明显地体现在他在德里和阿格拉建造的建筑物中，他在这两个城市建造的宫殿以及泰姬陵都大量采用了“皮特拉·杜拉”镶嵌技术。

珐琅瓦或琉璃瓦也是莫卧儿帝国常见的建筑装饰。据说，珐琅瓦或琉璃瓦装饰最初源于巴比伦，从那里传到了呼罗珊和撒马尔罕。莫卧儿建筑物的墙壁和圆顶上使用的这种特殊瓦被称为“卡什”或“秦尼”。这类装饰物似乎在沙·贾汗统治时期受到了喜爱，不过，这种瓦在舍尔沙和胡马云的早期陵墓中也可以看到。这种建筑最精美的样品可以在拉合尔的瓦齐尔汗清真寺尖塔以及阿格拉的秦尼—卡—劳扎墙壁上看到。瓦齐尔汗清真寺尖塔建于沙·贾汗统治时期，秦尼—卡—劳扎墙壁可追溯到奥朗则布统治早期。虽然秦尼—卡—劳扎墙壁在岁月流逝中饱经风霜，但是残留下来的部分足以显示出，整个外表覆盖着各种图案的镶嵌瓦。在拉合尔城堡墙壁上可以看到更惊人的景象，497码长、17码高的墙面上镶嵌着彩绘瓦，描绘着斗象和其他场面。[①]

① EDWARDES S M，GARRETT H L O. Mughal Rule in India［M］. Delhi：S. Chand & Co，1956：313-314.

莫卧儿皇帝沙·贾汗的浮雕玉石，具有珐琅、玛瑙和金质的框架

三、异彩纷呈：璀璨的艺术遗产

莫卧儿绘画史与莫卧儿建筑史很相像，它随着帝国的繁荣而繁荣，随着帝国的衰落而衰落。

正如莫卧儿建筑风格与设计最初由阿克巴从波斯引进并因与印度教思想接触而不知不觉转变为混合式印度-波斯或莫卧儿风格一样，莫卧儿时代的绘画艺术虽然源于波斯，但实际上是波斯和印度思想的混合产物，并发展成为“莫卧儿”和“拉其普特”两个绘画流派。这两个流派的成功都归功于帖木儿后裔的鼓励与支持。

印度教绘画以早期佛教僧侣绘画艺术为基础，它与波斯艺术根本不同。波斯艺术与远东艺术流派有密切关系，但是当早期莫卧儿皇帝将波斯绘画风格引入印度后，它很快吸引了“许多印度本土艺术家，即世代接受使用画笔的世袭画家”，并被他们改造来适应他们自己的独特思想。印度教画家的方法与波斯流派的方法没有什么不同，但是“在总的动机、感情和倾向上”，他们所发展起来的流派具有完全不同的基调。莫卧儿流派“局限于展示宫廷的某种物质生活，即国家活动、进军、狩猎和富足的东方王朝的所有别致而又野蛮的壮丽场景”，而印度教艺术家则“在精神和肉体上生活在另外一个更加抽象深奥的环境中，为印度教赞助人工作，从印度古典作品、家庭主题和他们祖国及宗教信仰的生活和思想实例中获取绘画素材”。①

波斯绘画方法被莫卧儿人引进，进而被印度教工匠吸收，但这个绘画方法本身是中国艺术的地区化形式，它的独特特征归因于由蒙古人所建立并由帖木儿人继承的远东流派的联系。在该艺术进入印度之前的那个时期，它的两位最伟大的倡导者是赫拉特著名的比赫扎德和他的学生大不里士的阿加·米拉克。比赫扎德发明和发展了真正的肖像画法，被称为“东方拉斐尔”（拉斐尔为意大利文艺复兴时期的画家）。比赫扎德曾受到苏丹侯赛因·拜卡拉的恩宠，后来为波斯萨法维王朝创建者伊斯梅尔服务，事实上，比赫扎德标志着波斯绘画从帖木儿时代的蒙古风格向萨法维王朝时期更精美的风格的转变。

一位著名权威人士曾说，中国和日本绘画最显著的特征在于它的线条，波斯绘画最显著的特征在于它的线条和颜色，印度绘画最显著的特征在于它的颜色。这些特征在莫卧儿统治者赞助的艺术家的作品中得以同化、融会和结合，一方面引起纯穆斯林艺术的逐渐转变，另

① BROWN P. Indian Painting under the Mughals A.D. 1550 to A.D. 1750［M］. New Delhi：Cosmo Publications，1981：60.

一方面引起印度教绘画艺术作品的新发展。

巴布尔虽然不会绘画，但他却是天生的艺术家，具有准确的观察能力和对大自然的强烈兴趣。在几夜狂欢之后，他经常站在苹果树前，全神贯注地沉思，欣赏秋天树叶的优美颜色，无论技艺如何高超的画家都无法描绘这优美的颜色。莱恩普尔写到，他总是敏锐地观察大自然的美，为发现一棵他以前没有见过的甘松而兴奋不已，总是不知疲倦地给人讲述他特别喜爱的花园里的花朵的可爱，狂欢放荡从来没有减弱他对这种喜悦的欣赏，也没有减弱他对诗歌和音乐的兴趣。他似乎没有作出任何推动印度绘画艺术的努力，但是，他的《回忆录》的波斯版作者阿尔瓦表示，像他的帖木儿祖先一样，画家在他的赞助下工作，这部手稿中的插图可以看作是他统治时期所流行的绘画风格的展现。①

胡马云曲折多难的命运使得他没有机会鼓励印度的艺术，他在这个方面可能制订的任何计划都因他的早逝而夭折。但是，他在波斯流浪期间以及后来在喀布尔度过闲暇时光的方式证明，他完全保持了帖木儿家族的艺术品位，他和巴布尔一样是大自然的热情欣赏者。除了观赏呼罗珊的所有花园外，他还熟悉波斯音乐和散文，熟悉当时在塔玛斯普沙慷慨赞助下繁荣兴旺的主要艺术家的画室或流派。这样，他在大不里士接触了著名的比赫扎德的学生米尔·赛伊德·阿里和科瓦贾·阿布杜斯·萨马德，并说服他们两个于1550年加入了他在喀布尔的宫廷。

① BINYON L，ARNOLD T. Court Painters of the Grand Mughals［M］. London：Oxford University Press，1921：14.

胡马云统治时期，为数不多的一些图画深受波斯影响。风格一般相同，鹅蛋形的脸只露出四分之三。与耆那教和印度教的绘画传统相反，眼睛一般画得很小。这幅插图很好地体现了这一风格，它是莫卧儿绘画流派核心人物米尔·赛伊德·阿里创作的一幅画，表现的是一位年轻的书记员

在喀布尔宫廷，胡马云和他年幼的儿子阿克巴在这两位艺术家指导下学习画画和绘画艺术；在那里，他还委任米尔·赛伊德·阿里为《艾米尔·哈姆扎传奇》准备插图。这是一个持续了好几年的艰巨任务，需要科瓦贾·阿布杜斯·萨马德和其他艺术家的合作。实际上，胡马云的这两位被保护人在喀布尔与几位可能来自波斯或印度的助手一起工作，他们构成了莫卧儿绘画流派的核心，这个流派在阿克巴统治时期非常有名。毋庸置疑，阿克巴对绘画艺术给予赞助和鼓励是受到了他父亲的影响，他将胡马云如果活着可能实施的政策付诸实施，胡马云的教诲坚定，并提高了他从远祖那里继承来的绘画兴趣。在这个意义上，可以将胡马云看作是莫卧儿绘画流派的最早创始人。

在阿克巴统治的最初几年，他没有闲暇时间鼓励艺术，他主要致力于使自己摆脱后宫和宫廷贵族的监护，巩固他的权力。与此同时，米尔·赛伊德·阿里继续准备他给《艾米尔·哈姆扎传奇》绘制的插图，直到他将插图工作转交给科瓦贾·阿布杜斯·萨马德，动身前往麦加朝觐。当时科瓦贾·阿布杜斯·萨马德由于书法技艺高超被誉为“世林—卡拉姆”（“妙笔”）。当时，波斯影响仍然占主导地位，《艾米尔·哈姆扎传奇》插图与大不里士流行的绘画风格非常相似。但是，到1562年，当表现印度教歌唱家潭森到达莫卧儿朝廷的著名绘画问世后，莫卧儿风格和印度教风格命中注定的混合就已经开始显露。

阿克巴向前迈进了一步。1569年，他决定修建法特普尔·西克里，并用这位画家的艺术名作做装饰。他已经为他的宫廷招募了少量训练有素的波斯艺术家和大量印度教艺术家。波斯艺术家以科瓦贾·阿布杜斯·萨马德为首，他们非常乐于使用印度艺术家作品中的任何优秀元素。印度教艺术家接受过专门的墙壁装饰训练，他们愿意运用他们的技艺制作皇帝所需要的绘画。结果是，虽然波斯画家和印度画家也许是独立进行工作的，但是他们在1570年和1585年之间通力合作对新首都墙壁所做的装饰，相互吸收了新思想并确立了印度-波斯艺术流派。

一个值得注意的事实是，形成阿克巴统治时期帝国绘画流派的大多数艺术家是印度教徒。虽然波斯画家或外国画家确立了风格，但是他们的人数很少。在阿克巴统治时期的17名真正有名的艺术家中，至少有13名是印度教徒，他们精通素描，素描是莫卧儿流派的显著特征。他们取得了很高的艺术水准，这从阿布勒·法兹勒所说的话中可以看出，他说他们的绘画超过了我们的想象。事实上，在全世界很少有人能与他们比肩。

他们中最主要的有巴萨万、拉尔和达斯万特，其中最后一位即达斯万特属于卡哈尔（抬轿种姓），他在声名显赫的巅峰时期患了精神病，自杀身亡。巴萨万精通背景画、相貌画、颜色搭配和素描。《阿克巴则例》中提到的其他印度教艺术家，如科苏、穆昆德、哈里班斯，大部分属于卡亚斯塔、奇特拉、西拉瓦特和哈提种姓，奉行合作绘画的习惯，以便取得最好的效果。主要艺术家草拟构图，然后每个画家绘制他所专长的部分。这个制度在《拉兹姆本纪》插图中得到了体现。《拉兹姆本纪》插图是主要委派给达斯万特、巴萨万和拉尔的一项任务，他们将每幅插图的不同部分的绘画委托给他们的艺术伙伴。[①]

① BINYON L，ARNOLD T. Court Painters of the Grand Mughals [M]. London：Oxford University Press，1921：45-46.

《哈姆扎和他的情人米赫尔·爱弗姿之子拉斯塔姆在阁楼上》。节选自《艾米尔·哈姆扎传奇》，是阿克巴时代的一幅画

阿克巴以他惯有的热情和事必躬亲的作风，开始了组织帝国绘画学派和鼓励绘画创作的任务。我们从《阿克巴则例》中得知，皇帝每时每刻鼓励艺术，因为他将艺术看作既是学习也是娱乐的一种方式。“达罗加”和文员每周将所有画家的作品摆在皇帝陛下面前，然后，他根据作品质量给予奖励，或提高月薪。

换言之，该学派处于皇帝直接控制和监督之下，画家有一百多人，在法特普尔·西克里的一个大厅里工作，他们被授予“曼沙布达尔”或“阿哈迪”军衔，根据他们的级别领取薪水。例如，科瓦贾·阿布杜斯·萨马德被授予“400骑曼沙布达尔”军衔，不过，他在帝国圈子里所享有的影响比他所获得的级别要大得多。

该学派除了画家部外，还有一个装饰部，由装饰艺术家、镀金工、画线工和标页码工组成。他们按照帝国行政管理的总体军事体制被归入步兵级别。这些工匠的工作构成了莫卧儿绘画或插图手稿准备工作的必不可少的一部分。皇帝也关注改进绘画中所使用的材料，确定这些材料的价格，改进颜色的搭配。阿布勒·法兹勒说：“这样，绘画作品就达到了迄今为止不曾有过的完美程度。鉴于皇帝引入了一种与迄今为止印度所流行的表现形式完全不同的新的艺术表现形式，学校的这种技术活动部门就显得非常必要。”

阿克巴朝廷的艺术家擅长素描和图书插图，他们中的一些人在动物和鸟类绘画艺术中确立了独特的优势。阿克巴本人摆好姿势让画家给自己画像，并命令他们给王国所有的显贵画像。因此，制作了一个巨大的相册。然而不幸的是，皇帝相册中的肖像保留下来的寥寥无几。但是，如果现在保存在英国博物馆里的巴布尔的父亲乌马尔·谢赫狩猎远征的漂亮绘画果真属于阿克巴统治时期，那么我们就可以得到一个印象，即皇室收藏的肖像以精致和波斯与印度艺术的巧妙结合为特征。

另一方面，阿克巴学派图书插图的许多样品在英国和印度收藏的手稿中保存下来，其中最著名的是斋浦尔的《拉兹姆本纪》、英国博物馆的《巴布尔本纪》、维多利亚和阿尔伯特博物馆的《阿克巴本纪》。据说《拉兹姆本纪》价值4万英镑。《阿克巴本纪》中的插图也许自然而然地更具波斯风格而不是印度风格，包括一些动物、鸟类、树等绘画，其中有些是曼苏尔的作品，他在阿克巴时期开始他的绘画生涯，在阿克巴继任者统治时期声名鹊起。

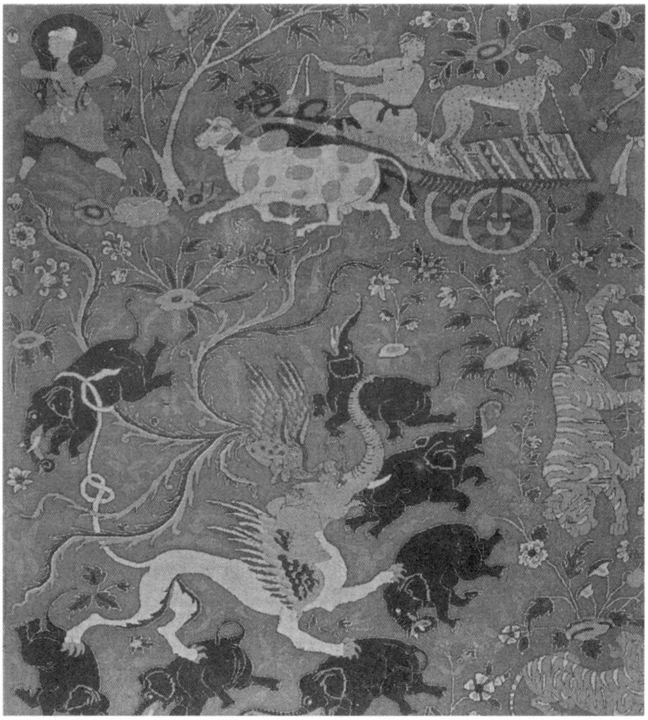

阿克巴作坊里的图案地毯，棉质或羊毛质，1580—1590年。制作地毯的作坊由波斯大师管理，构思一般由细密画画家完成，其中会有很多装饰性的图案

这本书中出现的另一位印度教艺术家是贾加纳特，他是一幅小巧而精致的孔雀画的作者，也是阿布勒·法兹勒提到的著名画家之一。对阿克巴学派人员的分析显示，皇帝从广阔的地理范围内招募宫廷画家。其中印度人包括来自远至古吉拉特和旁遮普等地区的艺术家，外国人包括克什米尔、波斯和突厥斯坦的本土人。这个艺术团体包括许多不同种族和教派，而后逐渐发展成为一个学派，并繁荣昌盛。它之所以繁荣昌盛是因为它拥有一个目标，即创作能够获得它伟大创始人赞赏的高质量作品。

然而，如果这个学派没有得到贾汉吉尔全心全意的支持和赞助，它在阿克巴去世后是否能够继续保持繁荣昌盛值得怀疑。这个时期，艺术的生存取决于统治者的个人热情，贾汉吉尔的不朽功绩在于，他给阿克巴所建立的组织以有力的保护。由于朝廷的不断鼓励，画家们所创作的绘画质量不断提高，使莫卧儿王朝的特殊绘画风格趋于成熟。一位现代评论家对贾汉吉尔作了描述，认为他属于“长年累月的丰富的收藏家类型”，骄奢地欣赏精美工艺品和优秀鉴赏家，为他的画家的技艺而自豪，愿意出高价购买引起他的喜好和满足他审美标准的任何绘画。

他显然是一位很有造诣的绘画评论家，因为如他本人在他的坦诚而直率的《回忆录》中告诉我们的那样，他非常喜欢绘画，他在鉴定绘画的时候具有很强的辨别力，以至于可以说出艺术家的名字，以及他是活着还是已经故去。就算几位艺术家创作的肖像画非常相像，他也能够指出每幅画的作者。即使是一幅由几位画家完成的画，他也能说出绘制这幅画的各个不同部分的作者的名字。事实上，他能毫无差错地说出是谁画的眉毛，是谁画的睫毛，或者第一位画家画完后是否有人做过润色。

贾汉吉尔有许多缺点，但是，他拥有艺术家的远见，只要他活着，他就是莫卧儿艺术的灵魂与精神。即使死亡了，他也寻求与大自然交流，在他弥留之际，他几乎用尽最后一口气要求将他的陵墓向天上的风敞开，接受雨水和露珠的沐浴。在大自然中也许找不到比拉合尔的美丽花园更适合他的遗体的圣陵了，他安睡在一个精致的白色大理石棺材下面。①

皇帝的理想与艺术家的技艺的这种结合，导致莫卧儿绘画流派达到了精致的顶峰，最终使其从波斯的监护下解放出来。波斯影响在阿克巴统治时期非常显著，到了他儿子统治时期逐渐被同化。波斯艺术家仍然在贾汉吉尔朝廷逗留，有一位被沙·贾汗雇佣。宫廷艺术家仍然从波斯绘画作品中进行临摹，但是真正的波斯风格越来越被削弱，到贾汉吉尔统治时期基本上成为一种印度风格。

因此，这种艺术一开始是外国宫廷艺术，依赖于皇帝的庇护和指导，后来越来越倾向于印度教传统，直到其外国特征或波斯特征完全被同化。阿克巴奠定了莫卧儿细密画的基础，但是，正是一位拉其普特公主给他生的儿子贾汉吉尔，用他的知识和艺术天性指导新的印度艺术流派走向成熟，用他自己罕见的鉴赏力的影响教导这个流派取得成功。

颇尔西·布朗先生认为，随着贾汉吉尔去世，莫卧儿艺术的真正精神随之消失。沙·贾汗不像他的前任者们那样热切地欣赏绘画，他

① BROWN P. Indian Painting under the Mughals A.D. 1550 to A.D. 1750［M］. New Delhi：Cosmo Publications，1981：71.

的个人兴趣在建筑和珠宝方面。结果，莫卧儿绘画在他统治时期开始显露出衰败的迹象。这个时期创作的绘画作品的魅力依赖于丰富的颜料和大量使用黄金，而不是贾汉吉尔学派作品特有的颜料和谐搭配。艺术家本身的环境也发生了变化。沙・贾汗削减了宫廷艺术家数量，只将少数最专业的画家置于他的直接庇护之下，从而迫使大批曾经完全依靠统治者维持生计的手工艺人寻求宫廷显贵的庇护。艺术事实上已经不再是帝国皇室的专利，虽然皇室家族成员仍然给予艺术以鼓励，如达拉・舒科，现在保存在“印度办公室”的达拉・舒科的画册证明，他是艺术的庇护人。

左图为《有异国情调的花卉》，右图为《印度的凤头麦鸡》。从贾汉吉尔时代起，帝国开始流行一种独立的画册，它不再是给一篇文章作插图，而是艺术家的作品集，其中比较著名的是达拉・舒科的细密画集，它们主要是模仿西方动植物的版画

但是，并不是贾汉吉尔统治结束时所有云集在宫廷的画家都有希望得到显贵的雇佣，那些没有得到庇护的人被迫在北印度市场通过向一般民众出售他们的绘画聊以为生。然而，能够欣赏和购买艺术家作品的民众非常有限，没有得到宫廷或贵族保护的那些画家的地位和声誉逐渐衰落，最后，他们沦落到工匠的地步。旅行家伯尼尔对17世纪中叶这种商业艺术情况作了描述，他说画家们在一位老板的监督下在城市大厅里工作，他们没有机会出人头地，而且他们的工作报酬很低。

这个制度并非开始于沙・贾汗统治时期，但是它毫无疑问源于皇帝将他的庇护限于小部分艺术家，源于贵族日益无力找到途径供养大批习惯于阿克巴和贾汉吉尔黄金时代风格的训练有素的艺术家。素描和表现皇帝“都尔巴尔”的题材仍然是沙・贾汗统治时期绘画艺术所钟爱的主题。在牛津大学伯德雷安图书馆保存的绘画中，可以看到沙・贾汗皇帝“都尔巴尔”的辉煌颜色和大量黄金。但是，用颇尔西・布朗先生的话说，“人们发现，在作为沙・贾汗统治时期绘画特征的奢华炫耀的背后，有一种颓废感，它是衰落的确切标志”。[①]

奥朗则布的宗教偏执和不宽容以及他错误的行政管理能力，敲响了莫卧儿帝国的丧钟。当帝国分崩离析后，莫卧儿艺术也随之瓦解。虽然奥朗则布个人对绘画很反感，认为它违反了伊斯兰教戒律，但是他并没有在实际中禁止绘画或像对待姐妹艺术音乐那样严厉地对待绘画。然而，他并非没有亲手毁坏绘画作品。据说，他曾损毁了比贾普

① BROWN P. Indian Painting under the Mughals A.D. 1550 to A.D. 1750［M］. New Delhi：Cosmo Publications，1981：98.

尔阿萨尔宫的许多绘画。曼努西记载，在他的特殊命令下，位于锡坎达拉的阿克巴陵墓上的肖像用一层白涂料盖上了。

虽然如此，画家们在他统治时期仍然从事他们的艺术，特别是那些擅长于肖像画的画家，实际创作的绘画作品数量与前任君主们统治时期创作的作品数量一样多。许多作品包括皇帝本人的肖像，可能是在他的赞许下绘成的。他们描绘了他狩猎、旅行、读书或指挥军队的情景，例如1686年围攻比贾普尔的情景。这些构成保存在拉姆普尔国家图书馆的一幅绘画的主题。

萨卡尔教授提到，有一次，奥朗则布实际上利用画家的技艺为他提供一位叛乱王子的健康证据。在穆罕默德·苏丹被监禁期间，皇帝命令每隔一段时间为他画一幅肖像，然后将画像交给皇帝来检查。皇帝就这样保持着对他儿子健康状况的了解，不用去看他儿子或将他儿子从瓜廖尔城堡带来见他。

但是，从总体上说，虽然奥朗则布统治时期绘画创作活动相当可观，绘画艺术还是显示出明显的衰落。绘画艺术在贾汉吉尔时期达到了顶峰，在沙·贾汗时期开始失去活力，奥朗则布的态度加速了它的衰落，他认为庇护或鼓励绘画艺术与《古兰经》法律规定完全冲突。[①]

早期莫卧儿君主统治时期的绘画受到了赞扬，专家们赞扬它们的艺术质量，历史学家们赞扬它们间接说明那个时代统治阶级的习惯的价值。它们也对皇帝本人的日常生活做了很有价值的注解。我们看到

---

① BINYON L，ARNOLD T. Court Painters of the Grand Mughals［M］. London：Oxford University Press，1921：62.

《沙·贾汗在他的宫廷里》。17世纪的绘画不仅波斯的印记不复存在，而且开始再现富丽堂皇的宫廷生活。从此，绘画不再用来表现故事和神话传说，而是为莫卧儿政权服务，主要用来反映排场豪华的朝会。本图描绘的是沙·贾汗举行朝会时的情况，威严的君主端坐在朝臣们的正中央

巴布尔在阿格拉的一个花园里接待了一个代表团；我们看到泥瓦工在法特普尔·西克里从事砌墙和砌塔的工作；我们看到阿克巴的大象发怒，在摧毁一座船桥；我们看到伟大的皇帝本人在狩猎老虎和鹿，或躺在一块岩石上睡觉；我们看到贾汉吉尔杀死一头狮子的瞬间；我们看到沙·贾汗有一次在拜访一位宗教大师，还有一次在“迪万—伊—阿姆”的辉煌壮丽中登基为王。

帝国的解体必然涉及艺术家的遣散，他们从首都移居到其他中心，如奥德和海得拉巴，在这些中心，新王朝已经宣布独立，出现了工作的新机会。有些画家向东流落到巴特那，还有一些画家寻求迈索尔的保护，在那里继续保持旧的传统，直到19世纪中叶。但是，绘画艺术再也没有恢复以前的精神和卓越，它在衰落时期得到的支持，与富于才智的“伟大莫卧儿人”所给予的财富和鼓舞相比，不管是在程度上还是在质量上都是微乎其微的。

与莫卧儿绘画艺术密切相关的是书法艺术。书法艺术在印度、波斯和中国一直受到高度推崇。实际上，一部书稿的书法往往被认为比插图更有价值和更重要。书法大师总是希望能够通过他的工作挣得与技艺高超的画家一样多的报酬，有时候甚至更多。这些作家的手稿被小心翼翼地收集和保存在文集册里，就像收集和保存最精美的绘画艺术品一样。

莫卧儿时代的画家“只被看作是遗传艺人”，他们通过长期训练逐渐成为熟练的艺术家，而书法家在大众心目中被看作是天赋才能的幸运拥有者，这种天赋才能不是通过学习和实践能够获得的。

据约翰·马尔科姆爵士所说，对书法的爱好在19世纪初年的波斯仍然存在，他提到一位鉴赏家支付了7英镑，让一位名叫达尔维什·马吉德的著名书法家给他写了4行字。

在莫卧儿时代，绘画和书法经常相伴而行，结果，一幅绘画往往在背面有几行由某个著名书法大师所写的字，这些字与这幅画并没有直接关系。书法家有给他们的作品签名和签日期的习惯，在整个亚洲往往享有比任何著名画家都大的名气，正因为如此，一位法国权威人士M.胡阿特说："在东方（伊斯兰东方），绘画只是书法的陪衬。"

我们很少听说过巴布尔和胡马云统治时期的书法，不过，据说巴布尔在1504年曾发明了一种新的书写体，叫作"巴布尔体"。

阿布勒·法兹勒列出了阿克巴朝廷12名主要书法家的名字，其中一位书法家——克什米尔的穆罕默德·侯赛因，是"纳斯塔里克"大师，被授予"扎林·卡拉姆"（"金笔"）称号。历史学家菲里什塔记载，阿克巴曾命令将艾米尔·哈姆扎的寓言用漂亮的书法书写下来。很显然，虽然阿克巴本人不会写字，但这并未妨碍他竭尽全力鼓励优雅的书法艺术。其结果不仅体现在仍然保存着的关于他统治时期的著作样本中，也体现在他的硬币上雕刻精美的铭文中。[①]

诗人、雕刻家、铭文家和书法家的合作确保了阿克巴硬币的卓越，每个人都在完成作品的准备工作中发挥了重要作用。贾汉吉尔继承他父亲对书法艺术的庇护，乐于花高价购买书写漂亮的书稿。沙·贾汗统治时期，画家米尔·哈善姆享有伟大书法家的声誉。奥朗则布非常喜欢他的图书馆员加瓦希尔·拉卡姆，而加瓦希尔·拉卡姆是写作艺术大师。奥朗则布本人是一个技艺高超的书法艺术家，据说

① LAW N N. Promotion of Learning in India during Muhammadan Rule［M］. Delhi：Idarah—i Adabiyat—i Delli，2008：142.

他用出售他亲手誊抄的《古兰经》来支付他的部分个人费用。

对优美书法的重视是莫卧儿朝廷的特征，它也许给无名作家带来了灵感，创作了四行诗，赞美笔是宇宙之主，给握有它的人带来富足，甚至指引不幸者到达幸福彼岸。

音乐与歌唱是莫卧儿帝国的重要艺术表现形式。除了奥朗则布之外，其他莫卧儿皇帝都喜欢音乐，并鼓励音乐艺术。这一艺术在更早时期就得到了著名的艾米尔·库斯鲁的改进与发展。艾米尔·库斯鲁在苏丹吉亚苏·德·丁·巴尔班（1266—1286）朝廷逗留期间，利用闲暇时间修改了最初从中亚引进的音乐调式，从而附带地影响了印度教音乐特征的逐渐转变，它后来的形式与波斯的“加扎尔”（颂诗、情诗）没有什么区别。

阿克巴的宫廷传记作家向我们展示了阿克巴对音乐艺术的毋庸置疑的热爱，宣布皇帝非常重视音乐，是所有从事这项醉人艺术的人的庇护人。宫廷有无数音乐家，包括印度人、伊朗人、突兰人、克什米尔人，有男有女。宫廷音乐家被安排在7个区，每个区负责一周中的一天。阿克巴对音乐的兴趣不只是一个有教养的听众的兴趣。

据阿布勒·法兹勒记载，阿克巴具有非常渊博的音乐学知识，接受过训练的音乐家都不具备他那样的知识。他是一位出色的“纳卡拉”（铜鼓）演奏家。他在拉尔·卡拉万特的指导下专门学习了印度声乐，拉尔·卡拉万特教他有关印度语言的每个呼吸和发声。他本人能以和声唱出200个古波斯声调。由于阿克巴对艺术的鼓励，音乐深受大众喜爱，声乐及“拉格”（一种传统音乐形式）和“拉基尼”（在“拉格”基础上的一种变化和改进）受到广泛推崇。

《两位舞者在阿克巴面前起舞》。细密画，选自《阿克巴本纪》，约创作于1590年。阿克巴虽然不喜欢诗歌，却非常欣赏舞蹈、歌曲和音乐

全国的贵族和富有阶级都效法统治者的热情，投身于促进艺术的行列。著名歌唱家常常受到重奖，例如，拉姆·达斯从阿布杜拉欣·米尔扎和汗坎南那里得到10万卢比奖金，著名的米安·潭森从阿克巴那里得到20万卢比奖金。当时，器乐或伴奏中使用的主要乐器有“萨尔曼达尔”（管乐器）、“宾”（木笛）、“纳伊”（短笛）、“卡拉纳”（弦乐器）、“塔木不拉”（鼓乐器）、“基查克”、“库布兹”、“苏尔纳”和“坎奴恩”。[1]

阿布勒·法兹勒列出了阿克巴朝廷中36名歌唱家和器乐演奏家的名字，其中巴兹·巴哈杜尔被授予“1000骑曼沙布达尔”，据说他是一个无人匹敌的歌唱家。但是，当时最有造诣和最著名的歌唱家是米安·潭森·卡拉万特，他最初为里瓦土王服务，在拉贾·曼·辛格（1486—1518）建立的瓜廖尔音乐学校开始了他的音乐生涯。

阿克巴迫使里瓦土王于1562—1563年让出了米安·潭森·卡拉万特，这位歌唱家最初到达帝国朝廷的情景被描绘在了一幅画中，成为不朽之作，这幅画现在保存在加尔各答的印度博物馆里，它除了具有历史意义之外，也是绘画艺术从波斯风格向莫卧儿风格转变的宝贵见证，生动地展现了波斯艺术与印度斯坦本土艺术的最初融合。

人们通过想象编织出一些传说，颂扬米安·潭森·卡拉万特的音乐才能。据说，米安·潭森·卡拉万特花大量时间听农民从田野水井里打水时哼唱的简单乐曲，将这些乐曲改编到他精致完美的声乐艺术中。据说他具有用歌声使朱木拿河水停止流动的能力，正如他的同行伯尔加·保拉用有力的音符使岩石破裂一样。

---

① LAW N N. Promotion of Learning in India during Muhammadan Rule［M］. Delhi：Idarah—i Adabiyat—i Delli，2008：115.

据说，印度教音乐艺术评论家认为，米安·潭森·卡拉万特应对印度教音乐的衰落承担责任，声明他歪曲了“拉格”，“拉格”中的两个即“宾道尔”和“米格赫”从他那个时代起已经完全消失。虽然如此，他还是获得了无与伦比的声誉，似乎完全证实了阿布勒·法兹勒所说的话是正确的，即“最近一千年印度没有过像他那样的歌唱家”。

米安·潭森·卡拉万特可能是瓜廖尔本地人。瓜廖尔在莫卧儿时代盛产歌唱家和音乐家，他加入阿克巴朝廷不久就成了穆斯林，并被授予“米尔扎”（王子、先生、老爷、首领、头子）头衔。他死于1589年，安葬于瓜廖尔，位于穆罕默德·高斯陵墓西南角附近。这个位置间接证明他皈依了伊斯兰教，因为印度教徒不会葬在这里。据福尔贝斯说，米安·潭森·卡拉万特实际上死于拉合尔，他的尸体在阿克巴特令下运到了瓜廖尔。需要补充的是，他的许多音乐作品是以阿克巴的名义写的。

贾汉吉尔显然继承了他父亲对音乐的兴趣，他的宫廷中供养着几位优秀的歌唱家。《贾汉吉尔伊克巴勒本纪》记载了6位音乐艺术家的名字。威廉·芬池在描述阿格拉的情景时表示，阿克巴将一周内的每一天分配给每队歌唱家来演唱，贾汉吉尔统治时期遵守了阿克巴的这个做法。他写道：“数百人（唱歌和跳舞的女孩）日夜守候在那里，她们每七天轮流一次，以便随时准备响应国王或他的女人们高兴时的召唤，他根据她们无价的价值给她们每个人发放薪金。”[①]

---

① FOSTER W. Early Travels in India，1583—1619［M］. New Delhi：Oriental Books，1985：184.

《宫廷乐师》，细密画

沙·贾汗统治时期，在完成紧急行政工作之后，经常在“迪万·伊·卡斯”举行音乐娱乐活动。声乐和器乐是这些娱乐活动的主要特点，似乎具有很高的价值。这个时期曾在印度逗留了一段时间的旅行家塔维尔尼尔指出，这些皇室招待会上演奏的音乐非常甜美和愉悦，没有任何噪声，没有干扰朝臣们干正事的思绪。皇帝本人偶尔也参加表演，据宫廷编年史家记载，沙·贾汗是一位很有造诣的声乐家，他的嗓音美妙绝伦，以至于许多出席这些晚间聚会的灵魂纯洁的“苏菲派”和脱离尘世之心的圣人，都陶醉在他的歌声之中。虽然这可能不乏东方式的夸张因素，但是，可以想到，沙·贾汗具有一副好嗓子，并且像他祖父阿克巴一样，认真学习了音乐艺术。和他的前任者一样，他也是歌唱家的庇护人，他朝廷里的两位主要声乐家是拉姆·达斯和马哈帕塔尔。有一次，他非常满意一位名叫加噶纳特的音乐名家的演唱，以至于用黄金给他称重，将与他同样重量的黄金作为他的报酬。

随着奥朗则布登上王位，音乐遭遇了厄运。除了早期莫卧儿皇帝给予音乐的积极鼓励，音乐还受到所有阶层的欢迎。当听说奥朗则布皇帝命令禁止音乐，并设立一个新的部门迅速削减职业音乐家的数量时，人们不免感到吃惊和不满。该部门的官员果真是太尽职尽责了，据曼努西记载，他们进入任何有音乐声和唱歌声的房间和地方，砸烂表演者的乐器，他们给歌唱家和他们的观众造成如此巨大的麻烦，以至于职业音乐家处于失去生计的危险境地。职业音乐家决定试一试，劝说皇帝废除他的命令。

细密画，《静修的苏菲》，创作于17世纪。苏菲派是伊斯兰教神秘主义派别，其宗教仪式非常复杂。在这些仪式中，信徒们唱连祷文，并念诵神的名字进行祈祷。这些仪式的序幕是一场舞蹈，一般有一位歌手伴唱，一些乐师击鼓吹笛伴奏。这种舞蹈主要集中在身体上，身体成为宇宙的中轴线。通过这种仪式，舞者寻求内心深处遗失的东西，达到一种升华：这就是出神入化

曼努西写道："大约有1000名职业音乐家在奥朗则布准备去清真寺的星期五集合起来。他们按照印度的习俗，抬着二十多个精心装饰的棺材，悲痛欲绝地放声大哭，仿佛在护送某个著名死者去坟墓。奥朗则布远远地看到了这一大队人马，听到了他们的痛哭和哀号，感到奇怪，便派人去了解这些人为什么这么悲痛。音乐家们加倍地哀号和痛哭，以便皇帝能够对他们表示怜悯。他们抽泣着回答说，'皇帝的命令杀死了音乐，因此，他们抬着音乐送它去坟墓'。皇帝听了报告，相当平静地说，'他们应该为音乐的灵魂祈祷，以便它安然入葬'。"

皇帝的回答展现了某种冷酷的幽默，但是，他的正统派立场不允许对他原来的命令作任何变更。虽然奥朗则布明令禁止音乐，但是据曼努西证实，他为了娱乐他的女眷们而继续在宫廷中款待歌女和舞女，并随意授予她们的女主管以特殊称号。巴赫塔瓦尔汗说，皇帝对音乐有透彻的理解，在他统治的最初几年没有试图干涉音乐艺术。他后来反对音乐是基于伟大的穆罕默德·伊曼沙非的学说。为了实施他的政策，他甚至准备为以他们的职业为耻并愿意放弃他们职业的音乐家们发放酬金或土地。

此外，我们还应论述一下设计和建造花园的艺术。哈维尔先生认为，花园艺术是莫卧儿人对印度艺术的最伟大的贡献。对花园的爱好最早是经过波斯传到中亚各国的，当草原部落最终侵入印度斯坦后，他们随身带来了他们对花园的热爱。在莫卧儿人到来之前，花园无疑已经在印度存在了。实际上，据说菲鲁兹沙在14世纪末在德里附近已经建了1200个花园。但是，这些花园可能是旧的印度教风格花园，与帖木儿后裔的灌溉游乐园不同。

宫廷歌女画

巴布尔在他的《回忆录》中生动地回忆了他的故土费尔干纳，那里有美丽的乌奇（费尔干纳东南的一个地方）花园，鲜艳的紫罗兰、郁金香和玫瑰在各自的季节里开放，他哀叹印度斯坦没有美丽的花园。阿布勒·法兹勒在他的《阿克巴则例》的一段话中解释说，巴布尔到达之前，印度花园的设计没有条理，没有亭子，没有淙淙作响的喷泉。巴布尔将建造花园的艺术带到了印度，并传给了他的继任者，这一艺术曾经在波斯和突厥斯坦得到了充分发展。

它的主要特征是人工灌溉，采用渠道、水洼、池塘或小瀑布形式，建造得能使水贮满，与小道等高。这种设计包括一系列坡地平台，通常有8个，与"古兰经乐园"的8个区相一致，但是有时候是7个，象征7个行星。主亭被认为是花园的顶点，通常占据最高的平台，可以开阔地观看四周，但是，有时候则建在最低的平台上，以便提供一个不间断的远景，由下而上地看到穿过花园的喷泉和瀑布。波斯和莫卧儿花园的底层平面图是一个正方块或长方块，分成一系列小正方块或花坛，整个花园由带有锯齿状城垛的高墙围住，有高耸的大门。较大的花园通常有4个大门和作为外墙角标志的小八角楼。[①]

莫卧儿花园的小道一般高于与其接壤的花床，主要的正方块或花坛低于小道路面和它们的花界，种植着果树、玫瑰丛和长得很高的花卉。有时候，组成花园的每个单独正方块分别种植某一种单独花卉，如郁金香、玫瑰、紫罗兰等；偶尔整个花园也会种植一种专门的花卉。

莫卧儿人在印度平原定居下来之后，他们的花园特征发生了某种变化。坡地不再被经常看到，印度酷热的天气使得供水成为身体凉爽的重要保障。结果，到阿克巴统治结束时，花园的主水道大大拓宽，有时拓宽到20英尺或更宽，就像我们在贾汉吉尔在克什米尔修建的“沙拉马尔巴格赫”（“沙拉马尔”意思是“爱的神殿”，“巴格赫”意思是“花园”）里看到的那样。不久之后，较小的水渠加宽到需要精心制作踏脚石，这成为必不可少的特征，水库和水渠都配有喷泉。

莫卧儿平面花园通常构成皇室王子和贵族陵墓的风景，其中最典型的是位于锡坎达拉的阿克巴陵园。阿克巴陵园的平面图是巴布尔最初采用的“四分花园”（“查尔—巴格赫”），即按照宇宙十字形式设计的一个巨大正方形围地。它的中心耸立着陵墓，侧面是水池，水池中

① VILLIERS-STUART C M. Gardens of the Great Mughals [M] . Charleston：Nabu Press，2011：11-13.

央是喷泉，供应沿石头小径中央而下的狭窄水道。在大多数情况下，水渠和水道由精致的陶器铺成，就像“沙拉马尔巴格赫”那样。在与锡坎达拉花园水渠接壤的花坛里，种植着柏树、野松、梧桐、槟榔。

在莫卧儿贵族建造的大部分花园中，中央“巴拉达里”（有很多大窗户的类似亭子的建筑）在主人有生之年充当夏宫，在主人去世后成为陵墓。花园随之奉献于宗教用途，花园里的水果和花卉被分发给它的看守人，或者分发给游方僧和旅行者。泰姬陵花园就是以这种四倍田野基址为基础，但与其他陵园不同，它的基址中央是一个美丽的大理石水池而不是陵墓，陵墓位于花园尽头，俯瞰着河流。[1]

然而，莫卧儿花园不总是用来做陵墓的风景。许多皇室花园专门设计成游乐园形式，招待经常在全国各地游历的皇室。所有的莫卧儿皇帝，特别是贾汉吉尔，从他们的中亚祖先那里继承了对漫游和野营的热爱。即使是奥朗则布，也做了一次克什米尔皇室游历，不过，他去世前持续了许多年的帐篷生活大部分是出于军事需要，而不是像他的前任者们那样出于“漫游癖”。

贾汉吉尔是“典型的皇族漫游者”，对大自然和旷野的热爱驱使他和皇后经常去克什米尔，这里的“尼沙特花园”、“沙拉马尔花园”、“阿切巴尔花园”和“维尔纳格花园”无言地见证着他对这个“欢乐谷”的热爱。这些宜人花园在层层叠叠的平台中徐徐攀上舒缓的山峦，将壮观的瀑布沿着山峦抛洒下来，全面展示了伊斯兰教的沉思、美感、田园的精髓。

---

① VILLIERS-STUART C M. Gardens of the Great Mughals [M]. Charleston: Nabu Press, 2011: 47-49.

在莫卧儿帝国的另一端，在“新月”（伊斯兰教的象征）西部钩尖之下，另一个花园即“阿尔汗布拉”花园（位于西班牙）保持了人间最富有魅力景点之一的声誉。二者都是“信徒”（这里指皇帝）的停歇地、宫殿或陵墓、骄奢淫逸或死亡的去处。

巴布尔的著名回忆录中的许多段落描写了他对大自然的密切观察和强烈兴趣，表明他的狂暴性情由于鲜花的微妙影响而得以改变。他设计和改进了喀布尔周围的许多花园，如“巴格赫—伊—基兰”和“巴格赫—伊—瓦法”（“忠诚花园”）。“忠诚花园”和“三友喷泉”是他最喜爱的两个休养地，他描写说这个花园修建在一块高地上，俯瞰着河流，由一条四季不断的溪流来浇灌。他在“忠诚花园”西南角的水库周围种植了甘蔗、大蕉和橘子树。“三友喷泉”是这个花园最引人注目的美景，“三友喷泉”周围是一片苜蓿。在确定阿格拉为他的首都后，他开始在朱木拿河岸修建“拉姆巴格赫”，这是印度现存的最早的莫卧儿花园，努尔·贾汉皇后后来将它选作她最喜欢的乡间休养地之一。在“拉姆巴格赫”里，他建造了水库、澡堂和私人楼阁，种植玫瑰和水仙。

巴布尔的园艺兴趣和知识非常广泛，因为据贾汉吉尔《回忆录》记载，巴布尔在阿格拉一个花园的林荫道两旁种植的槟榔树在他重孙时达到了90英尺高，而在另一个他命名为“散花者”的花园，他每年收获几百个菠萝，尽情欣赏他从瓜廖尔移植来的丰富的红花夹竹桃。在另外的地方，他谈到他在他的“八乐园花园”种植了葡萄园，出产优质葡萄。巴布尔统治时期建造的另一个主要花园是“祖哈拉巴格赫”，由高墙围住，用6口井灌溉，位于“拉姆巴格赫”和“秦尼—卡—劳扎”之间，属于皇帝的一个女儿。巴布尔的几位朝臣和贵族在他榜样的激励下，也在阿格拉的河流两岸建造了幽雅的花园和水库。[①]

位于德里的胡马云陵园建于短暂的胡马云统治时期，它最初的轮廓保存至今，仍然完好无损。果树和庇荫树已经消失，但是，后来石槽和喷池的修复能够使人们看出这个早期莫卧儿游乐园的特征。

阿克巴继承了他祖父对园林的热爱。阿布勒·法兹勒写道："皇帝陛下将植物看作是造物主最伟大的礼物之一，非常重视植物。"因此，伊朗和突兰园艺家定居在这里，树木种植处于繁荣状态。虽然他对花园的激情没有贾汉吉尔和沙·贾汗那样热烈，但是，他在法特普尔·西克里和锡坎达拉建造了"乐园"，也在达尔之滨建造了克什米尔第一个莫卧儿花园"尼西姆巴格赫"。

贾汉吉尔在登基之前，就已经在乌代普尔建造了几个花园，展示了他对花园的热爱。波斯花卉地毯图案的起源可以追溯到这些乌代普尔花园的花床，它们用砖做成，覆盖着精美的磨光的石膏。他在《回忆录》中描述了他在萨赫林德建造的另一个花园，里面有玫瑰围起来的林荫道，林荫道两侧是常青树、冷杉树、柏树和梧桐树，林荫道通向种植着各种各样花卉的花坛。他在艾哈迈达巴德建造的一个花园里，有橘子树、柠檬树、桃树、石榴树和苹果树，在开花的灌木中，有各种玫瑰。

在他统治时期建造的印度最有名的两个花园是阿格拉的伊提马杜·德·道拉陵园和距离拉合尔5英里的努尔·贾汉"快乐花园"沙达拉。"快乐花园"与锡坎达拉花园的设计一样，包括一系列隆起的

① VILLIERS-STUART C M. Gardens of the Great Mughals［M］. Charleston：Nabu Press，2011：16.

喷水池，在陵墓周围形成8个大的“查布特拉”（露台、晒台）。贾汉吉尔皇帝就安葬在这里，虽然他临终时要求将他的尸体运到克什米尔的维尔纳格巴格赫。维尔纳格巴格赫是他本人和皇后最喜欢的休养地，它的水库墙上铭刻着他自己的题字：“国王将这个建筑升高到了天上，天使加布列确定了日期——1609年。”

如果我们将泰姬陵花园除外，那么，1634年在阿里·马丹汗监督下开始修建的拉合尔的沙拉马尔花园可能是沙·贾汗修建的花园中最为著名的一个。它包括两个“查尔—巴格赫”，由一条狭窄的游廊连接在一起，它的中央是一个隆起的大水库。水库的两边是亭子，整个周线位于花床之中。另一个沙拉马尔巴格赫由沙·贾汗的一位妻子阿祖·恩·妮萨在德里建造，一位英国军官于1793年对德里的沙拉马尔巴格赫作了描述，认为它的建造具有令人敬佩的情趣。

胡马云陵墓，建于1562—1570年。胡马云陵墓是帖木儿式建筑与当地建筑观念的综合，其艺术上的不朽性在于它标志着与苏丹建筑的决裂。这座陵墓呈方形，由五个梅花形的大厅和四个大的入口组成

奥朗则布在废黜他父亲之后，就是在这个花园里举行了第一次加冕。他在1664年去拉合尔和克什米尔的途中，也是在这里做了第一次停留。德里和阿格拉的宫殿都有花园。在德里宫，有两个主要休养地，即“生命花园”和“月亮花园”。与女眷房相连的有许多小花园，其中一个小花园因“克瓦布加”墙上的题词而生辉：“让我们庆祝这个海玉特·巴克什花园吧，它在这个宫殿中宛若聚会中的一盏明灯，清晰的水道里流淌着清澈的水，犹如一面镜子，供每个人观看，供贤哲揭示奥秘世界，每个小瀑布仿佛清晨的鱼肚白或盗自神秘命运的纸簿。”①

奥朗则布摒弃了许多属于人的天性的乐趣，他的前任者们所拥有的对花园和花卉的热情被他森严的正统派思想的冷水浇灭了。贾汉吉尔曾这样表达他对香水的看法：“它使逝去的心灵恢复，使衰亡的灵魂回归。”这种思想可能不会出现在奥朗则布身上，他穿着最朴素的衣服，拒绝使用金银器皿，将他一切闲暇奉献于宗教。然而，虽然如此，花园建造艺术在奥朗则布统治时期并非完全被搁置。

奥朗则布在拉合尔巴德沙清真寺周围建造了一个美丽的花园；皇帝的养弟法达伊汗在品焦尔（潘查普拉）建造了一个漂亮花园，它位于安巴拉到西姆拉的路上；皇帝的女儿泽布·恩·妮萨建造了著名的拉合尔查尔—布尔吉花园；劳莎娜拉·贝甘姆安葬在白色阁楼里，阁楼墙壁上覆盖着藤蔓植物，阁楼耸立在花园的上层平台上，花园仍然镌刻着她的名字。

岁月严重地侵蚀了莫卧儿时代的花园，阿克巴、贾汉吉尔和

① D'HUMIERES V. Through Isle and Empire［M］. Charleston：BiblioLife，2009：224.

沙·贾汗统治时期贵族们所建造的花园中有许多已经完全消失。但是，主要陵园和“乐园”——过去的英国牧师这样称呼这些休养地——的遗迹足以表明它们从前的魅力，在镌刻在拉合尔沙拉马尔巴格赫大门上的颂文中也可得到很好的印证：“这个花园如此甜美，郁金香令人羡慕地点缀其中；太阳和月亮像玫瑰一样，成为它美丽的灯盏。”

也许从反思莫卧儿时代的建筑和艺术遗产中，我们对莫卧儿家族早期代表人物的伟大有了最生动的印象。巴布尔和阿克巴的军事成就、胡马云的英勇个性、贾汉吉尔和沙·贾汗朝廷的辉煌壮丽的故事激起了我们的钦佩，但是这些故事所激起的钦佩与在他们的监督和命令下完成的伟大纪念物和艺术作品相比不可同日而语。莫卧儿绘画经常包括皇帝个人的肖像，这些绘画帮助我们直接认识到，这些帖木儿后代之所以拥有统治者地位，主要是因为他们在智力上超过了他们身边的人。他们每个人都被赋予了不同的个性，巴布尔是一个快乐的、心胸开阔的巨人；阿克巴是一个天性坦率、善于组织的天才；奥朗则布是一个野心勃勃、精明狡诈但又节制、坚忍和仁慈的人。

公正的历史学家正确地提醒我们，这些皇帝是他们那个时代和种族的产儿，是成吉思汗和帖木儿的后裔，他们从不考虑人的生命的尊严，常常漠视人的痛苦；他们中有些人酗酒无度，有些人沉溺于恶习，所有这些都是事实。虽然他们有错误、有弱点，但是他们是伟人，当人们将目光离开他们的缺点而转向法特普尔·西克里独一无二的宏伟壮观、泰姬陵和珍珠清真寺无与伦比的美丽、阿格拉宫和德里宫的壮丽辉煌、绘画和书法艺术的弥足珍贵（这些艺术的精美归功于他们的指导和鼓励）时，人们会想起和赞同法国玛雷查丽夫人关于18世纪一位犯罪的旧贵族的话："先生，请相信，上帝在谴责这样一个人之前会三思而行！他们在他们那个时代取得的并将流传下去的声誉，是他们杰出智慧的自然结果。"①

四、纸醉金迷：奢靡的皇室生活

莫卧儿皇室生活排场奢华，纸醉金迷，超乎常人想象。1595年，阿克巴的家室和宫廷包括一百多个独立的机关和作坊，其维持费用每年为309186795"大姆"，或以40"大姆"为1卢比的比率来算约为7729670卢比。在沙·贾汗统治时期，年支出可能更多，因为他和他父亲都显示了坚定的决心，充分享受通过他们前辈努力积累起来的财富和通过巴布尔、胡马云和阿克巴好战天性和勇武赢得的收入。

两位主要的宫廷官员是"巴赫希"和"宫廷统帅"。"巴赫希"可能与"米尔·阿尔兹"或"需求官"相同，而爱德华·泰里在他关于贾汉吉尔朝廷的叙述中将"宫廷统帅"说成是"司库"和"宦官头"（皇室的总管和审计官）。贾汉吉尔朝廷的其他主要官员是秘书、象官、帐篷官、服装保管员。所有皇室部门被阿克巴按照军事制度细心组织起来，包括厨房、供水、马厩、水果房、花园，等等。②

① EDWARDES S M，GARRETT H L O. Mughal Rule in India［M］. Delhi：S. Chand & Co，1956：49-50.

② FOSTER W. Early Travels in India，1583—1619［M］. New Delhi：Oriental Books，1985：327.

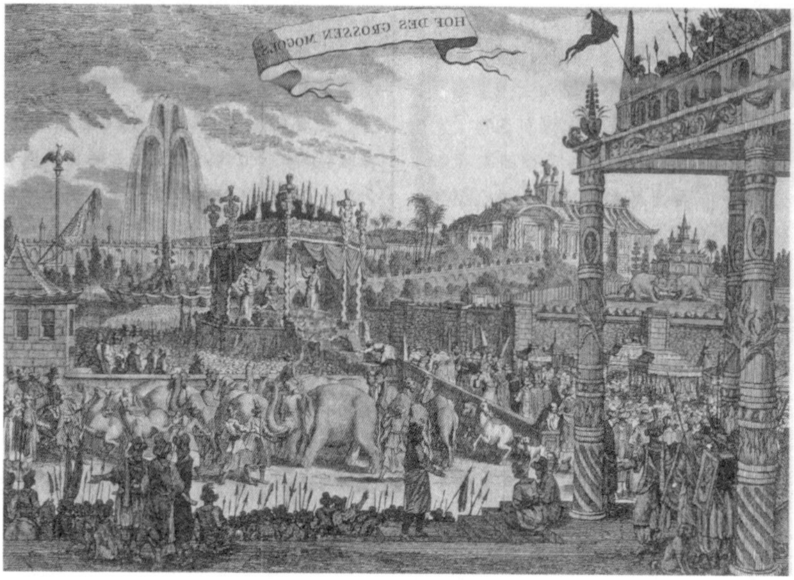

《莫卧儿帝王的宫廷》，木雕画，约1700—1773年

例如，厨房部由一位“米尔·巴卡瓦尔”负责，“米尔·巴卡瓦尔”在阿克巴统治时期官衔为“600骑”的“曼沙布达尔”，这一职务由皇帝的私人朋友哈基姆·胡马姆担任。哈基姆·胡马姆控制着一大班人马，包括助手、现金和储藏室司库、试味员、文书和各个国家的厨师，他们中大多数人是“阿哈迪”和其他军队成员，根据他们的官衔领取薪水。厨房仆人官衔为步兵，月薪100—400“大姆”。“米尔·巴卡瓦尔”负责确定每种食物的价格，确保储藏室存货齐全，年度厨房预算齐备。在阿克巴统治时期，厨房部想必24小时都得不到闲暇，因为虽然这位皇帝24小时只吃一顿饭，但是他没有固定的用餐时间，在他决定用餐的一小时内必须准备好至少100道菜。

在城外离河流或水潭较近的地方，建有专门的屠宰房，所有供应给皇室的肉都在这里清洗，然后装进密封袋子里，送往厨房。为了供应新鲜蔬菜，还建有一个厨房菜园，但是，有些特殊蔬菜以及鸭子和水鸟定期从克什米尔进口。

“阿布达尔·汗纳”（供水部）负责保持供应恒河水用于饮用，供应朱木拿河和切纳布河水用于做饭。河水通过硝酸钾冰过滤并冷却，在炎热的季节里，所有的官员都饮用这种水。硝酸钾冰每天从距拉合尔90英里的番罕通过运输机构、邮政马车和船只运入。据说，每天雇佣10只船向首都运送冰块，每只船根据温度不同装运6—12“赛尔”（印度重量单位，1赛尔约等于1公斤）冰块。水果房负责以重金从喀布尔和克什米尔，甚至从巴达赫山和撒马尔罕进口水果。

马厩挤满了动物和仆人。威廉·霍金斯说，贾汉吉尔拥有1.2万头大象和1.2万匹骏马，在他父亲时代，马厩里大约有相同数量的马。每头大象一般配有4个仆人，但是，供皇帝个人使用的大象每头配有7个仆人。由于养马是在莫卧儿帝国许多地区进行的，所以马厩里有许多地方品种的马，来自库奇的马被认为是最好的。但是，也有大量的马是从突兰和伊朗进口的。整个马厩部的行政管理掌握在“阿特贝吉”手里。“阿特贝吉”是职位很高的显贵，配有许多助手，包括每个马厩一个的“达罗加”、“穆什里夫”（会计）、视察员、负责管理马具和马饰的“阿克赫塔奇”、“查布克琐瓦尔”和无数马夫。

除了法定的薪水之外，“阿特贝吉”和他的职员每当对外赠送一匹马作为礼物时就会得到一笔赏钱。因为作为礼物赠送的马的价格总是比实际价值高出50%，接受礼物者为了表达对礼物的感激，每“莫胡尔”价格交纳10“大姆”。这个价格按一定比例在“阿特贝吉”和重炮或运输骆驼的随身装备之间分配，包括受到高度珍视的产自古吉拉特的骆驼、来自阿季米尔的竞赛骆驼、来自塔塔（信德）的最好的承重骆驼，还有产自克什米尔和阿托克之间或从伊拉克进口的骡子，最后是拉阿克巴重炮或运输军营装备所需的大量的牛。

除了大象、骏马、骆驼和牛之外，帝国马厩里还有大量的鹿、狗、野牛、驯狮、猎豹、鹰、鸽子和雀鸟。人们对乔尔代恩所说的话不会感到吃惊，他说“国王（贾汉吉尔）花费巨资于他的住所和他的动物，如马、骆驼、单峰骆驼、马车和大象。国王的伙食供应商当着我的面向凯普泰恩·莫金斯可靠地报告了国王的动物，他每天要花7万卢比买肉给它们，相当于8个3.5万‘里亚尔’（货币单位）”。[①]

帝国后宫有5000名宫女，每人有一个单独的住所。为了便于管理，妇女被分成几部分，每部分由一名女“达罗加”或统帅领导，负责各自部分的管理和训练。宫女的月薪从1000卢比到1600卢比不等。这些薪水加上职员、卫队等的工资以及其他杂费，使得后宫的花销达到了很高的数字。据凯普泰恩·莫金斯计算，在贾汉吉尔统治时期，这个数字是一天3万卢比。皇室雇用专门的文书、现金保管员（“塔赫维勒达尔”）和首席现金保管员负责记账并检查开支情况，首席现金保管员与皇帝的总司库直接联系。后宫围墙之内由武装女卫兵保护，后宫围墙之外是宦官，后宫外围由拉其普特人设岗守卫。为了彻底保证安全，在远处布置有其他部队。皇室后宫及其宫女、仆人、搬运工、女卫兵、宦官和军队卫队实际上构成了一个独立的城镇。

当皇帝行军或狩猎远征时，以同样的奢华不计开支地组织和设置扎营。皇室后宫、谒见大厅、音乐大厅（“纳克卡拉汗纳”）搭建在

① FOSTER W. Early Travels in India，1583—1619［M］. New Delhi：Oriental Books，1985：104.

1530码长的一片地面上。这片地面的两边和后面，留出360码的空地，供皇室成员搭建帐篷，只有卫兵才允许进入这一区域。在离他们的帐篷不远的地方，是办公和作坊所在地。在办公和作坊所在地的后面，在营地的四角，都是市场。所有这些组成豪华的正区，正区之外是贵族的驻地，根据他们的官衔高低排列。

凯普泰恩·莫金斯对贾汉吉尔营地的规模印象深刻：当他行军或狩猎时，他的帐篷营地的规模与伦敦规模一样，甚至更大；跟随他扎营的各种人马有20万，因为给他提供的就像一个城市。阿布勒·法兹勒也证实了营地规模的巨大，他说组成整个营地的每个营需要运送100头大象、500匹骆驼、400辆马车和100个抬轿人；雇用了几千名各种仆人，包括波斯和印度本地的“法拉什”（奴仆）、拓荒者、运水夫、木匠、帐篷匠人、火炬手、皮匠和清洁工。除此之外，还有军队卫兵、武装妇女和一批女仆。有关雇佣仆人的规模，可以从阿布勒·法兹勒的叙述中得到一些蛛丝马迹，他说“法拉什—汗纳”（奴仆屋）能够容纳1万多人，1000奴仆花费一个星期在机器的帮助下才建成“法拉什—汗纳”。

1633年，贾汉吉尔军营向克什米尔谷地缓慢行进，呈现出的壮观景象一定不同寻常。维卡姆特·德胡米尔写道：“一座帆布帐篷组成的城市，10万人骑马，5万人步行，有许多官员、奴隶、宦官、皇后和公主的所有随从以及护送她们的亲信。大象嗅着隘口的雪。晚上，在主人紫色的大帐篷前面，一个巨大的灯塔象征着君主调动这个喧闹的群体的意志，它是这个群体的灵魂。他们缓慢行进。有两个军营，以便有一个军营总是在大批人马到达前扎营。在路途中，他们通过猎网、猎人或用喝了鸦片的驴做诱饵来狩猎当时在印度斯坦发现的野猪、老虎，甚至狮子。”

对莫卧儿朝廷奢华生活的描述，不能使我们无视如下事实，即帝国的行政管理主要取决于皇帝的意志和能力，这就使阿克巴和他之后的三位王位继承者不得不从事大量艰苦的工作。一位近代历史学家指出，“像‘伟大莫卧儿人’皇帝那样的皇帝在其鼎盛时期不可能是一台失灵的机器。如果皇座上、议事会里和军队统帅中只有‘懒惰的人’，那么，行政、艺术和财富就不可能像它们在那个时期所获得的发展那样”。[①]

巴布尔所建立的帝国的后期历史证明了对这个权威的争议，因为当皇室权威退化得有名无实的时候，依靠专制君主的个人能力维持其生存的机制便陷入无可挽救的毁灭当中。征服贪欲与组织智慧之间存在巨大鸿沟，这种组织智慧是阿克巴从巴布尔那里继承来的，贫穷、年迈、失明的君主沙·阿拉姆有名无实，于1803年“坐在一个狭小褴褛的华盖下”接待雷克勋爵。

幸运的是，当时的作家给我们留下了有关莫卧儿帝国黄金时代的皇帝们日常生活的颇为详细的记载。阿克巴习惯于在太阳升起不久接见各阶层臣民，臣民们热切盼望与他会面或看到他，他们的生死祸福仰赖于他。在离开之前，他常常处理事务。他的第二次正式的公共场合露面一般是在当天第一次接见之后，但是，有时候要晚一些。只有重要人物才允许参见。他也经常于其他时间在谒见大厅的窗口（“吉哈罗克哈”）非正式露面，有时候在那里站两个小时，聆听请愿，接收报告，处理司法案件或视察游行。通常，他喜欢站着，但有时候也

① SARKAR J N. Studies in Mughal India [M] . Hong Kong：Forgotten Books，2013：2.

坐着，要么以亚洲方式盘腿坐在垫子上，要么以欧洲方式坐在高高的王座上。王子和大贵族按照级别高低排列在他身边。按名册轮流值班的官员根据一定的仪式庄严地提交请愿书或人，当场下达命令。书记员站在皇帝身边，准确地记录从皇帝嘴中说出的每个字。

贾汉吉尔的生活没有阿克巴那么勤勉，他天性更耽于沉思冥想和骄奢淫逸。据爱德华·泰里所说，贾汉吉尔追随他父亲的习惯，一天露面三次：首先，太阳升起时，他在面向东方的凸窗前露面，许多人集结在那里向他问候，高喊“帕德沙萨拉马特”，即“国王万岁”；中午，他观看大象互斗或者其他娱乐活动；太阳落山之前，他在面向西方的窗户前露面，太阳落山后，他在鼓声和风乐以及群众的欢呼声中返回。在这三次露面中，任何人可以举起他的请愿书，受到接待；晚上7点到9点之间，是他个人打坐的时间，他的贵族陪伴着他。曾经做过“400骑”的“曼沙布达尔”和宫廷显贵的威廉·霍金斯，更为详细地记载了贾汉吉尔的日常生活。贾汉吉尔的日常生活总体上与沙·贾汗的日常生活没有多大差别。

沙·贾汗凌晨4点以祈祷和阅读的形式开始他一天的生活，6点45分在窗户前出现在他的人民面前，然后观看大象互斗和骑兵演习。7点45分他在“迪万—伊—阿姆”举行公共“都尔巴尔”。之后于9点30分在“迪万—伊—卡斯”举行私人接见。这两次露面都是为了行政工作和公共事务。之后于11点40分在“沙布尔吉”（皇塔）讨论机密问题和政治问题。从中午到下午4点，皇帝待在后宫，做正午祈祷，用膳、午睡、监督向各个阶层妇女发放施舍。下午4点，再次举行公共接见，一直到下午6点30分，在“迪万—伊—卡斯”主持行政事务。当紧急工作结束后，通常唱歌跳舞，活跃气氛。接着，于晚上8

点在“沙布尔吉”再次讨论机密问题，然后回到后宫，听音乐，让人给他朗读书籍，直到睡去。

皇帝在公共和私人场合所做的工作的特点，在前面已经简要地提到了。一般而言，它包括不受任何管束的专制君主能够自然解决所有事情，整个帝国行政管理以专制君主的个人意愿和观点为基础并实施。但是，这样实施的工作的质和量必然因皇帝的性情和能力不同而存在某种程度上的差异。不管是贾汉吉尔还是沙·贾汗都不能像阿克巴那样辛勤工作，他们的判断和决策也没有阿克巴那样开明和公正。阿克巴曾将帝国的行政管理制度看作是他自己的“孩子”。奥朗则布更接近阿克巴确立的标准，和他父亲相比，他的目的更严肃，享乐的欲望更小。

根据宫廷史学家记载，奥朗则布每天只睡3小时，他过着暗淡和勤勉的生活。他正式的日常工作计划遵循他前任们制订的惯例，早上7点30分开始，在“迪万—伊—卡斯”处理司法事务，晚上7点30分退朝。但是，他的大部分工作时间献给了《古兰经》和《口传教义》（可能指的是《圣训》）所规定的宗教活动。因此，当听到从清真寺叫拜楼传来召唤礼拜的声音后，奥朗则布本人在私人谒见大厅举行的晚间工作便立刻停止，按规定重复回答叫拜员的召唤。①

他从统治的第十一年（1668）起取消了音乐和舞蹈晚会，在他的前任们统治时期，音乐和舞蹈晚会曾活跃在“迪万—伊—卡斯”的晚间聚会。他的行政工作质量受到了损害，因为他具有强烈的疑心，并

① SARKAR J N. Studies in Mughal India［M］. Hong Kong：Forgotten Books，2013：70.

且过分依赖于仅仅将狡诈作为治国方略的主要手段。他从不相信任何人，他严厉苦行和精于算计的性情使得他不能对任何男人或女人表现出慈爱。结果，他的官员和部下对他效忠不力，虽然他一直专注于统治他的帝国的任务，但是他未能掌握阿克巴统治何以如此卓越以及在许多方面如此慈善的行政管理秘诀。

倘若奥朗则布显示出更多一点对人性脆弱的理解，更多一点对印度生活光明面的同情，那么他就会成为一个更具有吸引力的人，从而成为一个更伟大的统治者。或许，他就不会在病榻上发出这些懊悔和醒悟的言辞，这些言辞使人们对他的最后留言产生了如此强烈的兴趣。他说："我不了解我自己，我不知道我是谁，也不知道我的目的是什么。我一生的努力全归无效。军队惊慌失措，没有心灵或帮助，就像我一样，除了真主，心灵没有安息。"

在日常工作之余，所有早期的莫卧儿皇帝，都对户外锻炼和运动有着天生的爱好。巴布尔一生中的大部分时间是在连续征战中度过的，与他的一些继任者相比，他很少有机会纵情享受这一方面的爱好。但是，他所享有的闲暇都献给了狩猎，他努力保持健康的体质，通过横游每一条他所遇到的河流来抵抗大量酗酒带来的病痛。在他去世前一年，他游过了恒河。他在《回忆录》中说："我每划一下就数一下，我划了32下游过了恒河，接着又一刻不停地游了回来。我已经游过了其他河，恒河是最后一条游过的河。"

关于胡马云的体育运动，能够见到的资料很少。虽然他沉溺于吸食鸦片，但是，他与其他早期帖木儿人一样勇敢，作为一个士兵他时刻准备着作出任何英勇和大胆的业绩。他有时候勇敢到不顾后果的程度，例如，他曾经从印度一个最坚固的城堡的几乎无法通行的一侧爬了上去。

阿克巴在用武力确立了他的权威之后，有闲暇纵情享受他所钟爱的狩猎，他要主要的朝廷贵族都参加他昂贵的狩猎远足。事实上，运动和赌博是莫卧儿贵族消费他们大量收入的两个方法。阿克巴本人了解所有的马匹、骆驼、大象和狗，他是一个优秀的骑手，如贾汉吉尔在他的《回忆录》中提到的，能够控制最暴烈的大象。为了锻炼他的骑兵，在开始一项新的军事行动前，他习惯于组织一次大型狩猎远征。他怀着巨大的兴趣带着经过专门训练的猎豹追逐羚羊。他时刻准备着遭遇不管多么凶猛的野兽，老虎、狮子或其他野兽，准备着不管多么疲劳都要完成狩猎。

大英博物馆收藏着一幅珍贵的莫卧儿绘画，描绘了阿克巴骑在马上以最大速度飞奔着用长矛猛刺羚羊的场面。有一次，在比坎奈尔沙漠，当他遇到一群野驴时，他忘情地追逐野驴，以至于把他的随从人员远远落在了后面，差点儿被渴死。猎鹰也是阿克巴所喜爱的一项运动，阿布勒·法兹勒详细地描述了皇帝的猎鹰人员和各种鸟类，并补充说："皇帝陛下出于慷慨的动机和为朝廷增辉的愿望而喜欢猎鹰，不过，有些观察家却认为，他的目标仅仅是为了狩猎。"皇帝所拥有的鹰和其他鸟类及动物数量给旅行家拉尔夫·费奇留下了深刻印象。从威廉·霍金斯的证言来判断，贾汉吉尔拥有的鸟类的数量非常可观。[①]

毫无疑问，莫卧儿皇室家族从他们的蒙古祖先那里继承了对狩

① FOSTER W. Early Travels in India，1583—1619［M］. New Delhi：Oriental Books，1985：17.

猎的热爱，蒙古人所喜爱的全民娱乐就是战争和狩猎。成吉思汗恢宏的冬季狩猎就像一场战役。一大片地区被围了起来，圈子一点一点收缩。首先进入最内圈的是成吉思汗以及他的妻子们和贴身随从，然后，当他们倦于猎杀的时候，才轮到大首领们，最后圈子向所有人开放。

狩猎对贾汉吉尔具有吸引力，这一点被如下事实所证明。在他即位第七年，他连续狩猎2个月20天。有一个关于这些狩猎远征中所捕杀的动物的经常性记录，例如，在1616年贾汉吉尔47岁时，他命令列一个从他12岁开始狩猎起所猎杀的所有动物的名单。根据他的《回忆录》记载，总数为17167头，其中不包括另外11365头他在场的情况下猎杀的动物，其中三分之二是食草动物或鸟类。据爱德华·泰里所说，那时用猎豹猎羚羊和阿克巴时期一样流行。

与巴布尔和贾汉吉尔不同，沙·贾汗没有撰写个人回忆录，因此，我们可能对他的运动爱好知之甚少。但是，作为一个年轻人，他肯定追随家族狩猎习俗，曾有一次证明了他的力量和无畏。

奥朗则布的狩猎远征因伯尼尔的记载更多地为人所知。伯尼尔记载了这样的事实，即国王杀死狮子被看成是吉兆，但是如果逃避这样的野兽则被看成是国家孕育着凶兆。奥朗则布习惯每次在丛林中野营3到4天，他杀死的任何狮子都要仔细测量，而且把狮子的牙齿和爪子的细节都记录下来。伯尼尔顺便重复了朝廷圈子中流传的一个故事，即每当一头驴被绑起来作为狮子的诱饵时，它会被喂食大量鸦片，目的是麻醉狮子。但是，他补充说，根据奥朗则布首席猎人所说，这个习惯不再流行，事实上，不再必要，因为一只吃饱了猎物的狮子总是会睡着的。

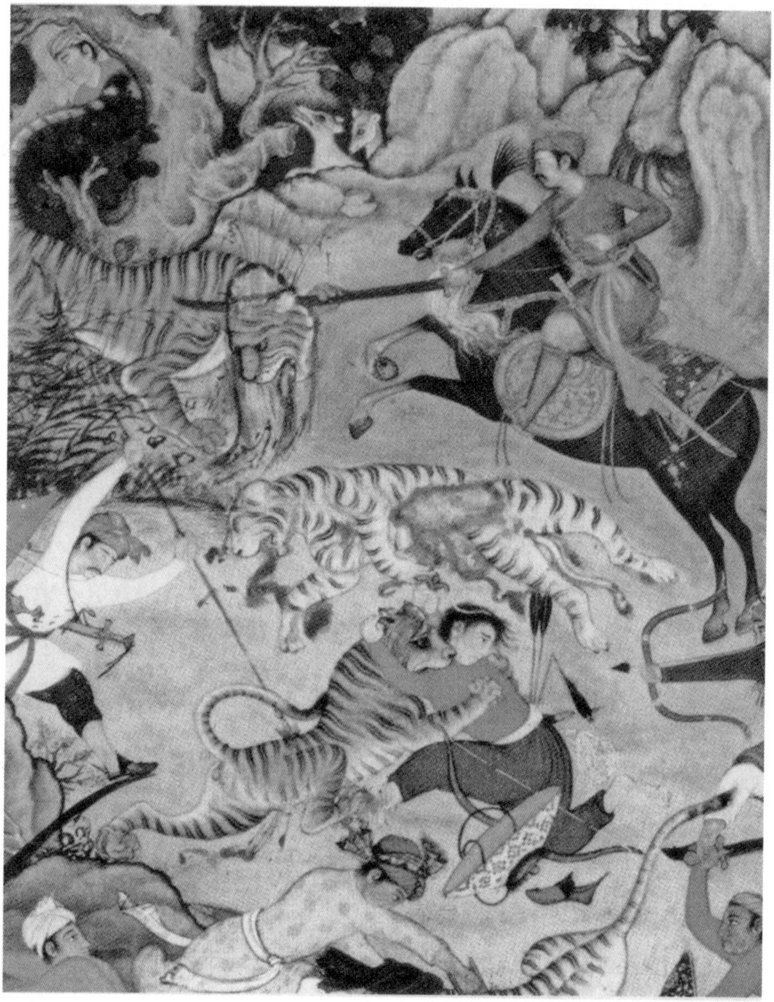

《阿克巴猎虎》，细密画，创作于1590—1597年。这幅画是根据一位目击者的记录，描绘阿克巴在马尔瓦土邦瓜廖尔附近山林路遇猛虎、挥刀搏杀的惊险场面

莫卧儿皇帝和他的朝臣们所喜欢的另一项消遣活动是斗兽。这一活动在通过“大山吉哈罗克哈”（看窗）眺望的大型露天场所举行，皇帝每天在他的臣民目睹下出现在这个场合。大象、野牛、公羊和其他野兽及鸟类都参加这些竞赛。事实上这并不是莫卧儿人的创新，而

是在莫卧儿时代之前的几个世纪就在北印度流行的习俗。

欧洲旅行家对斗象有特别深刻的印象，汤姆·科尔亚特就是这些旅行家中的一位，他说每周在皇帝面前举行两次斗象，这是世界上最盛大的壮观场景。许多大象有13.5英尺高，它们在一起宛若两座大山，如果它们在战斗中间不被烟花分开，就会用它们尖锐的牙齿拼命相互抵伤和残杀。爱德华·泰里用同样的词句描述了贾汉吉尔统治时期的斗象，断言驱象者很少受伤。①

如果这是事实的话，那么阿克巴时期以来的形势想必已经发生了变化，那个时候，这些斗象经常以骑象者死亡而告终。威廉·芬池告诉我们，这些斗象在一周内的每天中午举行，星期天除外。他补充说，星期二对战斗的大象和观赏的人来说都是流血的一天，国王裁决并目睹比赛。

帝国宫廷前面的比赛不总是限于野兽。据说，阿克巴效法古代罗马观看人与人之间的斗牛士比赛，这令阿奎维瓦神父和芒瑟雷特神父感到震惊，这种娱乐形式在贾汉吉尔和沙·贾汗统治时期一直在持续。

我们也在威廉·霍金斯的叙述中看到了人与兽之间的战斗，他描述了贾汉吉尔如何命令一个帕坦人与一只凶猛的狮子搏斗。在这个人被杀死后，他派出另外10个人与这只猛兽搏斗。这10个人都受了重伤，其中3个人失去了生命。威廉·霍金斯补充说，国王兴致大发的时候，这样的人兽搏斗持续3个月，为了他的享乐，许多人受了重伤，

① FOSTER W. Early Travels in India，1583—1619［M］. New Delhi：Oriental Books，1985：306.

也有许多人失去了生命。

强烈的残忍倾向是莫卧儿皇帝从他们的蒙古和鞑靼祖先那里继承来的不好的特征之一。

莫卧儿人也有一些户外运动没有上面提到的那种残忍特征。最流行的娱乐形式有摔跤、马术和飞鸽。摔跤是印度最有名的体育项目之一，一直受到印度王公的喜爱。阿克巴统治时期的皇室机构里包括来自北印度和西印度以及波斯和突兰的摔跤手和拳击手。阿布勒·法兹勒罗列了当时的著名运动员名单，他说有两对非常般配的选手曾经每天为皇帝比赛，报酬丰厚。

马术也叫“初干”或“朝干”，起源于东方，是波斯萨珊尼德统治者、奴鲁·德·丁·贾斯特、伟大的萨拉丁和其他穆斯林君主所喜爱的一项运动，由德里早期穆斯林统治者传入印度。苏丹库特布·德·丁·阿伊巴克在拉合尔玩这个运动时不幸身亡。显然，它在某些方面与现在印度、欧洲和美国玩的运动不同。现在的马术运动与1864年的马术相同，在当时流行于与阿萨姆和缅甸接界的曼尼普尔以及印度河上游的巴尔提和奇特拉尔。

巴布尔在他的《回忆录》里提到这项运动。阿克巴也热爱这项运动。阿布勒·法兹勒说，肤浅的观察家将这项运动仅仅看作是娱乐和游戏，但是，观念崇高的人将它看成是学习敏捷和决断的一种方式。在从事这项运动时，大力士学习骑术，马学习灵活技艺和服从驾驭。它考验人的价值，加强友谊的纽带。因此，皇帝陛下非常喜欢这项运动。就外在而言，这项运动为朝廷增添了光辉。但是，从更高的观点来看，它展示了隐藏着的才能。

1564年，阿克巴在阿格拉南部卡克拉里所建的猎舍纳加尔查恩逗留期间，经常玩马术，特别喜欢在黑夜中玩，使用“达哈”（紫柳）木做成的照明球，点燃后产生闷火。阿克巴朝廷传记作者补充说，为了给这项运动增添光彩，皇帝陛下将金球和银球绑在“朝干”棒顶端，如果其中的一个破了，那么抓住碎片的任何选手可以将其据为己有。莫卧儿朝臣经常参加这项运动，或者参与或者观看，阿克巴允许他们对比赛结果下赌。

在阿克巴继任者统治时期，很少听到这项运动。不过，皇室家族的王子和上层及富有阶级的年轻成员可能沉溺于其中。作为宫廷的主要娱乐形式之一，它可能随着从中亚先祖那里继承来的男子气概的减弱而不再受欢迎，直到在后期莫卧儿苟安统治时期彻底消失。

至于飞鸽，可以设想，阿克巴对这些鸟的喜爱可能是从他曾祖父即巴布尔的父亲那里继承来的。他曾祖父养了翻头鸽，而且实际上是由于他经常爬上去观看翻头鸽飞翔的塔楼倒塌而丧生的。无论如何，阿克巴早年从他的一位私人教师那里学会了飞鸽艺术，他的私人教师忘记了他的职责，他没有教他的学生读书和写字，而是将教他学生的时间用在飞鸽上。

阿克巴登上王位之后，养了2万多只鸽子，分成10类，毫不厌倦地观看它们的滑稽动作，他称之为“伊什克巴济”或“爱玩”。这一娱乐肯定在贾汉吉尔统治时期流行，因为威廉·霍金斯曾说，皇帝养了大量各种各样的鸟，包括1万只鸽子。但是，没有关于飞鸽在后来流行的证据。然而，这项运动除了在莫卧儿首都之外，必定在各个中心也很常见，在勒克瑙和其他地方一直持续到现代。

密布的森林和成群的动物为莫卧儿皇帝狩猎提供了充足的资源。各种当时的记载都证实，莫卧儿时期的森林分布比现在广泛得多，今天人口稠密的地区曾经是野生动物出没的地区。巴布尔本人在他的《回忆录》中写道："印度斯坦平原好多地方被荆棘丛生的灌木丛所覆盖，以至于依赖于这些森林的'帕尔噶纳'人民在森林中栖身，并且仰赖所处森林难以进入之条件，常常处于反叛状态，拒绝纳税。"

威廉·芬池声明，从乔恩普尔到阿拉哈巴德的道路穿过一片延绵不绝的森林。阿布勒·法兹勒在《阿克巴本纪》中谈到了沿哥格拉河南岸的森林，无疑，山麓森林延伸到联合省和比哈尔邦，比今天要延伸得远得多。①

巴布尔时期，在哥格拉河毗邻地区和白沙瓦附近有大量犀牛，在现今阿拉哈巴德区的卡拉发现了野象。阿克巴在阿格拉、马尔瓦、马尔瓦尔和比哈尔等地猎取野象，这些地方现在没有野象了。实际上，整个现代加兹普尔区似乎曾经是一片云集着大象和犀牛群的森林。阿克巴曾在马土拉附近射杀老虎，有时候在其他地区猎杀，这些地区现在已经找不到老虎了。

狮子曾在西北印度和中印度广大地区漫游，现在只在卡提阿瓦尔存活下来一些样本。威廉·芬池记载，狮子和老虎曾出现在加劳尔的道路上。爱德华·泰里描述了狮子如何骚扰他在曼杜（现在属于达尔邦）的营地，并谈到周围森林云集着老虎和其他肉食野兽以及许多野象。

贾汉吉尔皇帝和他的随从人员经常用"弓箭、卡宾枪"捕杀狮子。一幅1623年的莫卧儿绘画现在保存在加尔各答印度博物馆，展示了皇帝在巴里·多阿布的拉希马巴德"帕尔噶纳"射杀一只狮子的场

① MORELAND W H. India at the Death of Akbar: An Economic Study [M]. New York: Adamant Media Corporation, 2001: 7.

面。在1611年发生的一次猎狮中，贾汉吉尔遭到一只受伤的狮子的突然进攻，幸运的是，如威廉·芬池所述，他被一名拉其普特军官阿奴普·拉伊勇敢相救。

要不是胡拉姆王子（后来的沙·贾汗）拯救阿奴普·拉伊并杀死狮子，阿奴普·拉伊本人早被狮子吃了。皇帝授予阿奴普·拉伊“5000骑”的“曼沙布达尔”，以嘉奖他的忠诚和勇敢。沙·贾汗在危险面前表现出来的英勇无畏并不限于这一事件，因为1854年在伦敦出售的一块非凡的莫卧儿浮雕宝石记载了沙·贾汗的另一次英勇行为，他劈开了一只正在伤害他的一位朝臣的狮子。

在整个莫卧儿时代，莫卧儿皇帝以热爱珠宝和宝石著称，这使宝石和珠宝艺术受益匪浅。胡马云最早从拉贾·比克拉马吉特家族那里获得了著名的“克—伊—奴尔”钻石，意思是“光芒之山”或“灿烂之山”。据说这是世界上最大的一块钻石，后来被分割，英国女王王冠上的钻石就是其中的一部分。这块钻石在胡马云流放期间保存在波斯塔玛斯普沙那里，后来据说作为米尔·朱木拉的礼物落入奥朗则布的金库。

阿克巴去世时留下了4000万英镑硬币，按购买力算至少等于现在的4亿英镑，以及大量收藏的珠宝，他非常珍爱这些珠宝。在这些珠宝中，有不少特别精致的红宝石，制成了两个念珠，每个念珠价值1000万卢比。据威廉·霍金斯记载，有许多美玉出现在贾汉吉尔个人财产的清单里，还有一些美玉被用来装饰著名的孔雀宝座，这些都是阿克巴最初收集的。①

① SMITH V A. Akbar：The Great Mogul，1542—1605［M］. Delhi：S. Chand & Co，1962：347.

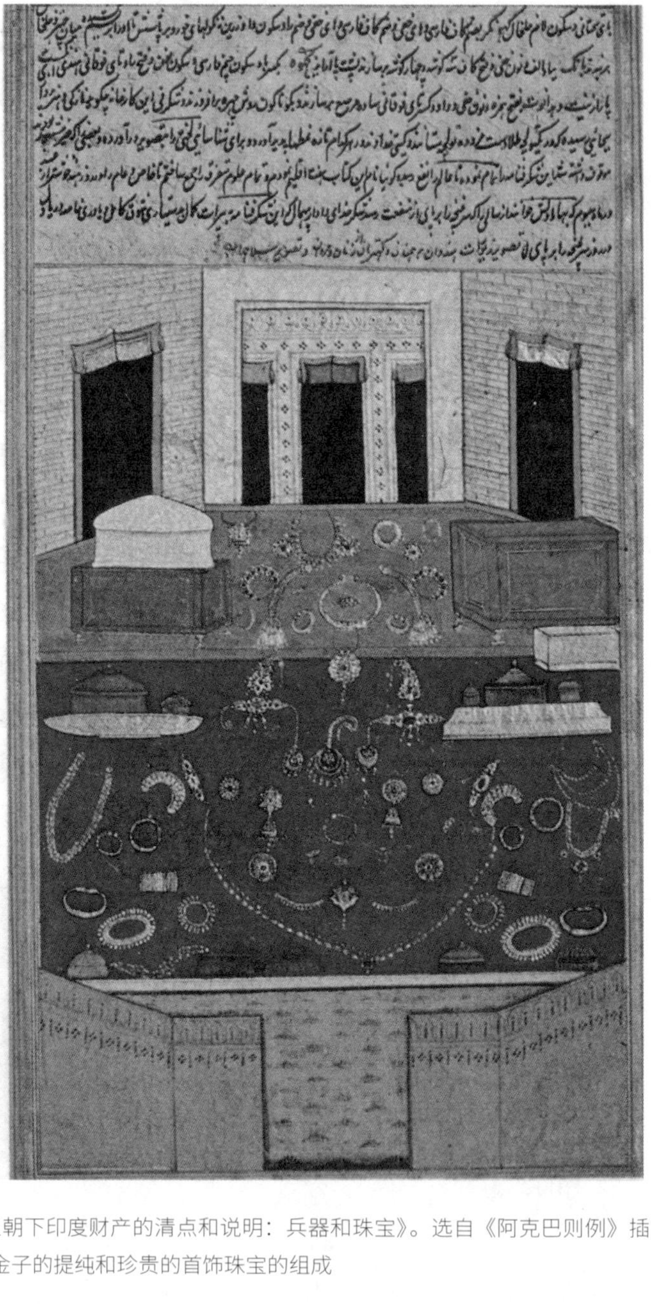

《阿克巴王朝下印度财产的清点和说明：兵器和珠宝》。选自《阿克巴则例》插图，所示章节讲述金子的提纯和珍贵的首饰珠宝的组成

贾汉吉尔的珠宝包括1.5“忙德”未嵌钻石、12“忙德”珍珠、2“忙德”红宝石、5“忙德”绿宝石、1“忙德”玉石，此外还有珠宝做的剑柄、匕首、鼓、胸针、鹭羽、马鞍、长矛、国椅、酒壶、酒杯、护符、戒指。

沙·贾汗对珠宝非常热爱，几乎发展到狂热的地步。他的个人珠宝价值5000万卢比，此外，他还将价值2000万卢比的珠宝送给了皇室王子和其他人。他通常佩戴的珠宝价值2000万卢比，保存在后宫，由女仆保管，而其他价值3000万卢比的珠宝保存在外房，由奴隶保管。他头巾上装饰的“萨尔佩赤”（硕大红宝石鹭羽），据估计价值120万卢比。

沙·贾汗著名的孔雀宝座是珠宝艺术与莫卧儿人热爱炫耀相结合的登峰造极的例子，一位当时的法国珠宝商给孔雀宝座估价1.5亿法郎，除了制造孔雀宝座所雇用的工匠的工资外，所用材料价值1000万卢比。这个宝座由纯金做成，点缀着价值160万卢比的宝石。内顶用珐琅装饰，外顶用红宝石和其他珠宝覆盖。12个绿宝石柱子支撑着座顶，上面是两个孔雀图像，闪耀着宝石的光芒。在两个孔雀之间，是一棵用钻石、红宝石、绿宝石和珍珠做成的树。三个珠宝阶梯通向皇帝座位，皇座被11个珠宝鞍褥环绕，其中最中间的中心宝石是沙阿巴斯一世送给贾汉吉尔的一颗辉煌璀璨的红宝石。在这些辉煌壮观的景象中，身穿白色衣服饰有无价宝石的皇帝出现了，就像我们在古老的莫卧儿袖珍画像里看到的那样，他的额头佩戴着难以想象的光环，拿着一朵花放在鼻子上嗅着。

贾汉吉尔的酒壶，系白色软玉。贾汉吉尔与先祖们截然相反，他并不是一位好战的征服者，他更喜欢享受宫廷生活为他提供的安逸舒适。他生性喜欢酗酒，他的酒量在兄弟中无人能及，常常喝到不省人事

贾汉吉尔和沙·贾汗收藏了美丽的玉器和玉杯，奥朗则布登基时带来一个金茶托，装饰着钻石、红宝石和绿宝石，一个水晶石大茶杯，浑圆光滑，有着和茶托一样的装饰。1857年，在德里宫发现了一些精美的水晶石茶杯，可以追溯到“伟大莫卧儿人”时代。

珠宝和珠宝装饰物的风行不只限于皇宫，富有贵族也佩戴大量珠宝。人们如饥似渴地寻求珍贵珠宝，出高昂的价钱购买各种宝石。就是这些巨大的珠宝、黄金、银盘和现金，在1739年纳迪尔沙攻陷德里后被其收入囊中。对他掠夺的战利品的价值有各种不同的估算，富雷泽尔估算有7亿卢比，其中，珠宝2.5亿卢比，孔雀宝座和其他9个宝座以及珠宝装饰的武器和器皿共计9000万卢比。但是，这个数字可能有些夸大。比较可信的是阿南德拉姆，他从属于印度“瓦齐尔”，他宣称这位征服者夺走了6000万卢比银币，几千万卢比金币，价值近

1000万卢比的黄金器皿，价值约5亿卢比的珠宝，“大部分珠宝举世无双”。①

莫卧儿皇室也偏爱一些室内游戏，包括象棋（“查土兰加”）。象棋可能起源于古代印度，公元6世纪之后不久传到了阿拉伯半岛、波斯和中国。爱德华·泰里在论述贾汉吉尔统治时期的印度时写到，在他们家里，他们最喜欢玩我们称作“象棋”的本土游戏，或者桌棋。这个游戏在阿拉伯语中叫作“沙特兰吉”，在某些方面与欧洲（“法兰基”）象棋不同，它在穆斯林中很流行，因为它是穆斯林法学家所允许的唯一合法游戏。

另一个流行游戏就是爱德华·泰里上面所称的“桌棋”，也就是“朝帕尔”或十五子棋，《阿克巴则例》对此作了描述。它是在一个布盘上玩的，这个布盘用十字分开，十字的每一边被分成24个方格，一共有3行，每行8个方格。显然，这个布盘也可以用来玩其他三种游戏，即“泛撒”、“帕奇思”和“阐带尔—曼达尔”。“泛撒”用骰子玩，“帕奇思”用贝壳玩。在这些游戏中，后面两个是阿克巴所喜爱的游戏。

“帕奇思”是古代印度游戏，阿旃陀石窟中的一幅绘画表现了这个游戏。据说，阿克巴在阿格拉城堡和法特普尔·西克里的“卡斯玛哈尔”（后宫、私人宫殿，“卡斯”意思是私人的、专门的、特别的、主要的，“玛哈尔”意思是宫殿、大厦）的四方形大理石广场，用年轻的女奴代替彩色象牙棋子玩过这个游戏。阿布勒·法兹勒描述了莫卧儿帝国所使用的游戏牌，与现代英国牌很不相同。因此，阿克巴似

① IRVINE W. Later Mughals：Vol.2［M］. New Delhi：Oriental Books，1970：371.

乎勤于游戏。

如果不提酗酒，那么对莫卧儿皇室生活的描述就不完整。实际上，酗酒是早期莫卧儿皇帝常常容易犯的恶习。除了奥朗则布非常节制和沙·贾汗少量酗酒外，其他王朝统治者都沉溺于酗酒。虽然《古兰经》禁止饮酒，但是酗酒在15世纪的东方已经很普遍。

如巴布尔《回忆录》所显示的，巴布尔一度是酒瘾很深的大酒鬼，他的两个哥哥都死于饮酒过度。陶醉于饮酒是巴布尔的主要乐趣之一，他喜欢与酒友一起在半醉状态中躺在林荫下或溪流旁，度过闲暇时光。他相当坦诚地写到他的酒会，但是，当他政治生涯危机来临之时，当他在坎瓦与拉那·桑伽和拉其普特人决战前夕，他意志坚定地摔碎了他的酒杯，并发誓今生再也不喝酒。就我们所知，他虔诚地遵守了这一誓言。

胡马云吸食鸦片的瘾比酗酒的瘾更大，但是，从贾汉吉尔《回忆录》中所说的胡马云放弃了酗酒习惯中，可以清楚地看出他的确曾沉溺于酗酒。

阿克巴经常谴责酗酒，但是他保持了家族传统，往往酗酒很厉害。贾汉吉尔在他的《回忆录》中谈到，他父亲有“喝醉酒的时候和清醒的时候”。以阿奎维瓦神父为首的耶稣会教士曾驻阿克巴朝廷，留下的现存记录证明，阿克巴在1582年曾饮酒过度。巴尔托利在另外一个段落中说，皇帝经常喝烧酒和“扑斯特”。烧酒是一种容易使人陶醉的棕榈酒，“扑斯特”是一种用经过加工的香料稀释的鸦片制剂。[1]

---

① SMITH V A. Akbar：The Great Mogul，1542—1605［M］. Delhi：S. Chand & Co，1962：114.

在酒精的作用下，阿克巴不止一次地沉溺于疯狂的怪诞行为。例如，与他自己的剑战斗。虽然他的优良体质使他能够抵抗经常酗酒带来的恶果，但是他的榜样对他周围的人产生了不利影响，特别是对他的儿子穆拉德和丹尼亚尔，他们两个都死于酒精中毒引起的“震颤性谵妄”。

贾汉吉尔本人曾说，如果他1小时不喝酒，他的双手就开始颤抖，他既不能坐稳也不能休息。他想方设法减少他每日的饮酒量，但是他又说对于维持一个人的生命来说饮酒的必要性似乎并不亚于吃肉，因此对他来说完全不喝酒如果不是不可能的话，那么至少也是很困难的。在后来的岁月里，努尔·贾汉皇后对他施加影响，节制他的饮酒习惯。努尔·贾汉的做法加上贾汉吉尔异常强壮的体质，使他免受由于长期酗酒而带来的严重痛苦。

有幸的是，统治者树立的榜样没有得到百姓的普遍效仿。某种程度的饮酒是存在的，这可以从下面的事实中推论出来，即阿克巴命令允许在市场出售葡萄酒，宗教禁令没有得到遵守，贾汉吉尔在僧侣的告诫下下令禁止出售啤酒和大麻，根据有些说法，他也禁止出售葡萄酒。

我们也知道，在阿克巴统治时期，以及可能在后来的岁月里，大量贵族死于酗酒，如信德的米尔扎·詹尼·贝格因酗酒死于德干，沙贝格汗喝葡萄酒、大麻和鸦片的混合酒。但是，在朝廷圈子之外，酗酒恶习在体面的印度社会不常见。

虽然饮酒习惯在上层阶级中很流行，甚至与皇室没有联系的上层人士也偶尔酗酒，但是，我们可以接受爱德华·泰里牧师关于所有阶层的人普遍节制的结论。

他写道："对穆斯林和异教徒中许多节制的人来说，他们宁死也不吃或喝他们的法律所禁止的任何东西。对于他们的法律所允许的肉和酒，他们也只是用来满足自然需求，而不是用来满足欲望；他们憎恨贪饮，认为贪饮是发疯（事实的确是这样），因此在他们的语言中'醉鬼'和'疯子'是同义词。"[①]

① FOSTER W. Early Travels in India，1583—1619［M］. New Delhi：Oriental Books，1985：317.

结语

评价与反思

莫卧儿帝国在经历了前6位君主历时181年的创始与兴盛后，在后11位君主历时150年的统治期间由极盛转入衰落，最终走向灭亡。

关于莫卧儿帝国衰亡的原因，斯迪芬·麦勒迪斯·爱德华兹先生和赫伯特·利奥纳德·奥富雷·加勒特先生在其名著《莫卧儿统治下的印度》一书中作了入木三分的探析。[①]

一、外来客：民族传统原因

在绝大多数印度人看来，莫卧儿帝国本质上是一个外来帝国，因此它的生存缺乏坚实的基础，不可能期望得到大众的自发支持。由于它在本质上以及在行政组织方面的外来性，它无力唤起像马拉塔人追随西瓦杰并为他而战的那种感情；它没有从古代传统中获取力量，古代传统一直对印度教理想和感情产生着非常显著的影响。

它自身的外来特征使它失去了广泛的爱国主义所包含的进步和稳定的因素，因此作为东方专制政府，它的存在取决于统治者的品格和他的军事力量的水平。就本质而言，莫卧儿帝国的存在取决于它是否有一个积极、能干和公正的君主，还取决于它能否维持一支有效的警

① EDWARDES S M，GARRETT H L O. Mughal Rule in India［M］. Delhi：S. Chand & Co，1956：351-365.

察和军队。

莫卧儿政府的最高目标，充其量是努力维护内部秩序和保持外部和平。国家生活以帝国朝廷为中心，由于帝国朝廷而团结在一起。最后，当行政管理机器恶化，政府不能履行它的警察职能的时候，当“伟大莫卧儿人”皇室与此同时退化成傀儡，沦为各种竞争派别的玩物和牺牲品的时候，帝国就失去了保持持续稳定的唯一因素。那根将帝国或多或少连接在一起的细微纽带断裂了，无政府状态随之而来。[①]

二、退化：行政军事原因

就行政和军事方面而言，主要原因是莫卧儿贵族品格的衰退和军队的退化，这些因素是相互补充的，这在奥朗则布去世前的几年里非常明显。

贵族的退化在沙·贾汗时代显露出来，尤其在他继任者的长期统治时期变得更加明显。在奥朗则布去世后不足10年间，发生了7次激烈的皇位争夺战争，导致大量王子、贵族和训练有素的士兵被杀，同时，主要贵族之间的武装敌对导致了高级人才的进一步损失。

例如，尼扎姆·勒·马尔克为了确保德干副王的职位，被迫与3个对手作战；围绕古吉拉特省督职位展开的斗争，导致了3次致命争夺战。这些自相残杀式的争斗所造成的生命损失，由于对锡克人、邦

① IRVINE W. Later Mughals：Vol.2［M］. New Delhi：Oriental Books，1970：311.

德拉人和马拉塔人发动惩罚行动而进一步增加。

贾杜纳斯·萨卡尔教授写到，对善于思考的研究莫卧儿历史的学者来说，没有什么比贵族的衰落更引人注目的了。英雄只在舞台上辉煌了一代人，他们没有留下杰出的后代。阿布杜拉欣和马哈巴特、萨杜拉和米尔·朱木拉、易卜拉欣和伊斯兰汗·鲁米曾创造了17世纪的印度历史，但继承他们业绩的儿子和孙子中没有一个能够具有他们一半的才能。

在阿克巴有生之年，由于他的经验和警惕，他所建立的军事机器得到了有效的维护，处于令人满意的状态。阿克巴去世后，军事机器不知不觉地退化，这一退化清楚地反映在沙·贾汗统治时期帝国军队收复坎大哈时遭到了灾难性的失败。1649年、1652年和1653年对坎大哈城的3次围攻表明，莫卧儿军队在军事技术和武器装备方面都不是波斯军队的对手。在1658年奥朗则布和达拉·舒科斗争期间，军队衰退更加明显。

在第一次和第二次帕尼帕特战役中，巴布尔和拜拉姆汗统率下的军队，即使他们的首领倒下了，他们也不会乱了阵脚而四散逃窜。但是，除了拉其普特人外，达拉·舒科统率下的大批帝国军队只不过是一群没有纪律的乌合之众，当命运青睐他们时激情似火，而当遇到一点点挫败时则完全失去坚忍顽强和机智多谋。

虽然莫卧儿军队效率降低，但是在奥朗则布统治前半期仍然很强大，足以维持印度国内的和平。在这个时期之后，莫卧儿军队的衰落加剧了，彻底完结了。贯穿17世纪的无休无止的德干战争，对这个结果负有主要责任。由于总是有军事任务要执行，莫卧儿军队永远看不到战争的尽头。

只要军事行动像贾汉吉尔统治时期那样只是针对德干的穆斯林苏丹国，那么战争的无休无止也许不算什么，因为德干的穆斯林苏丹国与莫卧儿将军们一样对最终目标毫不关心，但是当帝国军队与马拉塔人面对面交锋的时候形势完全改变了。马拉塔人非常清楚他们的目标和取得目标的最佳途径，他们很快就暴露了莫卧儿军队的无能和低效，莫卧儿军队由于奢侈而衰弱，由于毫无结果地争夺西印度统治权而士气低落。

就贵族和军队而言，其不可避免的衰落本来有一个途径可以阻止，即从印度以外的地方不断招募新的兵源。帝国早期军事力量的主要来源之一是从中亚山区和沙漠地带源源不断地涌进印度的武士洪流，军事和民事机构中最好的穆斯林新成员是这些外国冒险家和皈依伊斯兰教的印度教徒。

但是，外国人很容易在印度国土上迅速退化，这是葡萄牙人后来在他们自己的印度领地上发现的一个事实。结果，保持莫卧儿国家生机勃勃的唯一希望在于，从西北山区和位于山口以外的国家不断吸引强壮和能干的人。[①]

就管理印度的任务而言，察合台-突厥人或莫卧儿人的真正来源是吃苦耐劳、勇敢果断的阿富汗人和突厥斯坦人，只要不限制阿富汗人和突厥斯坦人以及更有教养的波斯人自由移居，帝国就会繁荣昌盛，蒙古人世系就会生机勃勃。前来印度寻求在德里皇帝统治下升官发财的新人逐渐消失，出现这种局面的主要原因是阿克巴宣布的“印度是印度人的印度”政策。

---

① IRVINE W. Later Mughals：Vol.2［M］. New Delhi：Oriental Books，1970：307.

诚然，阿克巴的民事和军事部门主要配备的是外国人，但是，他所采取的、被他继任者们继承的更自由地使印度人参与帝国行政管理的原则，导致了从山口以外移民的逐渐中断。莫卧儿帝国因此失去了真正的力量，为完全堕落和腐败铺平了道路。通常当生气勃勃的外部生命之源停止的时候，堕落和腐败就占据了帝国政坛。

到17世纪末，生气勃勃的巴布尔和阿克巴帝国清晰地显示出瓦解的迹象，奥朗则布去世后瓦解的趋势急剧加速。就军队而言，奥朗则布应该说犯了严重错误，他没有从西北边境以外得到充足的兵员供应。只有有了这样的军队，才能形成严密而有效的战斗力。相反，他的军队主要由印度穆斯林组成，他们在气概和体格方面都远远不如在突厥斯坦和阿富汗温和气候中学会了忍耐的军队。中亚士兵可能是马拉塔人的克星，但是，无论是印度穆斯林还是拉其普特人虽然勇敢无畏，却不能有效地抵抗这个强悍的敌人。

在回顾莫卧儿帝国衰落的行政原因的时候，有必要简略地关注一下皇帝的个性，因为它与莫卧儿贵族的堕落密切相关，与统治者和臣民之间的联系中断密切相关。阿克巴、贾汉吉尔、沙·贾汗和奥朗则布都具有非凡的能力，贾汉吉尔虽然在某些方面是这四个人中最弱的一个，但远非不能胜任。

但是，奥朗则布的继任者中没有一个在天赋能力和行政经验方面能够控制阿克巴所建立的庞大帝国。出现这一现象的原因部分是气候关系和印度公主连续内部通婚所导致的帖木儿后代自然活力的丧失，部分是奥朗则布的政策剥夺了皇室王子的一切首创精神和责任。

奥朗则布生活在一个强弩之末的时代，他永远忘不了他对待沙·贾汗的做法，自然不愿意相信任何人。他想方设法通过过分的家长式控制，抑制他的儿子们对国事所具有的天然欲望。奥朗则布树立的这个榜样为他的继任者们所效法，他们拒绝允许王子们通过定期担任副王和省督以培植行政管理能力。

18世纪莫卧儿王位继承人在宫廷里过着湮灭无闻的奢侈安逸生活，学会了依赖他人进行决策和采取行动，他们没有一点行政管理兴趣，满足于狭小和奢侈的后宫生活。控制帝国的职责落到了“瓦齐尔”手中，他们往往不值得信任，通常成为阴谋和派系斗争的焦点。

德里宫廷编年史家在奥朗则布去世后，提供了一部权势贵族发动不间断的阴谋与反阴谋的历史，他们经常引起公开骚乱和战争，导致有名无实的皇帝成为相互斗争的各派的玩物。

首都的动荡不安很快反映在各省，那些权力正好处于上升时刻的皇帝频繁罢免省督和重新任命省督。一些省督试图通过发动公开敌对行动确立或保持他们的地位，这在整个农村产生了不安全感，导致农民停止交纳土地税，地方官员不将税收交给国库。在整个18世纪，税收停交、道路关闭、抢劫频发和战争流言成为帝国政权迅速解体的外部标志。

皇帝由于沉溺后宫生活而软弱无力，沦为堕落官员手中的傀儡，无法力挽狂澜。他眼睁睁地看着马拉塔军队于1737年进入首都；他不得不目睹纳迪尔沙于1739年大肆屠杀他的臣民。莫卧儿统治者天才的最后一缕闪光随着奥朗则布去世而熄灭。

三、偏执：政治宗教原因

加速帝国解体的政治宗教因素源于奥朗则布对非穆斯林所显示

出来的宗教偏执。莫卧儿皇帝对他们最亲近的男性亲属态度的逐渐改变，也同样产生了灾难性的后果，不过，它的效果有限。

在莫卧儿统治的最初一个世纪里，父子和兄弟感情深厚是大多数王位占有者共有的美德，不过，在卡姆兰对胡马云的背叛中，我们看到了同室操戈、父子反目的开端。巴布尔、胡马云和阿克巴都展示了自然亲情，即使贾汉吉尔对胡斯劳的叛乱大为恼火，但有时也动容地对这个儿子施以温情，当贾汉吉尔不得不即刻粉碎针对他的阴谋时，他也只限于弄瞎这位冒犯者的眼睛。

但是，自从沙·贾汗登基起，所有自然亲情的减退就像枯萎病一样降临到皇室家族头上。沙·贾汗密令弄瞎沙尔亚尔的眼睛并谋杀沙尔亚尔的年轻儿子们，给他自己的儿子们提供了一个教训，“那些在他死后还活着的儿子中除了一个之外，其余的连同他们的儿子在内都要被追捕，像疯狗一样被消灭，以免他们落入不满者的手中，成为派系斗争的工具”[①]。

这一发展对莫卧儿人的主权来说，是一个道德上的灾难：家庭中的父亲、儿子和兄弟彼此以敌人相待，采用暗杀或战争手段来消除一切可能的竞争对手，这样的家庭注定要失去其政治统治权。

奥朗则布猜疑戒备的正统派做法，是导致什叶派穆斯林人口疏远的原因。阿克巴、贾汉吉尔和沙·贾汗曾欢迎来自伊朗和呼罗珊的移民，他们属于伊斯兰教最有才干的种族，将他们纳入莫卧儿公共服务部门是行政管理的一个显著优势。但是，在像奥朗则布这样的正统逊

① SLEEMAN W H. Rambles and Recollections of an Indian Official［M］. London：Cambridge University Press，2011：335.

尼派的眼中，他们被列为异端，不值得鼓励，最多值得勉强容忍。

奥朗则布的信件以及哈米杜·丁·汗记载的有关他的逸事表明，他对他们有强烈的偏见，他的态度反映了一般人的态度，一般人对他们更加反感。例如，拉合尔1712年爆发的一次骚乱，就是由于巴哈杜尔·沙建议用单独的什叶派称号宣读“呼图白”引起的。这一教派偏执的政治后果非常不幸。什叶派实际上停止了在印度寻求安家和发展，国家在非常不利的关头失去了一个非常能干的职业阶级的效力。

奥朗则布的愿望在于将宽容的阿克巴帝国转变成“逊尼派伊斯兰国家”，在这个国家里，非正统伊斯兰教派与印度教徒和其他非信仰者一起只是勉强被容许存在，享受不到正统逊尼派教民的任何权利。正是为了这一目的，他废除了自从阿克巴统治时期起就一直作为官方财政年的阳历年，取而代之的是用于税收和其他目的的“希吉拉”（也译“迁徙”，指公元622年穆罕默德从麦加迁徙到麦地那，这一年是伊斯兰教的元年）年。除了这个命令之外，他还颁布命令，废除了所有阳历年的节日，他认为阳历年是崇拜火的人的年，因此与穆斯林年历习俗不协调。这种做法引起了极大的不满，为政治解体铺平了道路。

然而，正是在对待印度教徒的做法方面，使莫卧儿帝国深受后期皇帝失策之苦。阿克巴以及稍微逊色的贾汉吉尔，都认识到他们的帝国有赖于少数征服者的宗教和多数被征服者的宗教之间的和解，他们明智地决定只要非正统派教徒纳税，就给他们崇拜他们自己的神的权利，不给他们找麻烦。阿克巴创始的这种宽容政策，由于他与拉其普特公主联姻以及他允许拉其普特酋长担任高级职务而得到了巩固。

贾汉吉尔曾对古吉拉特的耆那教徒进行了不当的迫害，对待坎格拉庙宇的做法引起了印度教徒的极大反感。但是，沙·贾汗统治时期第一次确切表明阿克巴的政策被废除。蒙塔兹·玛哈尔去世不久，他命令拆毁了整个帝国的所有庙宇，特别是贝拿勒斯已经开始修建但尚未完成的庙宇。这一命令不可能完全得到贯彻，但是，这种公开的宗教偏执表明，帝国已经明显地从以前明智的宽容政策中倒退了。

随着奥朗则布登基，这种偏执倒退完成了。1669年年初，他命令镇压贝拿勒斯的印度教神学学校；同年4月，毕什纳特庙被摧毁；12月，宏伟的马土拉印度教庙被强迫拆毁。这种行为反复上演，"季兹雅"重新征收，再加上奥朗则布试图在贾斯万特·辛格去世后吞并乔德普尔，以及入侵梅瓦尔，所有这些使印度教徒确信，在莫卧儿统治下，再也不可能维护他们的荣誉和自由，拉其普特氏族被完全疏远。

拉其普特人认识到奥朗则布嫉妒他们的政治独立，因此决定他们的王公不再为帝国或帝国统治提供有力支持。这个决定在巴哈杜尔·沙统治时期以共同防御联盟的形式得以具体化，这个共同防御联盟由梅瓦尔、阿姆巴尔和马尔瓦尔组成，其中的一个条款规定，不管在什么情况下，都不让他们的女儿忍受痛苦嫁给莫卧儿皇室。

强行拆除印度教庙宇并在原址上修建清真寺，给皈依伊斯兰教者授予荣誉和有利职位，一旦有机会便逐渐用穆斯林取代印度教徒任高级统帅，严厉禁止印度教习俗，所有这些给印度教徒造成一个印象——他们在莫卧儿国家里没有永久的位置，他们的宗教实际上处于危险之中。这一信念立即为马拉塔起义提供了机会和理由。西瓦杰"拥有钢铁般的意志和与他的对手一样勇猛无畏和坚韧不拔的才能"，当他发现他的主人对他自己和他宗教的政策的本质后，便决心发动有组织的抵抗。

奥朗则布由于其宗教偏执和不宽容而失去了阿克巴曾经获得的以及贾汉吉尔和沙·贾汗曾经竭力获取的东西，即印度教臣民的效忠。皇帝对马拉塔人的军事行动很不成功，主要是由于他的印度教官员和诸侯与所有印度教徒一样对他们主人的专制暴政普遍不满，他们在他与西瓦杰及其继任者的战争中漠视或暗地里敌视他的事业。这一信念随着时间的推移而增强。巴吉·拉奥一世在穆罕默德沙统治时期，把这一信念作为将马尔瓦的印度教酋长及斋浦尔和梅瓦尔的拉其普特王公与马拉塔人联合起来的杠杆，来抵抗穆斯林压迫者。

在奥朗则布去世后的31年间，莫卧儿帝国没有得到任何一个有军事价值的印度教部落的援助，而且实际上与锡克人、贾特人、邦德拉人、拉瑟尔人和西琐迪阿人处于战争状态。因此，莫卧儿帝国的迅速瓦解在很大程度上是由于直接干涉印度教感情、信仰和习俗的错误政策，这一错误政策源于奥朗则布，并被他的软弱无能的继任者们继承。[1]

对印度教感情的伤害以及其他原因导致了帝国的瓦解，这一瓦解在18世纪前半叶的帝国政治史中得到了体现。1739年，纳迪尔沙兼并了印度河外省和阿富汗，从而在西北边境安插了一个强大的外国政权，直接威胁到莫卧儿首都。

在艾哈迈德沙统治时期，阿富汗酋长艾哈迈德沙·杜兰尼从无能的莫卧儿政府手中割走了旁遮普，从而为他的继任者们提供了从他们的喀布尔和拉合尔大本营出发不断骚扰莫卧儿版图和首都的机会。

锡克人开始主张争取独立，他们从穆罕默德沙统治结束时开始，

---

① IRVINE W. Later Mughals：Vol.2［M］. New Delhi：Oriental Books，1970：309.

一直是帝国的威胁，最终拥有了整个旁遮普省。

纳迪尔沙刚从德里返回他的国家，马拉塔人就确立了他们在帝国西南各省的地位，并从这里开始渗入奥里萨、比哈尔和孟加拉。德里皇帝无力阻挡他们的侵犯，因为既没有一支军队也没有一个将军有能力组织抵抗。

地方省督虚弱无能，或忙于巩固自己的地位，不能援助他们有名无实的统治者。早在1724年，阿萨夫加在德干宣布独立，同年他的榜样被奥德的萨阿达特汗所效法，萨阿达特汗成为奥德国王们的先驱。同样，孟加拉省督阿拉赫瓦尔迪汗停止纳贡或实际上停止承认皇帝的主权。

因此，奥朗则布去世后的20年时间里，他和他的继任者们所熟悉的帝国已经瓦解，虽然衰微的过程持续了几年。与此同时，首都成为无休止的阴谋和叛乱的中心。贵族之间的争吵持续不断，无法遏止。到1748年穆罕默德沙去世后，贵族在大街上发生公开敌对行动，在城墙之外的平原上发生武装冲突。这是大混乱的序幕，而大混乱是莫卧儿帝国的丧礼。①

在结束回顾帝国崩溃的政治宗教原因之前，反思一下拥有一支称职的海军可能给帝国带来的优势是一件有趣的事情。海上力量不会阻止帝国的瓦解，我们在这里所描述的事实和境况，使得帝国的瓦解不可避免。但是，如果得到很好的管理，它本来可以成为欧洲在印度扩张的严重障碍。

① SMITH V A. The Oxford History of India [M]. London: Oxford University Press, 1981: 456.

东印度公司1786年实施的战争政策，迫使英国人撤离孟加拉，英国人的地位很不乐观。但是，他们的海上力量挽救了他们的地位。约翰·恰尔德爵士从他在西海岸的大本营捕获莫卧儿海运货物，派遣他的舰长们前往红海和波斯湾，捕获前往麦加的朝觐船只。正是这些海上扣押迫使奥朗则布作出和平的表示，最终使他在1690年同意宽恕英国人，并批准新的贸易“法尔曼”。

倘若莫卧儿帝国有强大的海上力量，那么它有可能遏止欧洲人的扩张，有可能在反对马拉塔人政权时有更大的进展，有可能延缓和限制导致它覆灭的势力。

四、崩溃：经济财政原因

关于莫卧儿帝国衰落的第四个主要原因，我们必须转向当时孕育着灾难性的经济状况。无疑，在帝国全盛时期，行政管理活动是分配国民收入的最重要的因素。但是，政府对生产者的税收太重以至于生产者难以维持生活，而在公正制度下本来可以由生产者享受的剩余产品却被当局用于奖励非生产性的活动。

用现代标准来衡量，阿克巴的财政机构非常严厉，但是并非不公允或扼杀创新和能力。在他的继任者们的统治下，他的安排逐渐瓦解。行政管理方法严重退化，对生产者的直接索求日益加重，而生产者获得的报酬大量减少，不再能激励生产劳动。

沙·贾汗统治时期，这一弊端引起了观察家的注意。威廉·福斯特爵士写到，当时的所有作家都赞美沙·贾汗的朝廷辉煌壮丽，他的统治公正宽大。与此同时，他们也没有隐瞒这种辉煌表象下暗藏着崩溃内核的事实。这种奢侈浪费对国家资源是一个沉重的负担。而官员的贪污受贿和地方省督的暴虐贪婪增加了人民的灾难，人民便无法得到补偿。

在沙·贾汗统治时期，估价标准提高了一半，土地税收也几乎增加了一半。生产失去了价值，因为生产者的生活失去了价值。必须强迫人们耕种土地，因为农民放弃了农业，从事其他形式的工作。政府官员只顾眼前利益而无视他们正在造成的破坏，他们给耕种者增加了无法忍受的负担，残酷严厉地对待拖欠案件。

总之，帝国的经济财政制度到沙·贾汗统治结束时几乎到了崩溃的边缘，当奥朗则布去世时，全国崩溃已经确定无疑。

抛开其他原因，经济和财政制度的崩溃足以导致莫卧儿政权的毁灭。这个命题确证了帝国实际上在1740年已经不复存在的断言。沙·阿拉姆二世从1759年到1806年做了47年有名无实的皇帝，他名义上是最高统治者，但实际上没有控制帝国任何领土。当纳迪尔沙掠走了德里城将近三个半世纪积累起来的财富之时，莫卧儿帝国实际上寿终正寝了。穆罕默德沙及其继任者们在旧首都苟延残喘，自称为莫卧儿皇帝，在名义上统治着德里近郊的一些国土。

野心勃勃的酋长们，如马哈达吉·信迪阿，也时不时以“伟大莫卧儿人”的名义，披着诸侯的外衣，控制德里的政治事务。

但是，在政治、行政和经济上，莫卧儿帝国从纳迪尔沙入侵时起就灭亡了。莫卧儿朝廷的马拉塔特使巴布·拉奥·马尔哈尔从大屠杀中安全地逃出，他说出了莫卧儿主权的真实情况，他惊呼：“真主使我脱离了一场巨大的危险，得以光荣地逃出来！察合台帝国灭亡了，伊朗帝国开始了！小心地待在那里吧！”①

因此，我们可以总结说，莫卧儿国家的衰落和最终垮台是各种原因综合作用的结果，其中两个最重要的原因也许是自私和奢侈的官僚机构毫无控制的权限以及使创造税收的阶级不断贫困的不公正的经济制度。这两个弊端与宗教迫害结合在一起，导致帝国不能成功地抵抗外部敌人的进攻，使帝国成为内部背叛的轻而易举的猎物。

莫卧儿帝国兴起与衰落的故事甚至为现代民主国家提供了教训，在其鼎盛期它提供了构成古代希腊悲剧主题的那种不顾后果的一意孤行（“海布里斯”）的榜样。当我们看到莫卧儿皇室家族后期代表的幽暗形象从舞台上掠过，直到最后一位倒霉的“德里国王”在流亡中死于仰光时，我们似乎听到了卡珊德拉（希腊神话中的特洛伊公主，能预卜吉凶）在《阿伽门农》（阿伽门农是希腊神话中的迈锡尼国王，曾发动特洛伊战争，为希腊联军统帅）中的悲伤的回声：

> 啊，死亡之签！在繁荣昌盛之时，它只是一个素描！如果不幸来临，湿海绵一擦便抹去了图画。

总之，莫卧儿帝国已成为历史，然而，它留给后人的是无尽的思索，留给印度乃至世界的是一笔丰厚的遗产。

莫卧儿帝国是人类历史交往的滚滚长河中一朵绚丽的浪花。莫卧儿人的先祖是“逐水草而居”的蒙古草原民族，他们曾掀起了游牧民族与农耕民族历史交往的最后一次巨大浪潮，散居在东南欧、东亚、

① IRVINE W. Later Mughals：Vol.2［M］. New Delhi：Oriental Books，1970：360.

西亚、中亚各地，并接受了当地文化，被当地农耕文明所同化。

中亚历来是各民族交往荟萃之地，是各文化冲击的交会点，是各文明碰撞的十字路口。信奉伊斯兰教的莫卧儿人征服印度之后，从中亚带来了波斯文化的火花，踏上了伊斯兰教文明与印度教文明彼此影响和碰撞、波斯文化和印度原有文化互相融合的新征程。

在莫卧儿帝国三百多年的历史中，伊斯兰教文明和波斯文化的火花、印度教文明和印度原有文化的星光，二者相映生辉，相互交织，彼此融会，呈现出异彩纷呈的迷人图景。政治、教育、文学、习俗、建筑、绘画、音乐等各个领域，无不显示出外来文化与本土文化交融的景象。

正如陈翰笙先生所说，今天印度的文化早已不是纯粹印度教所遗留下来的。在莫卧儿王朝三百多年的时期内，波斯文化和印度原有文化逐渐混合起来，成为今天的印度文化，要了解印度现在的文化，就要先读莫卧儿王朝的历史。

从印度外交官所穿的正式礼服中，仍然能清晰地看出莫卧儿的影响。这种礼服上衣好像是黑色中山装，但胸前无口袋，当中笔直的一排纽扣既细又多，腰部看起来非常贴身；裤子很小，下腿紧绑着白布，宛如骑士一样。这显然不是热带或亚热带人们所惯用的那种宽敞、松散而开襟的服装，这是三百多年前莫卧儿王朝的礼服，是从印度西北境外传来的。

也正如《印度文化史》一书所说，莫卧儿帝国时期的新文化，无论是在建筑和绘画艺术中，还是在风俗和兴趣中，都给印度留下了不可磨灭的痕迹。在英国殖民统治时期，有不少莫卧儿的影响和莫卧儿制度的遗留。

莫卧儿帝国在古代印度和现代印度之间架起了一座桥梁。

附录　历代莫卧儿帝王

巴布尔	1526—1530年
胡马云	1530—1556年
阿克巴	1556—1605年
贾汉吉尔	1605—1627年
沙·贾汗	1628—1658年
奥朗则布	1658—1707年
巴哈杜尔·沙	1707—1712年
贾汗达尔·沙	1712—1713年
法鲁赫·西亚尔	1713—1719年
拉菲·乌德·达拉贾特	1719年
拉菲·乌德·道拉	1719年
穆罕默德沙	1719—1748年
艾哈迈德沙	1748—1754年
阿拉姆吉尔二世	1754—1759年
沙·阿拉姆二世	1759—1806年
阿克巴二世	1806—1837年
巴哈杜尔·沙二世	1838—1858年

参考书目

一、中文

［1］安东诺娃，戈尔德别尔格，奥西波夫．印度近代史［M］．北京：生活·读书·新知三联书店，1978.

［2］巴沙姆．印度文化史［M］．闵光沛，等译．北京：商务印书馆，1997.

［3］陈峰君．印度社会述论［M］．北京：中国社会科学出版社，1991.

［4］陈翰笙．世界著名古国王朝（二）［M］．北京：商务印书馆，1991.

［5］R.C. 马宗达，H.C. 赖乔杜里，K. 达塔．高级印度史［M］．张澍霖，等译．北京：商务印书馆，1986.

［6］迭朗善．摩奴法典［M］．马香雪，译．北京：商务印书馆，1982.

［7］贾瓦哈拉尔·尼赫鲁．印度的发现［M］．齐文，译．北京：世界知识出版社，1956.

［8］李连庆．印度史论［M］．北京：世界知识出版社，1987.

［9］黎菱．印度妇女：历史、现实、新觉醒［M］．北京：世界知

识出版社，1990.

［10］林承节．印度民族独立运动的兴起［M］．北京：北京大学出版社，1984.

［11］林承节．印度近现代史［M］．北京：北京大学出版社，1995.

［12］林承节．殖民统治时期的印度史［M］．北京：北京大学出版社，2004.

［13］刘国楠，王树英．印度各邦历史文化［M］．北京：中国社会科学出版社，1982.

［14］刘建，朱明忠，葛维均．印度文明［M］．北京：中国社会科学出版社，2004.

［15］马克思．印度史编年稿［M］．张之毅，译．北京：人民出版社，1957.

［16］马克思，恩格斯．马克思恩格斯全集：第 9 卷［M］．北京：人民出版社，1972.

［17］马克思，恩格斯．马克思恩格斯选集：第 2 卷［M］．北京：人民出版社，1972.

［18］培伦．印度通史［M］．哈尔滨：黑龙江人民出版社，1990.

［19］彭树智．世界十大皇帝［M］．西安：三秦出版社，1998.

［20］彭树智．世界帝国丛书［M］．西安：三秦出版社，2001.

［21］彭树智．外国人丛书［M］．西安：三秦出版社，2003.

［22］齐世荣．世界帝国译丛［M］．西宁：青海人民出版社，1999.

［23］尚劝余．印度人［M］．西安：三秦出版社，2003.

［24］尚劝余．莫卧儿帝国［M］．西安：三秦出版社，2001.

［25］尚劝余．世界十大探险家［M］．西安：三秦出版社，2000.

［26］爱德华兹，加勒特．莫卧儿帝国［M］．尚劝余，译．西宁：青海人民出版社，2009.

［27］BERINSTAIN V. 莫卧儿统治下的印度帝国［M］．吉晶，王菲菲，译．上海：上海世纪出版集团（上海人民出版社），2006.

［28］王树英．印度文化与民俗［M］．成都：四川民族出版社，1989.

［29］王镛．印度美术［M］．北京：中国人民大学出版社，2010.

［30］辛哈，班纳吉．印度通史［M］．张若达，冯金辛，王伟，译．北京：商务印书馆，1964.

［31］朱明忠，尚会鹏．印度教：宗教与社会［M］．北京：世界知识出版社，2003.

［32］邹德侬，戴路．印度现代建筑［M］．郑州：河南科学技术出版社，2003.

二、英文

［1］MONSERRATE A. The Commentary of Father Monserrate, S.J.On His Journey to the Court of Akbar［M］.Memphis：General Books，2010.

［2］PRASAD B. History of Jahangir［M］.Varanasi：The Indian Press Pvt. Ltd，1973.

［3］VILLIERS-STUART C M. Gardens of the Great Mughals［M］.

Charleston：Nabu Press，2011.

［4］KEAY F E. Ancient Indian Education：An Inquiry Into Its Origin, Development and Ideals［M］.Charleston：Nabu Press，2010.

［5］RAWLINSON H G. British Beginnings in Western India，1579—1657［M］.Memphis：General Books，2010.

［6］MUKHIA H. The Mughals of India［M］. Oxford：Blackwell Publishing，2005.

［7］PRASAD I. The Life and Times of Humayun［M］.Bombay：Orient Longmans，1956.

［8］SARKAR J N. The Life of Mir Jumla［M］.Delhi：Rajesh Publications，1979.

［9］SARKAR J N. History of Aurangzeb［M］.5 vols. Bombay：Orient Longman，1973.

［10］SARKAR J N. Studies in Mughal India［M］.Hong Kong：Forgotten Books，2013.

［11］SARKAR J N. Shivaji and His Times［M］.New Delhi：Orient Blackswan Pvt Ltd，2010.

［12］RICHARDS J F. The New Cambridge History of India，I · 5：The Mughal Empire［M］.London：Cambridge University Press，1993.

［13］SINGH K. A History of the Sikhs：Vol.1［M］. Princeton：Princeton University Press，1963.

［14］SINGH K. A History of the Sikhs：Vol.2［M］. Princeton：Princeton University Press，1963.

［15］BINYON L，ARNOLD T. Court Painters of the Grand Mughals

[M] .London：Oxford University Press，1921.

[16] LAW N N. Promotion of Learning in India during Muhammadan Rule [M] .Delhi：Idarah—i Adabiyat—i Delli，2008.

[17] BROWN P. Indian Painting under the Mughals A.D.1550 to A.D.1750 [M] .New Delhi：Cosmo Publications，1981.

[18] MAJUMDAR R C，RAYCHAUDHURI H C，DATTA K. An Advanced History of India [M] .New Delhi：Macmillan India Limited，2004.

[19] EDWARDES S M，GARRETT H L O. Mughal Rule in India [M] .Delhi：S. Chand & Co，1956.

[20] MOOSVI S. Episodes In the Life of Akbar [M] .New Delhi：National Book Trust，2000.

[21] D'HUMIERES V. Through Isle and Empire [M] .Charleston：BiblioLife，2009.

[22] SMITH V A. Akbar：The Great Mogul，1542—1605 [M] .Delhi：S. Chand & Co，1962.

[23] SMITH V A. The Oxford History of India [M] .London：Oxford University Press，1981.

[24] DALRYMPLE W. The Last Mughal [M] .London：Bloomsbury Publishing，2006.

[25] FOSTER W. Early Travels in India，1583—1619 [M] .New Delhi：Oriental Books，1985.

[26] MORELAND W H. From Akbar to Aurangzeb：A Study in Indian Economic History [M] . Delhi：Low Price Publications，1990.

［27］MORELAND W H. India at the Death of Akbar：An Economic Study［M］.New York：Adamant Media Corporation，2001.

［28］SLEEMAN W H. Rambles and Recollections of an Indian Official［M］.London：Cambridge University Press，2011.

［29］IRVINE W. Later Mughals：Vol.2［M］. New Delhi：Oriental Books，1970.

［30］IRVINE W. The Army of the Indian Mughals：Its Organization and Administration［M］.New Delhi：Eurasian Publishing House Private Ltd，1962.

图书在版编目（CIP）数据

莫卧儿帝国：中世纪印度的最后辉煌 / 尚劝余著. —北京：中国国际广播出版社，2022.1
（世界帝国史话）
ISBN 978-7-5078-4998-1

Ⅰ.①莫… Ⅱ.①尚… Ⅲ.①莫卧儿帝国（1526–1857）—历史 Ⅳ.①K351.32

中国版本图书馆CIP数据核字（2021）第185592号

莫卧儿帝国：中世纪印度的最后辉煌

著　者	尚劝余
责任编辑	梁　媛　李　卉
校　对	张　娜
设　计	国广设计室
出版发行	中国国际广播出版社有限公司［010-89508207（传真）］
社　址	北京市丰台区榴乡路88号石榴中心2号楼1701 邮编：100079
印　刷	北京九天鸿程印刷有限责任公司
开　本	710×1000　1/16
字　数	330千字
印　张	25.5
版　次	2022 年 1 月　北京第一版
印　次	2022 年 1 月　第一次印刷
定　价	52.00 元